U0620726

　　本书为教育部哲学社会科学重大课题攻关项目"中国社会保障制度整合与体系完善研究"（13JZD019）系列研究成果之一

华中科技大学社会学文库

青年学者系列

公共养老金
个人账户制度嬗变研究

RESEARCH ON
THE TRANSITION OF
PUBLIC INDIVIDUAL ACCOUNT
PENSION SYSTEM

郭 林 著

社会科学文献出版社
SOCIAL SCIENCES ACADEMIC PRESS (CHINA)

华中科技大学社会学文库总序

在中国恢复、重建社会学学科的历程中，华中科技大学是最早参与的高校之一，也是当年的理工科高校中唯一参与恢复、重建社会学的高校。如今，华中科技大学（原为华中工学院，曾更名为华中理工大学，现为华中科技大学）社会学学科已逐步走向成熟，走在中国高校社会学院系发展的前列。

30多年前，能在一个理工科的高校建立社会学学科，源于教育学家、华中工学院老院长朱九思先生的远见卓识。

20世纪八九十年代是华中科技大学社会学学科的初建时期。1980年，在费孝通先生的领导下，中国社会学研究会在北京举办第一届社会学讲习班，朱九思院长决定选派余荣珮、刘洪安等10位同志去北京参加讲习班学习，并接见这10位同志，明确学校将建立社会学学科，勉励大家在讲习班好好学习，回来后担起建立社会学学科的重任。这是华中科技大学恢复、重建社会学的开端。这一年，在老前辈社会学者刘绪贻先生、艾玮生先生的指导和领导下，在朱九思院长的大力支持下，湖北省社会学会成立。余荣珮带领华中工学院的教师参与了湖北省社会学会的筹备工作，参加了湖北地区社会学界的许多会议和活动。华中工学院是湖北省社会学会的重要成员单位。

参加北京社会学讲习班的10位同志学习结束之后，朱九思院长听取了他们汇报学习情况，对开展社会学学科建设工作做出了重要指示。1981年，华中工学院成立了社会学研究室，归属当时的马列课部。我大学毕业后分配到华中工学院，1982年元旦之后我去学校报到，被分配到社会学研究室。1983年，在朱九思院长的支持下，在王康先生的筹划下，学校决定在社会学研究室的基础上成立社会学研究所，聘请王康先生为所长、刘中庸任副所长。1985 年，华中工学院决定在社会学研究所的基础上成立社会学系，聘请王康先生为系主任、刘中庸任副系主任；并在当年招收第一届社会学专业硕士研究生，同时招收了专科学生。1986 年，华中工学院经申报获社会学硕士学位授予权，成为最早拥有社会学学科硕士点的十个高校之一。1988 年，华中理工大学获教育部批准招收社会学专业本科生，当年招收了第一届社会学专业本科生。至此，社会学有了基本的人才培养体系，有规模的科学研究也开展起来。1997 年，华中理工大学成立了社会调查研究中心；同年，社会学系成为独立的系（即学校二级单位）建制；2016 年 5 月，社会学系更名为社会学院。

在 20 世纪的 20 年里，华中科技大学不仅确立了社会学学科的地位，而且为中国社会学学科的恢复、重建做出了重要的贡献。1981 年，朱九思先生批准和筹备了两件事：一是在学校举办全国社会学讲习班；二是由学校承办中国社会学会成立大会。

由朱九思先生、王康先生亲自领导和组织，中国社会学研究会、华中工学院、湖北社会学会联合举办的全国社会学高级讲习班在 1982 年 3 月 15 日开学（讲习班至 6 月 15 日结束），上课地点是华中工学院西五楼一层的阶梯教室，授课专家有林南先生、刘融先生等 6 位美籍华裔教授，还有丁克全先生等，学员是来自全国十几个省、市、自治区的 131 人。数年间，这些学员中的许多人成为各省、市社科院社会学研究所、高校社会学系的负责人和学术骨干，有些还成为国内外的知名学者。在讲习班结束之后，华中工学院社会学研究室的教师依据授课专家提供的大纲和学员的笔记，整理、印刷了讲习班的全套讲义，共 7 本、近 200 万字，并寄至每一位讲习班的学员手中。在社会学恢复、重建的初期，社会学的资料极端匮乏，这套讲义是国内最早印刷的社会学资料之一，更是内容最丰富、印刷量最大的社会学资料。之后，由朱九思院长批准，华中工学院出版社（以书代刊）出版了两期《社会学研究资料》，这也是中国社会学最早的正式出版物之一。

1982 年 4 月，中国社会学会成立暨第一届全国学术年会在华中工学院召开，开幕式在学校西边运动场举行。费孝通先生、雷洁琼先生亲临会议，来自全国的近 200 位学者出席会议，其中主要是中国社会学研究会的老一辈学者、各高校社会学专业负责人、各省社科院负责人、各省社会学会筹备负责人，全国社会学高级讲习班的全体学员列席了会议。会议期间，费孝通先生到高级讲习班为学员授课。

1999 年，华中理工大学承办了中国社会学恢复、重建 20 周年纪念暨 1999 年学术年会，全国各高校社会学系的负责人、各省社科院社会学所的负责人、各省社会学会的负责人大多参加了会议，特别是 20 年前参与社会学恢复、重建的许多前辈参加了会议，到会学者近 200 人。会议期间，周济校长在学校招待所二号楼会见了王康先生，对王康先生应朱九思老院长之邀请来校兼职、数年领导学校社会学学科建设表示感谢。

21 世纪以来，华中科技大学社会学学科进入了更为快速发展的时期。2000 年，增设了社会工作本科专业并招生；2001 年，获社会保障硕士点授予权并招生；2002 年，成立社会保障研究所、人口研究所；2003 年，建立应用心理学二级学科硕士点并招生；2005 年，成立华中科技大学乡村治理研究中心；2006 年，获社会学一级学科硕士点授予权、社会学二级学科博士点授予权、社会保障二级学科博士点授予权；2008 年，社会学学科成为湖北省重点学科；2009 年，获社会工作专业硕士点授予权；2010 年，招收第一届社会工作专业硕士学生；2011 年，获社会学一级学科博士点授予权；2013 年，获民政部批准为国家社会工作专业人才培训基地；2014 年，成立城乡文化研究中心。教师队伍由保持多年的十几人逐渐增加，至今专任教师已有 30 多人。

华中科技大学社会学学科的发展，历经了两三代人的努力奋斗，先后曾经在社会学室、所、系工作的同志近 60 位，老一辈的有刘中庸教授、余荣珮教授，次年长的有张碧辉教授、郭碧坚教授、王平教授，还有李少文、李振文、孟二玲、童铁山、吴中宇、陈恢忠、雷洪、范洪、朱玲怡等，他们是华中科技大学社会学学科的创建者、引路人，是华中科技大学社会学的重大贡献者。我们没有忘记曾在社会学系工作、后调离的一些教师，有徐玮、黎民、王传友、朱新称、刘欣、赵孟营、风笑天、周长城、陈志霞等，他们在社会学系工作期间，都为社会学学科发展做出了贡献。

华中科技大学社会学学科的发展，也有其所培养的学生们的贡献。在2005年社会学博士点的申报表中，有一栏要填写20项在校学生（第一作者）发表的代表性成果，当年填在此栏的20篇已发表论文，不仅全部都是现在的CSSCI期刊源的论文，还有4篇被《新华文摘》全文转载、7篇被《人大复印资料》全文转载，更有发表在《中国人口科学》等学界公认的权威期刊上的论文。这个栏目的材料使许多评审专家对我系的学生培养打了满分，为获得博士点授予权做出了直接贡献。

华中科技大学社会学学科发展的30多年，受惠、受恩于全国社会学界的鼎力支持和帮助。费孝通先生、雷洁琼先生亲临学校指导、授课；王康先生亲自领导组建社会学所、社会学系，领导学科建设数年；郑杭生先生、陆学艺先生多次到学校讲学、指导学科建设；美籍华人林南教授等一大批国外学者及宋林飞教授、李强教授等，都曾多次来讲学、访问；还有近百位国内外社会学专家曾来讲学、交流。特别是在华中科技大学社会学学科创建的初期、幼年时期、艰难时期，老一辈社会学家、国内外社会学界的同仁给予了我们学科建设的巨大帮助，华中科技大学的社会学后辈永远心存感谢！永远不会忘怀！

华中科技大学社会学学科在30多年中形成了优良的传统，这个传统的核心是低调奋进、不懈努力，即为了中国的社会学事业，无论条件、环境如何，无论自己的能力如何，都始终孜孜不倦、勇往直前。在一个理工科高校建立社会学学科，其"先天不足"是可想而知的，正是这种优良传统的支撑，使社会学学科逐步走向成熟、逐步壮大。"华中科技大学社会学文库"，包括目前年龄大些的教师对自己以往研究成果的汇集，但更多是教师们近年的研究成果。这套文库的编辑出版，既是对以往学科建设的回顾和总结，更是目前学科建设的新开端，不仅体现了华中科技大学社会学的优良传统和成就，也预示着学科发挥优良传统将有更大的发展。

雷　洪

2016 年 5 月

序　言

　　现代社会保障制度已经有百余年的发展历史。伴随着各国经济社会的发展，这项制度自身也在不断走向成熟和完善，并对各国经济社会发展产生了积极的影响。但是，20 世纪 70 年代以来，各国社会保障制度面临一些挑战，这些挑战既与各国经济、社会、政治等宏观因素有关，也与社会保障制度内在机制难以适应经济社会发展变化直接相关。在某种程度上说，社会保障制度内在机制的改革和完善已经是一种不争的事实。

　　20 世纪 80 年代以来，各国社会保障制度改革呈现一种基本趋势，即适应经济社会发展变化的需要，着力调整和完善社会保障制度的内部机制，这使得各国社会保障制度的发展实际上进入一个内部机制的再构建阶段，也使得社会保障制度进入一个新的历史发展时期。这一时期会持续很长时间，需要很多实践探索，公共养老金个人账户制度无疑是这一探索过程中的重要政策实践。

　　公共养老金个人账户制度从开始提出到目前，被许多国家以不同的方式、在不同的程度上加以实施，已历经数十年，其实践和影响的空间逐步扩大、程度不断加深。社会统筹与个人账户相结合也已被确定为中国养老保险制度的基本原则。对于这一关乎社会保障制度内在机制变革的政策措施，国外尤其是西方学界进行了比较系统深入的学理研究和实证分析。遗憾的是，中国学术界却缺乏系统的研究。公共养老金个人账户制度是在何种背景下提出的？其基本理念和核心机制是什么？其在各国实践中程度如何，呈现哪些方式、特点？其与传统的社会统筹机制的关系是什么？其在各国实践过程中的经验和教训是什么？这些问题不仅关乎对这项社会保障制度内在机制性改革措施的认识，也关乎中国养老保障制度体系的建设和完善。郭林博士的这部著作在一定程度上弥补了这一缺憾。

本著作对公共养老金个人账户制度的发展历程进行了系统研究，认为新加坡中央公积金制度的出现是公共养老金个人账户制度建立的标志，智利私营养老金制度的建立为公共养老金个人账户制度发展的标志，瑞典名义账户养老金计划的实施为公共养老金个人账户制度扩展的标志，波兰和拉脱维亚等转型国家在基金个人账户制与名义账户制之间的选择是公共养老金个人账户制度进入抉择阶段的标志。

本书从实施条件、运行机理、功能与局限、"统账"关系等方面，对公共养老金个人账户制度的发展规律进行了分析和提炼。本书提出，具备基本要素和监管机制较为健全的资本市场、转轨成本的有效消化、科学的精算机制和信息系统、有效的就业政策是个人账户制度建立所需的基本条件，同时强调个人账户规模要与一国的收入分配结构、总税率、贫富差距状况等经济变量相适应，并应用精算公式对基金个人账户制和名义账户制的运行机理、政策功能进行了分析。

值得指出的是，本书的研究最终落脚于公共养老金个人账户制度在中国的实施上。作者认为，中国实施基金个人账户计划的理由并不充分，因此做实企业职工基本养老保险个人账户面临巨大的融资挑战和投资瓶颈；包括名义账户制在内的个人账户制缺乏互助共济机制，无法完成基本养老保险应有的，通过能够给予国民安全预期的社会化机制，来应对易使国民陷入不稳定状态的养老风险之核心任务。因此，要缩小基本养老保险的个人账户规模，进一步增强其互助共济性；降低基本养老保险目标替代率；加快实现基础养老金全国统筹；发展企业年金、职业年金和商业人寿保险等其他层次的养老保险机制，构建起完整的多层次的养老保险体系，实现养老金制度的可持续发展。这些研究观点和结论虽有需进一步完善之处，却不失为有关公共养老金个人账户学理性研究的重要成果。

中国社会保障制度体系的完善进入重要时期，中国社会保障学术研究也将进入新的时期，许多政策实践问题的解决和突破需要有系统、扎实的学理研究作为基础，因此，关于社会保障制度理论的研究将是一个亟待加强的领域。郭林博士的这部著作应是关于社会保障基本理论与政策实践结合研究的新成果，因此笔者相信该书的出版将对中国社会保障学术研究与制度实践产生积极影响。

近年来，中国社会保障学术界已经出现一批既注重政策实践研究，也关注基本学理研究的青年学者，他们是中国社会保障学术研究的重要力量，也将是对中国未来社会保障制度和学科建设产生积极影响的力量。郭林博士曾是我的博士研究生，他有志于社会保障基本理论的研究，并先后多次赴瑞典、德国从事该领域的学习和研究。我相信，本书既是他在这一研究领域的阶段性成果，更将是他在这一研究领域取得更多、更好研究成果的新起点。

丁建定
2016 年元旦
紫菘寓所

目　录

第一章 导论

一 研究背景及问题的提出

面对人口老龄化的挑战，很多国家对公共养老金制度进行了改革，这些改革可分为参量改革与系统改革。从养老金制度的财务模式①角度分析，参量改革是指在保持传统的现收现付制不变的条件下，通过调整制度缴费率或待遇水平来增强养老金制度的可持续发展能力，但不改变养老金制度的代际再分配性质；系统改革是指将财务模式由现收现付制改革为基金积累制，或在保留现收现付制的同时建立基金积累制，并对积累的养老基金进行投资运行，改革之后的养老金制度代际再分配性缺乏或降低。从资金运行模式②角度分析，参量改革是指在养老金制度仍然采取社会统筹方式的前提下，对制度部分变量进行一定调整，这种方式并未改变养老金制度代内再分配的性质；系统改革指将养老金制度的资金运行模式由社会统筹制改革为个人账户制，或在保留社会统筹制的同时，建立个人账户制度，改革之后的养老金制度代内收入再分配性缺乏或降低。从待遇给付模式③角度分析，参量改革是指在保持养老金制度仍然采取待遇确定方式的前提下，对制度部分参数进行一定调整，待遇与缴费之间虽加强联系但仍不够

①　本书将养老金制度的财务模式设定为现收现付制、基金制以及部分积累制。
②　本书将养老金制度的资金运行模式设定为社会统筹模式和个人账户模式。
③　本书将养老金制度的待遇给付模式设定为待遇确定型和缴费确定型。

紧密；系统改革是将养老金制度的待遇给付模式由待遇确定型改革为缴费确定型，或在保留待遇确定型制度的同时，建立缴费确定型的制度，使得缴费与待遇之间联系紧密。

需要指出的是：第一，由于公共养老金制度改革效应的不确定性与复杂性，上述关于三个改革路径的分析属于客观描述，而非基于价值判断对改革效果进行评价；第二，世界上大多数国家改革后的公共养老金制度是一种混合型制度，而非单纯的现收现付制或基金积累制。

个人账户制属于资金运行的一种方式，其财务模式既可以是现收现付制，又可为基金积累制，它的待遇给付模式既可是待遇确定型，也可为缴费确定型。20 世纪 50 年代，基金制的养老金个人账户计划首先在新加坡建立，但因当时传统的养老金制度仍处于较为稳定的运行状态，该制度并未受到世界广泛关注。1981 年，智利实施了基金制的私营个人账户制养老金计划，取得了一定的成绩，"智利模式"就此诞生，并为其他一些国家尤其是拉丁美洲国家所效仿。智利私营养老金计划与新加坡中央公积金制度的最大区别之一，在于政府和参保者个人在个人账户基金投资运行中的责任分担结构不同，前者比后者更加注重个人的投资选择。1999 年，瑞典实施了以名义账户制养老金计划为主体的新公共养老金制度，引起了世界的极大关注，尤其是欧洲一些国家借鉴瑞典经验建立了本国的名义账户制养老金计划。1995 年，中国正式实施现收现付的社会统筹与基金制个人账户相结合的企业职工基本养老保险制度。中国从 2009 年起开始试点实施基础养老金加基金制个人账户的新型农村社会养老保险，从 2011 年起开展基础养老金加个人账户的城镇居民社会养老保险试点。

公共养老金个人账户制度经历了哪几个发展阶段？公共养老金个人账户制度的实施条件是什么？它是怎样运行的？它的实施会带来哪些效应？中国基本养老保险个人账户的改革思路是什么？本书针对上述问题开展深入研究。

二 文献综述

（一）概念界定

公共养老金制度。公共养老金制度是指以政府为主导，当劳动者发生年老、伤残或死亡等风险时，为其或其家属所提供的一种经济保障制度。公共养老金制度的外延既包括传统的现收现付制计划，又包括国家主导实施的基金积累制计划，还包括名义账户制养老金计划。

个人账户公共养老金计划。个人账户公共养老金制度是指资金运行模式采取个人账户运行机制的公共养老金计划。其外延包括实账积累的个人账户养老金制度与名义账户养老金制度。前者属于缴费确定型的基金积累制，个人账户存在资金积累，并可对积累的资金进行投资运营以获取投资收益；后者是缴费确定型的现收现付制，名义个人账户仅仅充当记账的工具，无实际资金积累，从而并不存在对资金的投资运营。

（二）国外研究文献综述

基金制与现收现付制之间在多个方面存在争论。在基金制与现收现付制的效应方面，阿隆认为，当人口增长率与实际工资增长率之和（即生物回报率）大于市场利率时，现收现付制可实现代际之间帕累托有效配置，基金制会使得促使以后各代生命期效应都减少的跨时配置出现[①]。萨缪尔森、戴蒙德、卡斯、雅里将内生稳态的模型引入生命周期模型，研究表明，最优的现收现付养老金制度会通过将自由放任平衡转化为黄金率平衡使未来各代的效用水平达到最大化。萨缪尔森指出，在模型中引入参保者短视的因素，可以证明，即使是次优的现收现付养老金制度也会使得

---

① H. Aaron, "The Social Insurance Paradox," *Canadian Journal of Economics and Political Science* 32 (1966).

公民福利水平得到很大的提高①。巴尔认为，基金制养老金计划发挥作用的机制是间接的，结果具有争议性。从效率角度考虑，政府应该至少对养老金指数化承保。所以，政府实施现收现付制财务模式的养老金制度会具有效率。当然，这一观点的前提是国家在应用上述机制履行其职能时能够比任何私营机构索价更低且有效率。首先，没有确凿的证据表明现收现付制具有负面效率影响；其次，却有足够的证据表明它能带来有益的公平效应②。

在现收现付制与基金制对经济增长影响方面，国外学者从理论探讨与经验研究两个方面展开论述。在理论方面，养老金制度对经济增长的影响存在两种思路：第一，用现收现付制与基金制养老金制度的实施→储蓄、劳动力市场等中间变量的优化→经济增长的路径进行研究；第二，应用经济增长的黄金增长率理论开展研究。在经验研究方面，国外学者运用上述两个思路对美国、智利等国家的数据进行了实证分析。应用上述第一种思路开展分析的学者主要有费尔德斯坦、莫迪利亚尼等，运用后一种思路进行研究的学者主要有保罗·萨缪尔森、罗姆、霍尔斯曼等。但是，无论是理论研究还是经验研究，都无法得出现收现付制与基金制对经济增长孰优孰劣的定论。

奥斯泽格与斯蒂格利茨在世界银行养老保障新思维的会议上提交了 Rethinking Pension Reform: Ten Myths About Social Security Systems 一文，可以说这是一篇解读现收现付制与个人账户基金积累制优劣的代表性文章。他们在文中阐述了人们对世界银行在《防止老龄危机》一书中对养老金制度模式的误读。他们指出，人们往往认为世界银行提出的模式由一系列特定的支柱组成，例如三支柱是指公共管理的待遇确定型的现收现付制计划、私人管理的缴费确定型的基金制计划与自愿性的私人养老储蓄三个部分。他们认为，世界银行在《防止老龄危机》一书中所体现的政策思

---

① P. A. Samuelson, "Optimum Social Security in a Life-Cycle Growth Model," *International Economic Review* 16 (1975).

② 尼古拉斯·巴尔:《福利国家经济学》，郑秉文、穆怀中等译，中国劳动社会保障出版社，2003。

想与其说是一系列特定的支柱，不如说是一系列潜在政策的组合，对养老金制度的认识误区来源于未能有效区分养老金制度的私营化、预提基金、多样化、待遇确定型与缴费确定型的比较四个方面。他们以私营缴费确定型的基金制为主要研究对象，从宏观经济效果、微观经济效率与政治经济学三个方面提出了对养老金制度的十个认识误区。

宏观经济方面

误区1：个人账户制增加了国民储蓄；

误区2：基金积累制个人账户制收益率高于现收现付制；

误区3：现收现付制下的收益率下降是一个根本的问题；

误区4：公共信托基金对股票的投资没有任何宏观经济效应；

微观经济方面

误区5：基金积累个人账户制的劳动力市场激励作用要强于现收现付制；

误区6：待遇确定型的制度激励人们提前退休；

误区7：基金积累制个人账户制下所存在的广泛竞争能够促使管理费用处于较低水平；

政治经济学方面

误区8：腐败与无效率的政府是个人账户制出现的理由之一；

误区9：待遇确定型现收现付制计划存在较差的救助政治；

误区10：公共信托基金的投资存在浪费和管理不善的问题。

最后，他们指出，发展中国家往往缺乏发达的资本市场和较强的管理能力，基金积累个人账户制易发生扭曲，在这种情况下，传统的现收现付制计划会更加有效率①。

国外学者专门针对实账积累个人账户制的研究主要包括投资运营、管理模式、国别研究等几个方面，且大部分情况下，上述几个方面的研究交叉进行，如国别研究与管理模式研究结合、国

① P. R. Orszag, J. E. Stiglitz, Rethinking Pension Reform: Ten Myths About Social Security Systems (paper presented at the conference on New Ideals About Old Age Security, Washington, D. C., 1999).

别研究与投资运行模式研究结合等。

伯特里斯认为实账积累个人账户制的风险很大一部分与金融市场的波动有关。他选取了 1927—2001 年法国、德国、日本、英国和美国股票与政府债券收益的历史数据，并基于一定假设前提，对个人账户制的风险进行了实证分析。研究表明，由于资本市场收益较高和收益变动幅度较小，在英国和美国，实账积累个人账户制更具有吸引力；为了保障老年人收入，保留传统的现收现付制而非最低养老金制度是有必要的[①]。此外，帕尔默等国外学者也对实账积累个人账户制所面临的系统风险和系统外风险进行了分析。

詹姆斯等从比较视角研究了个人账户制度的管理费用。他们结合智利和其他拉丁美洲国家的经验，比较了通过零售市场且拥有较松投资限制进行投资与通过机构市场且拥有较严格限制进行投资两种策略的管理费用。研究表明，第一种策略的费用范围为资产的 0.8%—1.5%；而第二种投资策略的费用低于资产的 0.6%，有时甚至低于资产的 0.2%。机构市场投资策略提供的养老金水平要高于零售市场投资策略所提供养老金水平的 10%—20%。交易费用主要产生于腐败、缺乏激励、面对未来不确定性的非弹性化。他们指出，对于广泛存在上述产生交易费用因素的国家，尤其是刚刚建立多支柱养老金制度的国家，机构市场投资策略是值得考虑的[②]。

在国别研究方面，伯恩斯坦、拉腊因、皮诺、伦、卡博、施密特－赫贝尔、索托等对智利养老金制度进行了研究。瓦尔迪斯－普雷托对智利 2008 年的养老金制度改革进行了研究。他从政治经济学角度对智利增加第一支柱养老金的改革进行了分析，并从公平与效率角度对其进行了评估。森登、维屋等对瑞典实账积

---

① G. Burtless, "What Do We Know about the Risk of Individual Account Pensions? Evidence from Industrial Countries", *The American Economic Review* 93 (2) (2003).

② E. James, S. James and D. Vittas, Administrative Costs and the Organizaiton of Individual Retirement Account Systems: A Comparative Perspective, World Bank Working Paper (2001).

累个人账户制进行了研究。国外学者还分别对新加坡、秘鲁、阿根廷、哥伦比亚、玻利维亚等国家的实账积累个人账户制进行了分析。此外，斯蒂尔伯格、克鲁斯、森登等从性别差异视角对个人账户制进行了研究，帕尔默等学者对实账积累个人账户制的税收政策进行了探讨。

关于名义账户制养老金计划的研究。在名义账户制的基本概念方面，帕尔默认为，名义账户制具有四个方面的属性：个人终身给付的现值在任何时候都等于个人账户的余额；为了维持一个固定的缴费率，名义账户制的总资产必须大于或等于总负债；名义账户计划的给付是由终身年金构成的，反映了退休后的寿命预期；要实现制度的财务平衡，就要以内部收益率对账户进行估值[①]。

伯尔施-苏潘认为，分析名义账户制的经济学本质时，使得现收现付制变为名义账户制的三个机制为：所有终身收入的记账机制；把最终资产与人口和宏观经济环境挂钩的机制；把最终资产转换为年金的精算原则。他还指出，除上述三个机制外，再加上第四个因素，可把典型名义账户制与缴费确定型的基金积累制区别开。第四个因素是，对未来待遇的权利不是由实际资本做担保，而是（几乎总是）由相关政府机构做出承诺。他从缴费记录、利息积累、转换成退休待遇、融资等几个维度对名义账户养老金计划与实账积累制养老金计划进行了比较分析[②]。

巴尔从福利经济学的角度对名义账户制进行了研究。他认为，从理论层面分析，名义账户制养老金计划并非一项主导政策，而是一项优点与缺点并存的制度；名义账户制不应该是一种孤立的制度，而应将其作为一国整个养老金制度体系的一部分。此外，

---

① E. Palmer, "What Is NDC?" in R. Holzmann and E. Palmer, eds., *Pension Reform: Issues and Prospects for Non-financial Defined Contribution (NDC) Schemes* (Washington, D. C.: World Bank, 2006).

② A. H. Borsch-Supan, "What are NDC System? What Do They Bring to Reform Strategies?" in R. Holzmann and E. Palmer, eds., *Pension Reform: Issues and Prospects for Non-financial Defined Contribution (NDC) Schemes* (Washington, D. C.: World Bank, 2006).

他还指出，名义账户制并不能够解决养老金制度融资的核心难题，即人们有资格申领养老金的最低年限。

在名义账户制的设计与执行方面，巴尔认为，名义账户制实行的前提条件为：收入分配有足够的不均衡，从而有必要熨平消费；需要政府有足够强的经济能力保持宏观稳定；需要政府有足够强的政治能力保证养老金承诺的信誉；需要政府有足够强的组织能力以保证名义账户制养老金计划能够实现长期财务平衡。他认为，如果政府不具备上述能力，名义账户制则不应实行，最多将其作为未来的政策工具之一①。巴尔和戴蒙德认为，中国缺乏个人账户基金投资所需的金融市场条件，建议借鉴瑞典经验，近期内实施名义账户制，而非基金制的个人账户计划②。

赛特格伦对瑞典名义账户制的自动平衡机制进行了详细解析。他指出，为了减少名义账户制固定缴费率所导致的养老金变动和保证名义账户制的财务平衡性，瑞典实施了非对称性的指数化规则。由于瑞典名义账户制并非用内部收益率作为其指数化指标，这可能会导致其出现财务失衡的状况，为了解决这个问题，瑞典在其名义账户制中设计了自动平衡机制。瑞典名义账户制规定：

$$BR = (CA + F) / D$$

其中，BR 为平衡率，CA 为缴费所形成的资产，F 为缓冲基金（又称储备基金），D 为养老金债务，当 BR < 1 时，名义账户制度内置的自动平衡机制会发挥作用③。

瓦尔迪斯－普雷托分析了一种针对自动平衡机制（ABM）的替代方法，即"融入金融市场（IMF）"方法。他认为，没有金融

---

① N. Barr, "Non-financial Defined Contribution Pensions: Mapping and Terrain," in R. Holzmann and E. Palmer, eds. , *Pension Reform: Issues and Prospects for Non-financial Defined Contribution (NDC) Schemes* (Washington, D. C. : World Bank, 2006).

② N. Barr, P. Diamond, Pension Reform in China: Issues, Options and Recommendations, http://econ. lse. ac. uk/staff/nb/Barr_Diamond_China_Pensions_2010. pdf (2010).

③ O. Settergren, "Financial and Inter-generational Balance? An Introduction to How the Swedish Pension System Manages Conflicting Ambitions," *Scandinavian Insurance Quarterly* 2 (2003).

资产支持的养老金制度即使在长期内具有偿付能力，但也没有短期稳定性的特征。ABM 是依靠公务人员在政治家和媒体的监督下进行资产评估，而 IMF 方法中的资产评估需基于市场贴现率，它是由受利润动机驱使的众多投资者竞争决定的。从这个角度看，二者的差异体现为私人管理与公共管理之间的差异。另一个区别在于，假定经济处于黄金律状态，即实物资本的实际利率 r 与经济增长率 g 相等，ABM 方法评估资产的贴现率为经济增长率 g。IMF 方法则根据金融市场实际确定的贴现率对资产进行评估，这种市场贴现率的确定取决于实际经济活动，其中永久性资产的回报率 r 高于经济增长率 g，因此，市场贴现率有激励效应。他认为，ABM 和 IMF 两种方法都存在着优势和劣势，它们的优劣程度需要针对具体国家的国情进行分析，不可一概而论[1]。

帕尔默研究了在向名义账户制转轨的过程中，如何把参保者在旧制度下已取得的养老权益转换为名义账户制下的资产价值。他认为，把待遇确定型现收现付制养老金权益转化为名义账户制计划的权益时，可根据两种原则分别进行。一是既得权益原则，指向新制度的公平转型中保留参保者既得的权益；二是缴费原则，指向新制度的公平转型中根据个人已缴纳的保险费和相应的回报率来确定权益。按照原则一进行转型的方法虽遵守了"养老合同"，但是未消除待遇确定型计划中所包含的代内和代际税收；而按照原则二进行转型的方法不包含代际隐性税收，对将来参保的人是中性的[2]。

在对名义账户制的评价方面，很多国外学者指出，名义账户制具有弹性退休年龄、工作与退休之间弹性结合、随预期寿命的增加做自动调整等合意的制度设计特点，它能够增强应对风险和

---

① S. Valdes-Prieto, "A Market Method to Endow NDC System with Automatic Financial Stability," in R. Holzmann and E. Palmer, eds., *Pension Reform: Issues and Prospects for Non-financial Defined Contribution (NDC) Schemes* (Washington, D. C.: World Bank, 2006).

② E. Palmer, "Convertion to NDCs-Issues and Models," in R. Holzmann and E. Palmer, eds., *Pension Reform: Issuses and Prospects for Non-financial Defined Contribution (NDC) Schemes* (Washington, D. C.: World Bank, 2006).

不确定性的能力，增强制度的可持续性，提高制度的透明度，减少欺诈行为。巴尔对上述名义账户制的优势进行了评价，他认为上述一些优点并非名义账户制所特有的，其他养老金制度也可通过参数调整达到上述效果。他还认为，名义账户制的一些特点既非其优点，也非其缺点，这取决于理论观点、经验事实和价值观。他指出，设计低劣的养老金制度会导致劳动力市场的扭曲，而完全精算的养老金制度并非必然减少这种扭曲。名义账户制的精算待遇是否公平取决于制度目标的界定，如果政策制定者或者选民们相信社会保险可以扮演一种比缓解贫困功能更加重要的、广泛的再分配角色，或者如果政策制定者希望把风险在比精算性待遇所允许的更广的范围内分担，名义账户制就是不公平的。巴尔进一步分析，名义账户制具有两方面劣势，一是效率低，二是在福利方面是次优的。他指出，在最优化的世界里，严格精算的方案可能是高效率的，但政策设计需要应对严重的市场不完善性问题。信息处理问题具有很大的复杂性，以至于即使已经提供了必要的信息，行动者也不能做出理性的选择，这一困难会出现在复杂的养老金产品提供过程中。名义账户制严格地坚持待遇精算或许可以确保消费熨平，但会忽略收入再分配等目标[1]。有的学者认为，名义账户制可以通过提升参保者做出退休决定的精算公平性和将新养老金权益积累与生命周期缴费联系起来，而提高劳动力市场激励水平。尽管如此，名义账户制并不能解决现收现付固有的代际风险分担、跨期消费平滑等方面的一些问题。在形成资本市场和人力资本市场最佳的代际风险分担机制之前，名义账户制度可以作为一种过渡性的制度安排[2]。

[1] N. Barr, "Non-financial Defined Contribution Pensions: Mapping and Terrain," in R. Holzmann and E. Palmer, eds., *Pension Reform: Issues and Prospects for Non-financial Defined Contribution (NDC) Schemes* (Washington, D. C.: World Bank, 2006).

[2] L. Bovenberg, "NDC Schemes: Strengths and Weaknesses," in R. Holzmann, E. Palmer and D. Robalino, eds., *Nonfinancial Defined Contribution Pension Schemes in a Changing Pension World* (Volume 2, Gender, Politics and Financial Stability) (Washington, D. C.: World Bank, 2013).

戴蒙德认为，在存在其他劳动力市场扭曲时，待遇确定型计划和缴费确定型计划二者之间并非哪一个比另一个更有优势。假设利率长期超过工资增长率，实际上，在累进的年度所得税和收入通常随着年龄增长而增长的情况下，边际所得税率平均地也随着年龄增长而增加。这样，一个精心设计的待遇确定型制度就可能对劳动力市场带来较好的影响，因为包括所得税和净社会保障税的总税收负担在生命周期内的波动会更小。也就是说，年轻人所承担的所得税较低，而净社会保障税较高。因此，如果没有详细的计算，就不能得出一个有效的结论①。

舍曼认为，养老金制度改革的核心问题是坚持公开透明的代际合同，在现在以及将来，实现在职者和退休者之间的均衡，政府要对养老代际合同保持有力的政治监督。在他看来，瑞典的名义账户制将财务风险和人口风险转嫁给了个人，使得未来充满了不确定性，因此，它并不能完成公共养老金制度的基本任务，只不过是回避人口老龄化困境现实的一种尝试。他还指出，瑞典名义账户制违背了1994年瑞典议会通过的改革基本原则。受制于养老金的减少，瑞典名义账户制规定的对退休年龄选择的自愿性仅仅是理论上的，而非现实中的。此外，瑞典的名义账户制对65岁以上国民的就业有很强的依赖性，因此，它与劳动力市场特点、就业政策等紧密相关。他得出结论说，瑞典的名义账户制并非其他国家可以借鉴的模式②。

在国别或区域研究方面，霍尔斯曼探讨了在欧盟如何建立一个协调养老金制度的问题，他分析了产生养老金制度改革需求的财政、社会及经济原因，提出了在欧盟建立协调养老金制度的理由，并勾勒了欧洲协调养老金制度的框架以及养老金制度的转型过程。他认为，应在欧盟建立以名义账户制为核心、以协调的补充性养老金制度和社会养老金为两翼的多支柱养老金制度，这一

---

① P. Diamond, *Social Security Reform* (Oxford University Press, 2002).

② K. G. Scherman, "The Swedish Pension Reform: A Good Model for Other Countries?" *NFT* 4 (2003).

制度框架既能满足多样化的财政、社会及经济改革需求，又考虑到了特定国家在覆盖率和缴费率方面的倾向，还引入了一个和谐的结构①。

孔伯格、帕尔默、森登对瑞典名义账户制的改革历程进行了研究。他们分析了瑞典名义账户制的名义个人账户、自动平衡机制与缓冲基金，并从财务稳定性、公平与再分配、工作激励等方面对瑞典名义账户制的实施效果进行了解析。他们认为，巨额缓冲基金的存在是瑞典养老金制度顺利转型的关键因素②。有的学者对瑞典名义账户制中的幸存者年金分配进行了剖析③。还有学者对瑞典缓冲基金机制设计与 10 年来运行中的经验和教训进行了探讨④。

帕尔默、斯塔比纳、史文森、维诺夫斯佳对拉脱维亚名义账户制的实施情况与未来前景进行了分析。他们指出，拉脱维亚在 1996 年实施了从旧制度权利向名义账户制资本的完全转换，并经受了时间的考验。经过 10 年的改革，名义账户制在政治上是充满活力的。制度获得普遍接受的一个重要原因是对一些根本原则的普遍接受。他们认为，拉脱维亚应该建立储备基金，对主要在 20 世纪 80 年代出生者相关的预期盈余进行存储，到 2040—2045 年以

---

① R. Holzmann, "Toward a Coordinated Pension System in Europe: Rationale and Potential Structure," in R. Holzmann and E. Palmer, eds., *Pension Reform: Issuses and Prospects for Non-financial Defined Contribution (NDC) Schemes* (Washington, D.C.: World Bank, 2006).

② B. Konberg, E. Palmer, A. Sunden, "The NDC System in Poland: The 1994 Legislation to the Present," in R. Holzmann and E. Palmer, eds., *Pension Reform: Issues and Prospects for Non-financial Defined Contribution (NDC) Schemes* (Washington, D.C.: World Bank, 2006).

③ C. Vidal-Melia, B.-P. F. Navarro-Cabo, "Notional Defined Contribution Pension Schemes: Why does only Sweden Distribute the Survivor Dividend?" *Journal of Economic Policy Reform*, DOI: 10.1080/17487870.2015.1028547.

④ H. Flam, "NDC Reserve Funds: The Swedish Reserve Funds after 10 Years," in R. Holzmann, E. Palmer and D. Robalino, eds., *Nonfinancial Defined Contribution Pension Schemes in a Changing Pension World* (Volume 2, Gender, Politics and Financial Stability) (Washington, D.C.: World Bank, 2013).

后，储备基金可为这些人的名义账户养老金融资①。

佛朗哥、萨尔特对意大利名义账户制不尽如人意的现状和难以确定的未来进行了研究。卡克洛恩－多明扎克、戈拉对波兰实施 5 年以后的名义账户制进行了评估。山德罗、尼斯蒂科对意大利和瑞典的名义账户制进行了比较分析。此外，国外学者还对奥地利、捷克、西班牙、日本等国引入名义账户制的问题进行了分析。

布鲁克斯、维屋从政治学角度对名义账户制养老金计划进行了研究。他们认为，名义账户制具有很大的政治优势，它可以提供一种"净手"机制，即随着名义账户制的逐步引入而降低替代率，同时又使政治家不受责难；在名义账户制下，可以模糊未来待遇削减的程度，因为它不是预先可以知道的，而是取决于未来经济和人口的变化；实行名义账户制能够避免将来反复出现削减待遇和为养老金进行再融资的需要。同时，他们还指出，实行名义账户制也可能导致新的政治风险。名义账户制是通过降低待遇水平来适应养老金债务的增长或收入下降。随着人口老龄化的加剧，当工作缴费一代的预期养老金水平低于他们的容忍度时，会给政治家带来很大的政治风险②。还有学者对瑞典和意大利名义账户模型的政治可持续性进行了研究③。

（三） 国内研究文献综述

一些学者专门针对中国公共养老金个人账户的模式改革和制度优化等进行了研究。在制度模式改革方面，一些学者主张企业

---

① E. Palmer, S. Stabina, I. Svensson, I. Vanovska, "NDC Strategy in Latvia: Implementation and Prospects in Future," in R. Holzmann and E. Palmer, eds., *Pension Reform: Issues and Prospects for Non-financial Defined Contribution (NDC) Schemes* (Washington, D. C.: World Bank, 2006).

② S. M. Brooks, R. K. Weaver, "Lashed to the Mast? The Politics of NDC Pension Reform," in R. Holzmann and E. Palmer, eds., *Pension Reform: Issues and Prospects for Non-financial Defined Contribution (NDC) Schemes* (Washington, D. C.: World Bank, 2006).

③ M. A. Schoyen, F. Atamati, "The Political Sustainability of the NDC Pension Model: The Cases of Sweden and Italy," *European Journal of Social Security* 15 (1) (2013).

职工基本养老保险制度实施名义账户模式。易纲和李凯认为，按照转型名义账户制的思路来设计中国的养老保险比较可行，不仅能平滑转轨成本，建立激励和监督机制，而且有利于劳动力的流动①。郑秉文认为，名义账户制是我国养老保障制度的一个理性选择，它可以较好地解决转型成本问题，有利于避免缴费搭便车和支付失控的现象，可为降低缴费比例和下调替代率提供可行性，有利于非正规部门就业人口参加养老保险，扩大参保率和覆盖面②。在随后的研究中，他认为，"全账户"模式是改革企业职工基本养老保险制度的上策，主张将雇主和雇员的缴费全部划入个人账户，并按名义个人账户机制运行，社会统筹部分由财政转移支付形成③。郑晓姗从法学角度切入，认为在纵向上，名义账户制以世代契约为依托，通过代际间财产权益的流转应对实账基金在中国尚不成熟的资本市场上所面临的巨大保值风险与挪用风险，并以年轻一代劳动生产率的提高为保障，实现个人账户财产的合理流动；于纵向上，个人账户以公法之债的完善为依托，要求政府以其财政后盾作为世代契约中当事人财产权益得以实现的最后担保人④。

有的学者认为要全面认识名义账户制度。杨俊提出，该制度失去了在参保者之间进行收入再分配的功能，从根本上动摇了国家基本养老保险制度的互助共济性与公平性；名义账户的所谓收支平衡是建立在待遇降低基础上的；名义账户制下影响记账利率的因素是多元的，养老金增长率的波动性增大，结果必然削弱基本养老保险制度的稳定安全预期⑤。

有的学者认为，名义账户制度在中国并不可行。鲁全认为，

---

① 易纲、李凯：《中国社会保障体制改革》，《比较》2007年第2期。
② 郑秉文：《"名义账户"制：我国养老保障制度的一个理性选择》，《管理世界》2003年第8期。
③ 郑秉文：《从做实账户到名义账户——可持续性与激励性》，《开发研究》2015年第3期。
④ 郑晓姗：《基本养老保险个人账户"实账"省思——谈〈中国养老金发展报告2011〉的核心之困》，《法学》2012年第4期。
⑤ 杨俊：《全面认识名义账户制度》，《人民日报》2015年3月2日第19版。

从当前养老保险制度改革的生态环境来看，潜在参保者对制度的信任会显著影响其参保行为。当前民众对养老金制度的信任程度普遍不高，如果我们再次进行彻底的模式改革，对于专业知识有限的普通民众和参保者而言，"整个养老金账户全部变成了空账"这样似是而非的信息便会首先引起他们的注意，对养老金制度的信任度会进一步下降。名义账户在设计上的激励机制自然很难为参保者所接受，更无法转化成积极的参保行为。从制度改革对宏观经济社会的影响来看，社会保障制度是调节收入再分配、加强社会团结与社会合作的重要方式，也是国家提升社会治理能力的重要政策工具。如果将职工基本养老保险制度全面转型为名义账户制度，则会彻底失去收入再分配的功能，并会强化个人主义和利己主义的倾向，从而有违社会建设和社会治理的基本理念①。申曙光等认为，我国养老保险制度模式的改革方向应是在现行部分积累制的基础上进行参数优化与改革，而不是完全效仿欧洲国家采取"名义账户制"②。鲍淡如认为，名义账户无助于长远发展，用名义账户对已经定型的养老保险制度做颠覆性的修改，不仅无助于养老保险长远发展，对当前引导群众积极参加养老保险也会带来损害③。

　　一些学者主张企业职工基本养老保险个人账户应该继续采取基金模式。王延中和王俊霞主张做实个人账户，并进行保值增值，使之真正发挥个人账户的作用，但他们同时认为，为降低基金保值增值压力，应该缩小个人账户的规模④。李珍认为，如果一国已经选择了个人账户积累制度，则应该真实积累资产并进行市场化管

---

① 鲁全：《养老金制度模式选择论——兼论名义账户改革在中国的不可行性》，《中国人民大学学报》2015 年第 3 期。
② 申曙光、孟醒：《社会养老保险模式：名义账户制与部分积累制》，《行政管理改革》2014 年第 10 期。
③ 鲍淡如：《名义账户无助于长远发展》，《中国社会保障》2015 年第 2 期。
④ 王延中、王俊霞：《中国养老保险制度中的个人账户问题》，《社会保障研究》（北京）2012 年第 2 期。

理，市场化管理意味着资本的市场配置和分享经济增长的成果，非市场化管理则会引起资本的误配置和较低的收益率①。孙祁祥认为，变个人账户由"空账"到实账，是中国养老保险体制改革的关键。政府应当负担转轨成本，这是实现由"空账"转变为实账的前提②。

在认同企业职工基本养老保险基金个人账户制度的基础上，一些学者对如何完善这一制度进行了研究。刘昌平认为，中央财政应该根据各地经济发展和财力具体情况，对做实个人账户给予补贴，同时建立做实与补助的激励机制，明确地方财政为做实个人账户融资的配套规模③。彭浩然和申曙光对强制性个人账户养老金计发办法改革对替代率的影响开展了实证研究。通过精算分析，他们得出了如下结论：在合意的假设条件下，借鉴商业年金产品的设计，改革个人账户现行的计发办法，可以使得个人账户养老金的替代率达到合适水平④。蒋云赟对养老保险个人账户调整对我国财政体系代际平衡状况的影响进行了研究，建议在缩小个人账户规模后，尽快做实个人账户，并努力提高养老基金保值率，以此来激励单位和个人参加养老保险⑤。

从上述国内外文献综述可以看出：当前国内外缺乏对个人账户制发展轨迹和发展环境的研究，而对个人账户制运行机理和实施效果的研究不够完整，且缺乏系统性。中国国内对名义账户制的研究还处于起步阶段，即使在名义账户制运行较为成功的国家，全社会对名义账户制的探讨仍在继续。

---

① 李珍：《关于社会养老保险私有化的反思》，《中国人民大学学报》2010 年第 2 期。

② 孙祁祥：《空账与转轨成本——中国养老保险体制改革的效应分析》，《经济研究》2001 年第 5 期。

③ 刘昌平：《养老金制度变迁的经济学分析》，中国社会科学出版社，2008。

④ 彭浩然、申曙光：《强制性个人账户养老金计发办法改革对替代率影响的实证研究》，《当代财经》2007 年第 3 期。

⑤ 蒋云赟：《养老保险个人账户调整对我国财政体系代际平衡状况的影响》，《经济理论与经济管理》2007 年第 12 期。

三 理论基础

（一）社会福利思想理论

个人账户制度的思想渊源是新自由主义与"第三条道路"的社会福利思想。前者可以看作个人账户制本身的理论基础，后者是多层次体系下个人账户制养老金计划的理论基础。

新自由主义的社会福利思想出现于 20 世纪 30—40 年代，但是直到 20 世纪 70 年代，西方福利国家陷入了危机，它才受到世界各国的广泛关注。新自由主义社会福利思想提倡社会保障私营化与市场化，反对福利国家，它是当代西方社会福利制度改革的理论基础。

西方新自由主义思想的奠基人哈耶克认为，由政府规定的唯一的社会保障制度缺乏根据现状的及时性灵活变化，必定会给其他有效保障制度的产生设置障碍。"如果由政府承担一些或全部财政责任，而由独立存在并在某种程度上属于竞争性的机构去具体实施这些服务，那么从一般意义上讲，这些服务将不仅会得到提供，而且还将得到更为有效的提供。"[1] 哈耶克指出，在社会保障制度的建设过程中，要给个人责任的充分发挥留出足够空间。在养老与健康保障领域，只要是国家尚未全部控制的地方，就会有新的方法自发产生并发展，而这会有利于当前一些问题的解决。他认为，由国家单一控制的社会保障制度会抑制个人责任在社会保障制度中作用的发挥。一旦养老等事务被看作公共责任，特别是当福利水平很高，使得个人的养老等事务过于依靠国家与集体时，强迫个人为自己的日常生活风险提供保障就应该是顺理成章的了。

新自由主义社会福利思想的另一代表人物弗里德曼认为，养老保险机构国有化的代价会超过它的任何优点，在养老保障领域，

---

[1] 丁建定：《社会福利思想》（第 2 版），华中科技大学出版社，2009。

个人的自由选择与私人企业争取顾客的需要有利于各种养老金制度的完善，并增加多样性与差别性，满足国民养老的个性需要。弗里德曼得出结论：“反对养老保险机构国有化的论点是十分有力的，不仅按自由主义的原则而论，而且甚至按照福利国家支持者的价值观来看，亦是如此。假使他们相信，政府能比市场提供更多的服务，那么，他们应该赞成政府企业与其他私人企业在举办养老金上进行公开的竞争。假使他们是正确的，那么政府企业会兴旺起来。”①

“第三条道路”的社会福利思想出现于 20 世纪前期，经历了20 世纪中期的发展，并在 20 世纪末期开始产生重大影响。“第三条道路”的社会福利思想主张社会保障制度中国家责任、社会责任与个人责任之间的平衡，强调社会保障水平与经济发展水平的协调。吉登斯提出了无责任即无权利的思想、积极福利主张、社会投资国家等概念。与吉登斯的“第三条道路”社会福利思想一致，布莱尔提出了“第二代福利”思想。他认为，“第二代福利”要给人以扶持，而不仅仅是施舍；“第二代福利”能够适应家庭生活方式的变化；“第二代福利”承认公民身份建立在权利与义务的基础上；“第二代福利”鼓励公共与私人开展合作，鼓励地方决策和地方人民革新措施②。他认为，实现社会保障制度的有效性，需要通过个人与社会责任的相结合，来提高制度的实际效果。

无论是实账积累个人账户制度，还是名义账户制，都主张权利与义务相对应，缴费与收益紧密结合，强调了养老中的个人责任，尤其是前者突破了现收现付制的财务模式，使得养老金制度从制度设计和政策效果上都将参保者个人置于其养老责任的关键位置，这充分体现了新自由主义的社会福利思想。按照“第三条道路”社会福利思想的观点，一个国家的养老金制度体系既应有强调个人责任的个人账户制度，更应有体现社会与国家责任的制

---

① 弗里德曼：《资本主义与自由》，张瑞玉译，商务印书馆，1986。
② 丁建定：《社会福利思想》（第 2 版），华中科技大学出版社，2009。

度，努力实现一国国民养老责任在国家、社会与个人之间合理分担。

（二）　制度变迁理论

从 20 世纪 60 年代开始，出现了三种具有影响力的制度变迁理论，分别是产权制度变迁理论、诱导性制度变迁理论和诺斯的制度变迁理论。产权制度变迁理论的主要代表人物是德姆塞茨、波斯纳等。1967 年，德姆塞茨发表了《关于产权的一种理论》一文，奠定了产权制度变迁理论的概念基础[1]。制度变迁的产权理论着眼点是共同拥有财产所产生的交易费用的多少。它的核心内容是，追求财富最大化的个体是自由的，能对激励做出反应，并能以他们个人的自我利益为标准管理有价值的财产，这是市场能够有效率运行的唯一条件，财产安排的原子化可以带来经济效率[2]。

诱导性制度变迁理论的主要代表人物是拉坦、速水佑次郎等。1984 年，他们在《关于诱致性制度创新的一种理论》一文中指出："作为要素禀赋变化和技术变化的一种结果，在要素投入的边际收益与边际成本之间产生了不均衡。从而，制度变迁的目标是在要素市场中建立起一种新的均衡。"[3] 诱导性制度变迁理论的主要观点是，如果一种新的制度结构所产生的收益超过了制度变迁所带来的成本时，新的制度就会产生；如果制度变迁的成本超过了收益，那么制度就不会发生变迁。

诺斯的制度变迁理论代表人物是诺斯、戴维斯、托马斯等。诺斯认为，使非人际关系化交换得以可行的市场制度的建立、政府保护和实施产权信念的确立、现代科技革命所带来的收益增加是导致交易费用降低的关键要素。在一个社会中，正式规则只是

---

[1] H. Demsetz, "Toward a Thory of Property Rights," *The American Economic Review* 57 (1967).

[2] 丹尼尔·W. 布罗姆利：《经济利益与经济制度》，陈郁等译，上海人民出版社，2006。

[3] V. W. Ruttan, Y. Hayami, "Toward a Theory of Induced Institutional Innovation," *Journal of Development Studies* 20 (4) 1984.

形塑人们社会选择约束的很小一部分，而人们社会交往和经济交换中的非正式规则约束则普遍存在。非正式规则如行事准则、行为规范、惯例等会对人类的选择集合产生重要影响。正式规则包括政治规则、经济规则与契约等。一般而言，政治规则决定经济规则。从文化中衍生出来的非正式规则往往并不会对正式规则的变化做出即时反应，这些非正式规则约束嵌套在其中的文化则会成为制度路径依赖的根源①。

布罗姆利在对上述三种观点进行批判的基础上，认为制度变迁的过程包括三个层次，即政策层次、组织层次和操作层次。在民主制度中，立法和司法机关代表政策层次，行政机关代表组织层次，而联系政策层次和组织层次的法规可被看作制度安排。在操作层次上，操作单位是企业和家庭，他们的行为是由政策层次和组织层次上的制度安排决定的。他通过上述三个层次所构成的科层机构对制度变迁过程进行了描述②。

通过上述对制度变迁理论各种观点进行的概括，可以看出，每种理论的侧重点不同。本书并不以某一种理论作为研究基础，而是应用扬弃后的上述理论对公共养老金个人账户制度变迁过程中的各种因素进行分析，尤其是对个人账户制度发展环境展开探讨。

四 研究目标

通过梳理公共养老金个人账户制度的发展历程，把握其发展规律，探讨其基本理论。一项制度的发展规律和基本理论是指导该制度可持续发展的重要基础。本书结合典型国家个人账户制养老金计划的实施与改革来梳理个人账户制建立、发展、扩展、抉择等阶段，探讨个人账户制度的发展规律。

一项制度的实施背景是其在一国得以实施的必要环境，往往

---

① 道格拉斯·诺斯：《制度、制度变迁与经济绩效》，杭行译，上海人民出版社，2008。
② 丹尼尔·W.布罗姆利：《经济利益与经济制度》，陈郁等译，上海人民出版社，2006。

正是所面临的各方面环境所形成的压力迫使政府对旧制度进行改革，为新制度的建立提供必要性。一项制度的实施条件是引进该制度要考虑的核心因素。实施条件包括经济条件、政治条件和社会条件，只有各方面的基本条件具备之后，一国才能引入实账积累制的个人账户制或名义账户制，而盲目的引入会导致制度建设违背初衷和陷入泥沼，不利于一国养老金制度的可持续发展。

一项制度的运行机理是一国实施该制度的关键所在。本书通过分析在各个发展阶段所选取的典型国家个人账户制的改革和发展历程来阐述实账积累制和名义账户制的运行机理。一项制度的实施效应是判断该制度与其外部环境和外部因素适应性和协调性的重要标准。本书通过研究在各个发展阶段所选取的典型国家的制度效果来把握个人账户制在理论层面的功能和局限。

应该看到，个人账户制往往是一个国家整个公共养老金制度体系的一部分，处理好社会统筹与个人账户制的关系至关重要。因此，在对个人账户制发展历程进行分析的基础上，本书从理论层面对"统账"之间的关系进行研究，其主要内容之一即有效的基本养老金调整机制。上述个人账户制度的实施背景和条件、运行机理、功能与局限、"统账"关系是紧密相连的一个理论体系。

为中国公共养老金个人账户制度的科学发展提供借鉴。中国的公共养老金个人账户制度包括企业职工基本养老保险个人账户制度、新型农村社会养老保险个人账户制度和城镇居民社会养老保险个人账户制度。从制度设计初衷看，三者均为实账积累制的个人账户制度。但由于巨额转轨成本承担的缺失、人口老龄化加剧等因素，企业职工基本养老保险个人账户制度长期处于空账运行状态，目前，空账规模依然巨大。中国空账化的企业职工基本养老保险个人账户与典型的名义账户制并不相同，其运行机制本质上是一种缴费确定型的现收现付计划，但其账户资金收益率根据基金制个人账户的投资收益机制而非名义账户制下的内部利率机制来确定。如何优化基本养老保险个人账户制度？本书应用公共养老金个人账户制度的发展规律和基本理论对中国公共养老金个人账户制度的改革思路做出分析。

五 研究内容与思路

（一）研究内容

梳理公共养老金个人账户制度的发展历程。 新加坡中央公积金制度的出现可看作公共养老金个人账户制度建立的标志。以投资模式由政府主导转化为由市场主导的智利私营养老金制度的出现为标志，公共养老金个人账户制度进入了发展阶段。在这个阶段，"智利"模式的追随国家，尤其是其他拉美国家对养老金制度进行了一系列的私营化改革。以1999年瑞典名义账户制养老金计划的实施为标志，个人账户制度的财务模式由基金积累制改革为现收现付制，公共养老金个人账户制度进入了扩展阶段。事实上，意大利的名义账户制度实施要早于瑞典，但是瑞典的名义账户制方案通过的时间早于其他国家，而且其为实施名义账户制度最为成功的国家，因此，本研究以瑞典名义账户制的实施作为公共养老金个人账户制度进入扩展阶段的标志。一些转型国家，如波兰和拉脱维亚等，在基金制个人账户计划与名义账户制之间进行了抉择，这可以看作个人账户制发展的抉择阶段[①]。

本书对每个发展阶段中的典型国家公共养老金个人账户制度的实施背景和条件、运行机理以及制度效应进行了分析。如果说实施背景为一个国家进行养老金制度改革提供了必要性，那么实施条件则为一国个人账户制度的建立提供了可行性。在对实施背景和条件进行分析的基础上，本书研究了公共养老金个人账户制度的运行机理，既重点分析了个人账户制度的运行方式，又对个人账户制度与公共养老金制度其他部分的关系进行了探讨。在制度效应分析方面，主要从公平和效率两个维度进行了分析。评价

---

① 尽管从改革时间看，这个阶段的典型国家与扩展阶段的典型国家基本一致，但是，考虑到转型国家个人账户制度的改革受到瑞典、世界银行等国家和国际组织的影响，抉择阶段典型国家的个人账户制度改革体现了以前发展阶段的一种历史逻辑结果。因此，将其作为一个个人账户制度发展的历史阶段。

公平和效率的具体指标结合养老金制度的目标进行选择，其中，衡量公平的主要指标是养老金收入的替代率，重点考察制度所提供的养老金能否满足个人的退休生活需要及其收入再分配状况等，而衡量效率的主要指标为制度的财务稳定性、对经济社会发展的促进作用等。

探讨公共养老金个人账户制度的发展规律和基本理论。通过对公共养老金个人账户制度发展历程的梳理，本书得出公共养老金个人账户制度的发展规律和基本理论。与发展历程的分析相对应，发展规律和基本理论的研究从公共养老金个人账户制度实施条件、运行机理、功能与局限、"统账"关系等方面展开。在实施条件方面，具备基本要素和监管机制较为健全的资本市场、转轨成本的有效消化、科学的精算机制和信息系统、有效的就业政策是个人账户制度建立所需的基本条件，同时，个人账户制度的规模要与一国收入分配结构、总税率、贫富差距状况等经济变量相适应。

在运行机理方面，在从现收现付制和基金制、待遇确定型和缴费确定型等维度对养老金制度做出分析的基础上，应用精算公式对基金个人账户制和名义账户制的运行机理进行了阐释。在功能和局限方面，从财务模式角度对基金个人账户制与名义账户制的功能与局限展开论述。

选择中国公共养老金个人账户制度的发展模式。依据上述发展规律和基本理论，本书分析了中国实施个人账户制度所拥有的条件。事实上，中国实施基金制个人账户计划的理由并不充分，且做实企业职工基本养老保险个人账户面临巨大的融资挑战。即使企业职工基本养老保险个人账户能够做实，其与新型农村社会养老保险个人账户和城镇居民社会养老保险个人账户所积累的资金会面临巨大的保值增值压力，因为中国资本市场并不具备基本要素，且属于政策性市场，监管不足，干预有余。在这样的环境下，基金制度的实施不利于资本的市场化进程，而是会为了保证一定的养老基金投资收益率，依靠政府的不当干预进一步增强资本市场的政策性，这显然不利于基金制度可持续发展所需的资本市场的建立，更不利于中国社会主义市场经济制度的建立。也就是说，在政策性资本市场条件下，中国基金制个人账户计划的实施不会带来资本市场的健康发展，而是会导致资本市场畸形发展。

同时，基本养老保险制度的核心任务是用社会化的能够给予国民安全预期的制度，来应对易使国民陷入不稳定状态的养老风险。互助共济是实现上述核心任务的主要机制，且有助于产生相应的政治认同与社会团结效应。而包括名义账户制在内的个人账户机制不仅无法完成基本养老保险天然之核心任务，更通过损害公益性来迎合利己主义取向。

因此，本书建议：对基本养老保险而言，要缩小个人账户规模，增强互助共济性，实现其社会团结和政治认同等正向功能；降低目标替代率，这既可降低政府直接显性财政责任，又能为纯个人账户的第二、第三层次的养老金留出发展空间。加快实现基本养老保险的全国统筹，发展企业年金、职业年金和商业人寿保险等其他层次的养老保险机制，促进整个养老保险体系的责任分担机制更趋理性，从而推动养老金制度的可持续发展。

（二）研究思路

本书在对公共养老金个人账户制度的发展历程进行分析的基础上，对公共养老金个人账户制度进行理论分析，并以此为指导，为中国公共养老金个人账户制度的可持续发展提供有益建议。本研究的技术路线如图 1 - 1 所示。

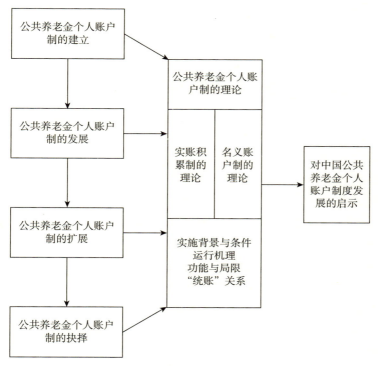

图 1 - 1　本研究的技术路线图

第二章 公共养老金个人账户制度的建立

——以新加坡中央公积金制度建立为标志

新加坡中央公积金制度（Central Provident Fund, CPF）始建于
1955年。当时，新加坡尚处于英国殖民者的统治之下。为了不增
加殖民政府的负担，独立筹资的基金积累制殖民地公积金计划得
以建立。然而，这一制度在新加坡经济社会发展史中的地位举足
轻重，为新加坡独立后30年内跻身世界经济发达国家之列提供了
有力的支持，同时亦为国民提供了一定程度的社会保障。[①] 需要指
出的是，新加坡中央公积金制度是一项综合性的社会保障计划，
为国民提供养老保障是其主要任务之一。如果抛开其他部分而仅
仅研究养老计划部分，那么既无法准确分析新加坡中央公积金制
养老计划的运行机理，亦无法清晰把握新加坡中央公积金制度的
全貌，还无法准确判断其效应。因此，本章以新加坡中央公积金制
度中的养老计划为重点，对其整体进行研究。在阐明新加坡中央公
积金制度变迁背景的基础上，从制度构成、缴费率等方面分析其变
迁历程，解析其目前的运行机制。在上述研究的基础上，从效率和
公平两个维度对新加坡中央公积金制度的效应进行探讨。

一 新加坡中央公积金制度变迁的背景

自1955年之后，新加坡中央公积金制度发生了巨大的变化。
这些变化并非偶然的，而是与新加坡内涵一致且不断变化的人口、

---

① 郭林等：《公共养老金个人账户制度嬗变的政治经济分析——来自新加坡、智
利、瑞典和拉脱维亚的经验》，《经济学家》2013年第8期。

政治、社会和经济环境紧密相关。

（一）人口背景

20 世纪 50 年代以来，新加坡人口老龄化趋势严峻，如表 2－1 所示。新加坡 60 岁及以上人口数逐年攀升，其占 1950 年和 2010 年人口的比例分别为 3.7%、16.0%，2030 年中口径、小口径和大口径的同一指标分别为 35.6%、33.9% 和 37.4%。新加坡 65 岁及以上的人口数不断增加，其占 1950 年和 2010 年人口的比例分别为 2.4%、10.2%，2030 年中口径、小口径和大口径的同一指标分别为 27.5%、26.3% 和 28.9%。

新加坡 80 岁及以上的老龄人口数量呈大幅增加趋势，且其占总人口的比例也呈不断上升趋势，如表 2－2 所示。1950 年，新加坡 80 岁及以上的老龄人口仅 4000 人，占总人口的比例为 0.4%；2010 年，上述两个指标分别为 97000 人和 2.0%；2050 年为 762000 人和 14.6%。

老年人口的上述状况导致了新加坡人口赡养率急剧上升，如表 2－3 所示。1980 年、1990 年、2000 年和 2030 年的新加坡人口抚养比分别为 52.0%、47.0%、51.0%、78.0%。抚养比的上升会不断加重经济活动人口的负担，传统的家庭养老方式则会受到严峻挑战。面对这种趋势，新加坡社会保障制度呼之欲出。然而，新加坡并未建立其他国家普遍建立的现收现付制养老金制度，[①] 而是构建了企业和个人承担主要责任的基金积累制度——中央公积金制度。实践证明，新加坡于 1955 年建立的中央公积金制度极具远见，它不会出现人口老龄化给现收现付制带来的财务不可持续性问题。

表 2－1 1950—2030 年新加坡老年人口状况

单位：千人，%

年份	60 岁及以上人口数	60 岁及以上人口比例			65 岁及以上人口数	65 岁及以上人口比例		
		中口径	小口径	大口径		中口径	小口径	大口径
1950	38	3.7	3.7	3.7	24	2.4	2.4	2.4

① 其原因在政治环境部分阐明。

年份	60 岁及以上人口数	60 岁及以上人口比例			65 岁及以上人口数	65 岁及以上人口比例		
		中口径	小口径	大口径		中口径	小口径	大口径
1960	61	3.7	3.7	3.7	34	2.1	2.1	2.1
1970	118	5.7	5.7	5.7	70	3.4	3.4	3.4
1980	174	7.2	7.2	7.2	114	4.7	4.7	4.7
1990	254	8.4	8.4	8.4	169	5.6	5.6	5.6
2000	425	10.6	10.6	10.6	289	7.2	7.2	7.2
2010	775	16.0	16.0	16.0	494	10.2	10.2	10.2
2020	1385	26.5	26.0	27.1	934	17.9	17.5	18.3
2030	1942	35.6	33.9	37.4	1503	27.5	26.3	28.9

资料来源：UN Population Database。

表 2 - 2　1950—2050 年新加坡 80 岁及以上人口状况

单位：千人，%

年份	80 岁及以上人口数	80 岁及以上人口比例		
		中口径	小口径	大口径
1950	4	0.4	0.4	0.4
1960	5	0.3	0.3	0.3
1970	7	0.3	0.3	0.3
1980	12	0.5	0.5	0.5
1990	28	0.9	0.9	0.9
2000	49	1.2	1.2	1.2
2010	97	2.0	2.0	2.0
2020	173	3.3	3.2	3.4
2030	322	5.9	5.6	6.2
2040	599	11.0	10.3	11.9
2050	762	14.6	13.1	16.3

资料来源：UN Population Database。

表 2 - 3　新加坡人口抚养比

年份	1980	1990	2000	2030
少儿抚养比	0.41	0.34	0.34	0.32

续表

年份	1980	1990	2000	2030
老年抚养比	0.11	0.13	0.17	0.46
总抚养比	0.52	0.47	0.51	0.78

资料来源：UN Population Database。

（二）政治环境

　　新加坡中央公积金制度建立于英国殖民者统治时期。不应否认的是，英国福利国家的理念对新加坡社会保障制度的建立发挥了积极的作用，它要求在新加坡建立社会保护制度。但是，为了自身的利益，殖民者并不主张建立英国福利国家模式的社会保障制度，而是建立最大程度上减轻政府负担的中央公积金制度。自1959年开始，新加坡人民行动党对中央公积金制度的发展产生了深远的影响。在执政过程中，随着中国、印度、马来西亚等国家大量移民的进入，新加坡的人文社会环境发生了一定变化，人民行动党也逐步形成了自己的执政哲学。他们既提倡发挥市场经济的作用，如利用外资推动国有企业的发展、大力推动出口等，又十分重视社会主义在收入分配方面的优势[1]。当然，他们并没有全盘接受社会主义的理念，而仅仅是利用国家财政补助那些有利于经济发展或社会政治稳定的社会服务项目。

　　可以说，新加坡政权归根到底提倡的是市场机制和个人责任，因为国家在社会方面的支出也是为了促进市场机制发挥作用和个人承担责任。正是在这样的政治理念下，新加坡社会保障制度的发展总体滞后于经济的发展，最终形成了高度发达的经济与不够充分的社会保障并存的局面。从后文的分析中，可以看出中央公积金制度的发展是与上述政治理念相符的。

---

[1]　L. Low, "How Singapore's Central Provident Fund Fares in Social Security and Social Policy," *Social Policy & Society* 3 (2004).

（三） 社会环境

受儒家文化的影响，新加坡社会十分重视家庭、亲朋在保障个人生活方面的作用。[1] 这种家庭成员之间、亲朋之间的扶助理念对新加坡中央公积金制度的发展产生了重要影响，这主要体现在两个方面：第一，中央公积金制度所提供的退休收入和覆盖面等水平并不高，这体现了家庭成员之间和亲朋之间的互助对 CPF 保障的一种替代；第二，中央公积金制度自身规定的某些方面亦体现出了对亲朋扶助理念的利用，详见下文。

（四） 经济环境

在上述新加坡政府的执政理念指导下和重视亲朋扶助理念的社会环境中，新加坡努力加强经济建设，经过 30 年的发展，最终跻身于世界发达国家之林。在这个过程中，一方面，中央公积金制度作为新加坡整个国民经济大机器的一个重要零件发挥了积极的作用；另一方面，中央公积金制度这个零件的设计需要服从国民经济大机器正常运转的要求，体现了重视个人责任和市场机制的特点。

新加坡政府重视个人责任和社会提倡亲朋互助的理念，既要求中央公积金制提供的保障和覆盖水平不能像福利国家那么高，又需要在二次收入分配中保证国民和企业的收入份额达到一定的水平，否则让个人和社会发挥保障作用就成了无源之水和空谈。事实上，新加坡通过较低的税率保证了国民和企业的收入和利润[2]，为企业、国民个人发挥保障作用奠定了坚实的基础。

新加坡和瑞典的税收收入占国内生产总值 （Gross Domestic Product, GDP） 的比重和税率情况见表 2－4。从中可以看出，与福

---

① L. Low, "Ensuring a Moral and Social Economy in Singapore," *International Journal of Social Ecnomics* 26 （7/8/9） 1999.

② D. McCarthy, O. S. Mitchell, J. Piggott, "Asset Rich and Cash Poor: Retirement Provision and Housing Policy in Singapore," *Journal of Pension Economics and Finance* 1 （3） （2002）.

利国家瑞典相比，新加坡的税收收入占 GDP 的比重较低，且呈下降趋势；其税率也远远低于瑞典。这种状况与二者的社会保障责任结构是相符的。作为福利国家的典型代表，瑞典十分重视政府为国民提供福利的作用，在瑞典社会福利的责任结构中政府责任占有较大比例，这要求高税收加以支持；而新加坡更加重视国民个人、家庭和企业在社会保障中的作用，因此它实行了较低税收水平的政策，这为中央公积金制度和家庭保障共同发挥保障作用提供了物质支持。

表 2 - 4   1991—2014 年新加坡和瑞典税收收入占 GDP 的比重和税率

单位：%

年份	税收收入占 GDP 的比重		税率	
	新加坡	瑞典	新加坡	瑞典
1991	15.2	—	—	—
1992	16.1	—	—	—
1993	16.3	—	—	—
1994	16.6	—	—	—
1995	15.8	20.0	—	—
1996	15.9	20.2	—	—
1997	15.3	21.0	—	—
1998	14.0	21.5	—	—
1999	14.5	23.4	—	—
2000	14.9	22.5	—	—
2001	14.7	20.3	—	—
2002	12.8	19.4	—	—
2003	12.5	19.7	—	—
2004	11.7	20.3	—	—
2005	11.6	21.5	26.2	54.1
2006	11.9	22.1	22.4	54.1
2007	12.9	21.3	21.8	53.8
2008	13.9	20.5	24.2	53.8
2009	13.1	20.5	24.1	53.9

年份	税收收入占 GDP 的比重		税率	
	新加坡	瑞典	新加坡	瑞典
2010	13.0	20.2	23.2	52.1
2011	13.3	20.8	23.6	52.1
2012	13.8	20.7	18.3	52.1
2013	—	—	18.4	52.1
2014	—	—	18.4	49.4

资料来源：World Development Indicators（WDI）。

在上述人口环境、政治环境、社会环境和经济环境的共同作用下，新加坡中央公积金制度在变迁的过程中呈现了注重个人责任、为经济发展服务、与家庭保障相配合等一脉相承的特点。另一方面，中央公积金制度设计和变迁的特点在一定程度上适应了新加坡人口老龄化的趋势，对保持制度财务可持续性具有积极意义；在经济飞速发展过程中，发挥了很大的作用；为亲朋互助作用的发挥留出了足够的空间。①

二 新加坡中央公积金制度的变迁②

（一）制度结构与参保者状况的变迁

在 1955 年建立之初，新加坡中央公积金制度仅有单一账户。随着制度的发展，其他账户逐步建立。1955—1976 年，向中央公积金制度的缴费进入单一账户存储；1977—1983 年，向中央公积金制度的缴费进入普通账户和特殊账户；从 1984 年开始，医疗储蓄账户建立，且特殊账户的余额转入医疗储蓄账户。此时，新加坡中央公积金制度的三账户结构形成。目前，新加坡中央公积金制度已发展成为一项综合性社会保障计划，如图 2 - 1 所示。

---

① 郭林：《四维环境视角下新加坡中央公积金制度之变迁及其启示研究》，《南洋问题研究》2012 年第 2 期。

② 除特别说明，本节数据均来自于 CPF。

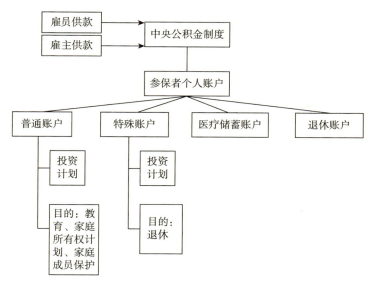

图 2 - 1　新加坡中央公积金制度结构图

新加坡雇主和雇员向中央公积金制度的供款进入三个账户：一是普通账户，其储蓄可用于房屋、中央公积金保险、教育和投资；二是特殊账户，其储蓄可用于养老、投资于与退休关联的金融产品①；三是医疗储蓄账户，其储蓄用于支付住院治疗费用和购买被认可的医疗保险。此外，当参保者达到 55 岁，会获得与最低储蓄计划相关联的退休账户。按规定在退休账户中留足最低储蓄额之后，参保者可在 55 岁以后提取其 CPF 积累额，这可以保证参保者退休后的基本生活。同时，符合参与最低储蓄计划条件的参保者亦需按规定留足医疗基金，这可以保证参保者退休之后的健康护理。新加坡中央公积金制度的供款基数为封顶线以下的参保者月工资总额。工资总额的封顶线并非一成不变，如表 2 - 5 所示。月工资主要包括两部分：一是月普通工资，包括各种津贴在内；二是月额外工资，主要指当月发放的年度奖金、激励奖金、假期薪金等。

---

① S. Vasoo, J. Lee, "Singapore: Social Development, Housing and the Central Provident Fund," *International Journal of Social Welfare* 10 (2001).

表 2 - 5　1997—2006 年新加坡中央公积金制度所规定的
工资收入总额封顶线

单位：美元

年份	月工资总额封顶线
1997	6000
1998	6000
1999	6000
2000	6000
2001	6000
2002	6000
2003	6000
2004	5500
2005	5000
2006	4500

资料来源：CPF。

从 1975—2005 年，新加坡中央公积金制度参保者[①]数量从 134 万增至 323 万，同一期间，积极参保者[②]数量从 1978 年的 77.9 万增加到 2008 年的 161 万。1998—2008 年的中央公积金制度参保者数量增长率为 1.4%，1988—1998 年的增长率为 3.1%，1978—1988 年的增长率为 4.4%；而积极参保者的上述三个指标分别为 3.0%、2.2% 和 2.1%，如表 2 - 6 所示。

表 2 - 6　中央公积金制度年底参保者数量与积极参保者数量增长率

单位：%

年份	参保者数量增长率	积极参保者数量增长率
1968—1978	10.3	
1978—1988	4.4	2.1
1988—1998	3.1	2.2

---

①　中央公积金制度参保者指的是中央公积金各个账户余额为正值的参保者。

②　中央公积金制度积极参保者指的是目前或将来 3 个月内拥有雇主向 CPF 供款的参保者。

续表

年份	参保者数量增长率	积极参保者数量增长率
1998—2008	1.4	3.0

资料来源：CPF。

图 2-2 反映了 1976—2008 年中央公积金制度参保者数量历年的增长率。从中可以看出，每年增长率均为正值，说明参保者数量呈增长趋势；在增长率曲线上，存在 3 个明显的拐点，即 1981年、1993 年和 1995 年，拐点之后下一年的参保者增长率突然下降。1993 年和 1995 年出现的高增长率可归因于政府补充计划的建立，如所有权补充计划、中央公积金补充计划和预先医疗储蓄补充计划。

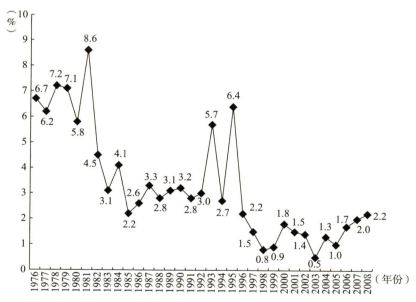

图 2-2　1976—2008 年新加坡中央公积金制度参保者数量历年增长率
资料来源：CPF。

新加坡中央公积金制度参保者年龄结构亦发生了变化。2008年与 2009 年的参保者年龄结构基本相同，55 岁以上年龄群组的人口比例从 25.3% 上升到 26.3%，增长幅度仅为 1%。然而，从1999—2009 年，55 岁以上的参保者占人口的比例大幅增加，从

18.3% 增长至 26.3%；与之相反的是，25—55 岁参保者的人口比例从 70.8% 下降到 63.5%；25 岁以下参保者的人口比例则从 10.1% 下降到 9.7%。2009 年，新加坡人口结构中 60 岁以上人口比例最大，而在 1999 年，35—40 岁的人口比例最大。

参保者年龄结构老龄化是由人口老龄化趋势、出生率下降和平均寿命增加等原因造成的。面对人口老龄化的趋势，新加坡亟须增加 CPF 的储蓄水平以保证国民老年生活。为了实现这个目标，新加坡 CPF 委员会引入了最低积累计划、中央公积金生命计划、最低储蓄补充计划。为了解决平均寿命延长很可能带来的储蓄不足问题，2009 年，新加坡建立了中央公积金生命计划，为参保者提供终身收入。最低储蓄补充计划的目的在于增加个人账户余额较低参保者的积累，它允许参保者向其自身、配偶、父母或祖父母补充积累，或者用现金或 CPF 储蓄补充其 CPF 的各个账户。上述计划的分析详见下文。

为了保证参保者的退休生活，1998 年，新加坡建立从普通账户向特殊账户转移资金的制度。转移后，扣除投资支出后的特殊账户余额不应该超过同期 CPF 最低积累额。由于特殊账户的收益率高于普通账户的收益率，因此，参保者能以较快的速度实现特殊账户的资金积累。参与普通账户资金向特殊账户转移的参保者数量和转移金额如图 2－3 所示。2006—2008 年，参与从普通账户向特殊账户转移资金的参保者人数年均为 22496，年均转移资金量为 314 百万美元。

图 2－3　普通账户资金向特殊账户转移的参保者数量和转移金额
资料来源：CPF。

　　参与转移的各年龄群组的人数比例与相应的转移资金量的中位数状况如图2-4所示。大约1/5的转移人数为50—55岁的参保者，这部分人群所转移的资金量中位数亦为最高，大约占2008年中位数转移总量的1/3。一方面，50—55岁参保者普通账户所积累资金较多，具备转移的能力；同时，这部分人即将进入退休阶段，具有转移的动力。2008年，年龄低于25岁的参与转移的人数仅占总转移人数的6%，转移资金量中位数仅为1293美元。

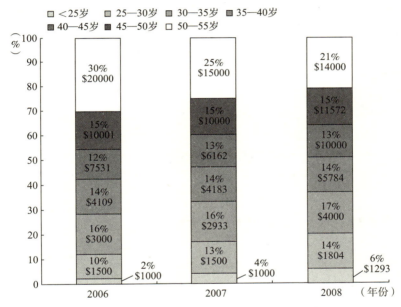

**图2-4　参与转移者各年龄群组的人数比例与
转移总量的中位数状况**

资料来源：CPF。

　　与CFP所有参保者和积极参保者相比，参与转移的参保者的普通账户余额和CFP总余额比较高。参与转移的参保者的普通账户余额和CFP余额的中位数分别为12000美元和62000美元，而所有参保者的上述指标分别为3600美元和21100美元。特殊账户的主要目的之一是为退休进行积累，其收益率要高于普通账户。因此，对于参保者个人来讲，越早从普通账户转移资金至特殊账户，越有利于养老资金的积累。

（二）供款、支出与余额状况的变迁

新加坡中央公积金制度供款率经历了如下发展阶段。

尽管从 1977 年开始，雇主和雇员向中央公积金的供款进入多账户，但 1955—1987 年，各年龄群组的供款率是相同的。在 1985 年，新加坡经济出现了负增长。结果，向普通账户的供款率从 40% 降低到 29%。从 1986 年 4 月 1 日起，暂停向特殊账户供款。

从 1988 年 7 月开始，新加坡中央公积金制度采取了与年龄群组相关联的供款率制度，图 2-5 反映了新加坡 55 岁及以下参保者适用的中央公积金制度供款率状况，供款率的增减与新加坡的经济状况紧密相关。同年，55 岁及以下的雇员向普通账户供款的比例从 29% 上升到 30%，在 1989 年 7 月之前，向特殊账户的供款处于停止状态；与之相反，55 岁以上雇员适用的供款率降低，同时新加坡政府计划提高退休年龄。

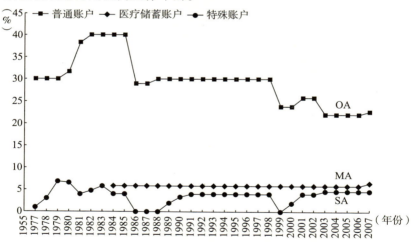

图 2-5　新加坡 55 岁及以下参保者的中央公积金制度供款率
资料来源：CPF。

1989—1993 年，55 岁以上的雇员向普通账户的供款率降低，而向医疗储蓄账户的供款率增加，1992 年，老年雇员向医疗储蓄账户的供款率从 1991 年的 6% 上升到 7%；55 岁及以下雇员供款

的比率呈上升趋势，但是，向普通账户的供款率大幅下降。[①] 如图2-6、2-7所示。

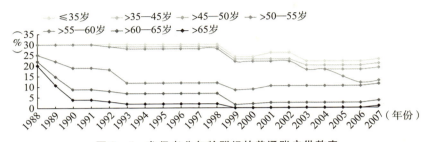

图2-6 参保者分年龄群组的普通账户供款率
资料来源：CPF。

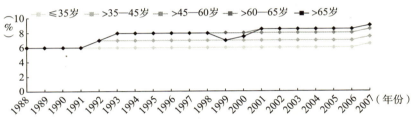

图2-7 参保者分年龄群组的医疗储蓄账户供款率
资料来源：CPF。

1999年，雇主的供款率下降。1993—1998年，各年龄群组各账户的供款率并没有变化。但是，1997年出现的亚洲金融危机波及新加坡，为了保持劳动力成本的竞争力和就业量，雇主对55岁及以下雇员的供款率降低了10个百分点。为了最小化供款率降低对偿还房屋贷款者的影响，上述10个百分点中有6个百分点来自普通账户的供款率，其余的来自特殊账户，然而随后向特殊账户的供款再次暂停。为了保证参保者及其家人医疗费用的支出，向医疗储蓄账户的供款率并未降低。对55岁及以上雇员普通账户的供款率降低了2.0%—5.5%，对65岁以上雇员医疗储蓄账户的供款率从8%降低到7%。

① W. K. M. Lee, "Income Protection and the Elderly: An Examination of Social Security Policy in Singapore," *Journal of Cross-Cultural Gerontology* 13 (1998).

2000 年，新加坡经济触底后逐步恢复[①]。为增加支持国民老年生活的储蓄，满足其住房和医疗需要，雇主对 55 岁及以下雇员的供款率上升了 2.0%，达到 12.0%。增值 2.0% 是通过提高特殊账户的供款率得以实现的。对 55—65 岁雇员普通账户的供款率提高了 0.5%，对 65 岁及以上雇员医疗储蓄账户的供款率亦提高了 0.5%。

2001 年，新加坡经济强势反弹，雇主对 55 岁及以下雇员的供款率上升了 4.0%，增加的供款进入普通账户或特殊账户。需要指出的是，向中央公积金制度的供款进入三个账户的优先次序为特殊账户、医疗储蓄账户、普通账户。这一原则来源于老龄人口联合救助委员会为加快特殊账户的发展，以帮助参保者为其老年生活积累更多的资金所提出的建议。雇主对 55 岁以上雇员的供款率上升了 1.0%—1.5%，增加的供款进入普通账户。对 55—60 岁雇员普通账户的供款率从 9% 上升到 10.5%，对 60—65 岁雇员普通账户和医疗储蓄账户的供款率分别增加了 0.5%。65 岁以上参保者医疗储蓄账户的供款率从 7.5% 上升到 8.5%。

2002 年，各年龄群组向中央公积金各账户的供款率并未发生变化。但是，新加坡的经济前景尚不明朗，经济增长和劳动力市场受到了外需降低的巨大冲击。面对这种状况，新加坡成立了经济评论委员会（ERC）。ERC 审视了新加坡的经济策略，建立了调整经济结构的蓝图，主张要实现退休保障、住房保障和健康护理之间的平衡。根据 ERC 的建议，2003 年，雇主对 55 岁及以下雇员的供款率从 16% 降低到 13%，这有利于提高劳动力成本的竞争优势。上述 3% 的降值是通过普通账户供款率降低 3%—4%，而特殊账户供款率增加 1%（35—45 岁群组除外）得以实现的。这样可使得 50—55 岁参保者增加用以养老和健康护理的积累。雇主对 55 岁以上参保者的供款率并未受到影响，因为此部分供款率尚低。

2004 年，新加坡经济出现复苏信号，但是调整中央公积金供款率尚早，因此，三个账户的供款率均保持不变。2005 年，对 50—55 岁参

---

① P. K. Hong, "The Saving Approach to Financing Long-term Care in Singapore," *Journal of Aging & Social Policy* 13 (2001).

保者的供款率已经历了两年递减，第一年和第二年的供款率分别减少
2%和1%，这导致对其普通账户的供款率减少了3%。

2006年，为了提高50—55岁群组的就业能力，这部分人群适
用的中央公积金制度供款率从30%降低到27%。其中，雇主的供
款率降低了2%，而参保者个人的供款率降低了1%。结果，50—
55岁群组普通账户的供款率从15%下降到12%①。2007年，雇主
为各年龄群组参保者所承担的供款率均提高了1.5%，其中1%计
入普通账户，0.5%计入医疗储蓄账户。

2009年，雇主为50岁及以下参保者的供款率为雇员月工资的
20%，雇员本人的供款率为14.5%，合计为34.5%。50岁及以上
和收入水平低于每月1500美元的雇员的供款率水平要低于上述水
平。月收入水平在1500—4500美元的参保者供款率状况如表2-7。

表2-7　月收入水平为1500—4500美元参保者的中央公积金制度供款率

单位:%

雇员年龄	雇主供款率	雇员供款率	合计
	占月工资收入的比例		
≤50岁	14.5	20	34.5
>50—55岁	10.5	18	28.5
>55—60岁	7.5	12.5	20
>60—65岁	5	7.5	12.5
>65岁	5	5	10

资料来源：CPF。

从上述分析可以得出：其一，随着参保者年龄逐渐增大，其
中央公积金制度供款率越低。年轻雇员适用较高水平的供款率有
利于其积累养老及其他方面所需的资金。其中，对普通账户的供
款率随年龄增长逐步减少，但是向特殊账户和医疗储蓄账户的供
款则增加，以满足其养老和医疗需要。当参保者达到55岁时，向

① B. S. K. Koh, O. S. Mitchell, T. Tanuwidjaja, J. Fong, "Investment Patterns in
Singapore's Central Provident Fund System," *Journal of Pension Economics and Fi-
nance* 7 (1) (2008).

其特殊账户的供款则停止。其二，与特殊账户和医疗储蓄账户的供款率相比，普通账户供款率的波动幅度比较大。不同账户供款率的波动体现了实现企业成本和满足基本养老、医疗和住房需求的中央公积金积累之间的一定均衡。①

新加坡国民和在新加坡永久居住的工作者要向中央公积金制度供款。根据所属年龄群组，这些供款进入参保者个人的普通账户、特殊账户和医疗储蓄账户。参保者可提取 CPF 积累用于制度所允许的各项支出：（1）房屋支出，即公共房屋计划（PHS）和私营居住房屋计划（RPS）方面的支出；（2）投资支出，即普通账户资金投资计划和特殊账户资金投资计划；（3）健康护理支出，即医疗储蓄计划、医疗保护计划、私人医疗保险计划（用医疗储蓄账户资金购买规定范围内的综合保护计划）、老年保护计划等方面的支出；（4）其他 CPF 计划支出，如家庭保护计划、依靠者保护计划、教育计划、特殊贴现计划、最低积累计划等；（5）CPF 方案第 15 章和第 25 章所规定的支出。1998—2009 年，参保者向中央公积金制度的供款呈上升趋势，从 1998 年的 160 亿美元增长到 2009 年的 202 亿美元。但是，这个增长过程呈波动状态，如图 2－8 所示。

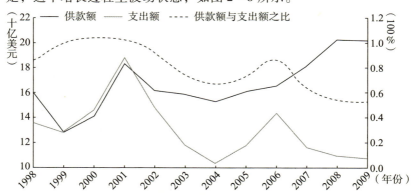

图 2－8　新加坡中央公积金制度历年供款与支出额

资料来源：CPF。

---

① 郭林：《四维环境视角下新加坡中央公积金制度之变迁及其启示研究》，《南洋问题研究》2012 年第 2 期。

从图 2-8 可以看出，1999 年的供款额出现大幅下降趋势，其原因在于 55 岁及以下参保者的供款率从 1998 年 40% 下降到 30%。从 2000 年开始，供款额出现上升趋势，这是由供款率于 2001 年上升至 36% 所致。2008 年的供款额超过了 200 亿美元。而中央公积金制度的支出额从 1998 年的 136 亿美元下降至 2009 年的 107 亿美元。

除了 2000 年和 2001 年，供款额均超过了支出额。在 2000 年和 2001 年，支出额超出供款额的原因是当时特殊账户投资计划的引入，该计划允许参保者将特殊账户的资金投资于规定的工具。2004 年，支出额大幅下降至 103 亿美元。其主要原因是 2001 年的网络泡沫破灭、2003 年的伊拉克战争和非典型性肺炎爆发等因素的综合作用。上述事件警示参保者不能将资金盲目用于房屋和投资，这使得 2001—2004 年的支出与收入比例出现下降趋势。此后，支出收入比逐年上升，于 2006 年达到峰值 0.87。2006 年的支出收入比大幅上升的原因在于很多参保者由于居住所有权计划增加了房屋贷款的支出和提高了投资支出水平。2006 年之后，支出水平呈下降趋势，因为全球经济的不确定性使参保者提取中央公积金较为谨慎。与之相对应的是，2009 年的支出收入比降低到 1998 年以来的最低水平 0.53。

从上述分析可以得出，供款的增长速度要快于支出，因此，中央公积金余额呈增长趋势，从 1998 年的 853 亿元增长到 2009 年的 1668 亿元，而人均中央公积金余额从 1998 年的 30400 美元增长到 2009 年的 50700 美元，如图 2-9 所示。

从图 2-9 可以看出，CPF 余额呈逐年递增趋势，这是研究期间内新加坡经济强势的表现，以及部分时段中央公积金制度供款率提高和参保者数量增加等因素综合作用的结果。与选取年度的其他时间相比，1998—2001 年的人均 CPF 余额增长速度较慢，其原因是同一期间的支出收入比高。2001 年以后，随着支出收入比的下降，人均 CPF 积累额呈现快速增长趋势。

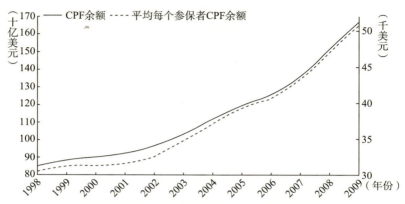

图 2 - 9　新加坡中央公积金制度历年余额及平均每个参保者的余额
资料来源：CPF。

（三）　积累额构成的变迁

如上所述，雇主和雇员向中央公积金制度的供款进入四个账户，即普通账户、特殊账户、医疗储蓄账户和退休账户。为了满足新加坡国民的社会保障需求，中央公积金制度会根据人口状况和参保者积极性进行适当调整。

将四个账户的净余额之和定义为中央公积金制度的总净额，把总净额与用于购买房屋、投资和教育的支出额等之和界定为中央公积金制度的总额。新加坡中央公积金制度总净额与支出额状况如图 2 - 10 所示。从中可以看出，中央公积金制度的净余额与总额均呈现上升的趋势，但是，1999 年和 2009 年净余额占总额的比例均约为 49%。

1999—2009 年，净余额与支出额的构成比例发生了较大变化。在净余额中，普通账户余额所占的比例从 1999 年的 60% 下降到2009 年的 42%；而在同一时期，特殊账户和医疗储蓄账户所占比例之和从 37% 上升到 49%，退休账户余额所占的比例从 2% 增加到 9%。造成上述变化的原因一是各个账户供款率的变化，二是各个账户不同的支出水平。

1999—2009 年用于房屋、投资及其他支出的净额年均增长

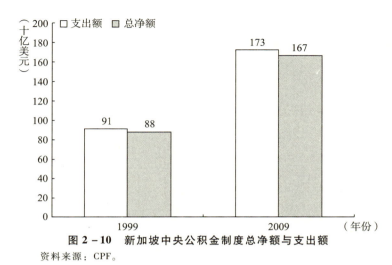

图 2 - 10 新加坡中央公积金制度总净额与支出额

资料来源：CPF。

7%，但是，各项支出占中央公积金制度各个账户总额的比率基本未变，维持在51%的水平。2009年最大的支出项目为房屋支出，大约占总额的41%。而投资支出占总额的比重为9%，教育和非住宅支出所占比重为1%。各项目支出额如图2-11所示。1999和2009年，占总支出比例最大的项目为用于公共房屋计划（PHS）的支出。其重要原因是，很多参保者用CPF储蓄偿还房贷。住宅所有权方面的支出占支出总额的比重接近30%，因此，用于公共房屋计划和居住产权计划的支出之和占总支出的比例大约为80%。

普通账户资金投资支出总额呈增加之势，但其占总支出的比重由1999年的16%降低到2009年的13%。2009年，特殊账户资金投资支出占总支出的比重大约为4%。普通账户和特殊账户投资支出之和占支出总额的比重仅为16%—17%。

最低储蓄计划用于向退休者支付月度基本养老金以保证其基本生活水平。退休账户余额从1999年的20亿美元增长到2009年的150亿美元，占净余额的比重从1999年的2%到2009年的9%。历年退休账户的最低储蓄额如表2-8所示。

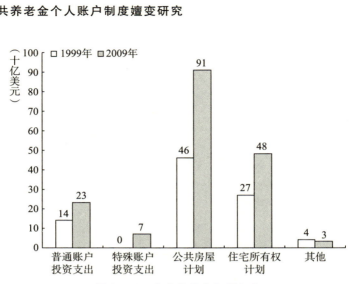

图 2 - 11 中央公积金各项支出

资料来源：CPF。

表 2 - 8 1998—2010 年退休账户最低储蓄额

单位：美元

时间	最低储蓄额
1998 年 7 月 1 日起	55000
1999 年 7 月 1 日起	60000
2000 年 7 月 1 日起	65000
2001 年 7 月 1 日起	70000
2002 年 7 月 1 日起	75000
2003 年 7 月 1 日起	80000
2004 年 7 月 1 日起	84500
2005 年 7 月 1 日起	90000
2006 年 7 月 1 日起	94600
2007 年 7 月 1 日起	99600
2008 年 7 月 1 日起	106000
2009 年 7 月 1 日起	117000
2010 年 7 月 1 日起	123000

资料来源：CPF。

中央公积金净余额的构成受到政策变迁的影响。例如，普通账户资金占账户净余额的比例降低的两个重要原因是中央公积金制度供款率的变化和房屋支出的增加。同样，特殊账户和医疗储蓄账户资金占净余额比例增加的原因是不同年龄群组的供款率不同和不同账户的供款率不同。而最低储蓄额的逐年增加亦使得退休账户占储蓄余额的比重呈递增趋势。新加坡政府赋予中央公积金制度的一个重要目标是尽管存在参保者退休前的各种支出，但是要保证充足的积累额，以保证国民的老年生活。为了实现这个目标，新加坡规定，参保者达到55岁以后，中央公积金的支出受到限制，为住房所进行的中央公积金储蓄减少。面对人口老龄化的挑战和不断上升的房屋所有权期望，新加坡政府将实现退休前的各项支出与保证足够的退休积累作为其重要优先政策之一。[①]

（四）　收益率的变迁

新加坡中央公积金的收益率机制可分为缺省收益率机制和投资收益率机制。前者意为个人不做出投资选择，而是将资金留在中央公积金账户时可获得的收益率。如上所述，1955—1976年，向中央公积金制度的供款全部进入普通账户。1955—1962年的收益率为2.5%；1963年的收益率上升至5.0%；1964—1966年为5.25%；之后，收益率持续上升，到1974年达到6.5%。

1977—1985年，普通账户的收益率保持在6.5%的水平。从1986年3月1日开始，普通账户的收益率与市场利率挂钩，采取12个月定期存款利率与主要地方银行的储蓄利率相结合的确定方法，二者的权重各为50%，且收益率每半年调整一次。

1999年7月1日，CPF收益率计算公式发生变化，12个月定期存款利率的权重由50.0%调整为80.0%，而主要地方银行储蓄利率的权重由50.0%降低到20.0%。之所以实施这样的改革，是因为新加坡考虑到CPF储蓄是长期性的积累，其中很大比例要用于参保者的养老，提高定期存款利率的权重有利于参保者获得较

[①]　郭林：《四维环境视角下新加坡中央公积金制度之变迁及其启示研究》，《南洋问题研究》2012年第2期。

高的收益率。同时，收益率的调整时间由半年改为一个季度，这样有利于其与市场利率的紧密结合。

特殊账户、医疗储蓄账户和退休账户分别建立于 1977 年 7 月、1984 年 4 月和 1987 年 1 月。起初，这三个账户的收益率采取与普通账户一致的确定方法。从 1995 年 7 月 1 日起，特殊账户和退休账户的收益率超过普通账户 1.25 个百分点；1998 年 7 月 1 日，这一超出比例调整为 1.5 个百分点。从 2001 年 10 月 1 日起，医疗储蓄账户的收益率同样超过普通账户 1.5 个百分点。从此时起，普通账户的保证收益率为 2.5%，而特殊账户、医疗储蓄账户和退休账户的保障收益率为 4%。

2007 年，新加坡宣布再次对中央公积金制度的收益率政策进行改革。特殊账户、医疗储蓄账户和退休账户的收益率的计算公式调整为新加坡 10 年期政府债券 12 个月的平均收益率加 1%。例如，如果 10 年期政府债券 12 个月的平均收益率为 3%，那么三个账户的收益率则为 4%。为了让参保者逐步适应三个账户收益率计算公式的变化，2008—2010 年，新加坡保证参保者三个账户的收益率为 4%。此外，从 2008 年 1 月 1 日起，参保者中央公积金制度的积累余额 60000 美元以内部分的收益率增加 1%，其中普通账户所占金额最多为 20000 美元。如果参保者年龄为 55 岁及以上，普通账户余额所获得的这部分增加的收益将计入特殊账户和退休账户。

上述收益率确定机制的变迁既是新加坡面对人口老龄化所采取的重要举措之一，也有利于提高参保者的收益水平以保证其老年生活。1955—2010 年的新加坡中央公积金制度的收益率如表 2-9 所示。

表 2-9　1955—2010 年新加坡中央公积金制度历年收益率

单位：%

年度	普通账户收益率	特殊账户收益率	医疗储蓄账户收益率	退休账户收益率
1955—1962 年	2.5	—	—	—

续表

年度	普通账户收益率	特殊账户收益率	医疗储蓄账户收益率	退休账户收益率
1963 年	5	—	—	—
1964—1966 年	5.25	—	—	—
1967—1969 年	5.50	—	—	—
1970—1973 年	5.75	—	—	—
1974—1976 年	6.5	—	—	—
1977—1983 年	6.5	6.5	—	—
1984—1985 年	6.5	6.5	6.5	—
1986 年 1—2 月	6.5	6.5	6.5	—
1986 年 3—6 月	5.78	5.78	5.78	—
1986 年 7—12 月	5.38	5.38	5.38	—
1987 年 1—6 月	4.34	4.34	4.34	4.34
1987 年 7—12 月	3.31	3.31	3.31	3.31
1988 年 1—6 月	3.19	3.19	3.19	3.19
1988 年 7—12 月	2.96	2.96	2.96	2.96
1989 年 1—6 月	3.1	3.1	3.1	3.1
1989 年 7—12 月	3.39	3.39	3.39	3.39
1990 年 1—6 月	3.77	3.77	3.77	3.77
1990 年 7—12 月	3.88	3.88	3.88	3.88
1991 年 1—6 月	4.85	4.85	4.85	4.85
1991 年 7—12 月	4.54	4.54	4.54	4.54
1992 年 1—6 月	4.59	4.59	4.59	4.59
1992 年 7—12 月	3.31	3.31	3.31	3.31
1993 年 1—6 月	2.62	2.62	2.62	2.62
1993 年 7—12 月	2.50 2.29 *	2.5 2.29 *	2.5 2.29 *	2.5 2.29 *
1994 年 1—6 月	2.5 2.13 *	2.5 2.13 *	2.5 2.13 *	2.5 2.13 *
1994 年 7—12 月	2.5 2.46 *	2.5 2.46 *	2.5 2.46 *	2.5 2.46 *

年度	普通账户收益率	特殊账户收益率	医疗储蓄账户收益率	退休账户收益率
1995 年 1—6 月	3.1	3.1	3.1	3.1
1995 年 7—12 月	3.82	5.07	3.82	5.07
1996 年 1—6 月	3.52	4.77	3.52	4.77
1996 年 7—12 月	3.48	4.73	3.48	4.73
1997 年 1—6 月	3.48	4.73	3.48	4.73
1997 年 7—12 月	3.48	4.73	3.48	4.73
1998 年 1—6 月	3.48	4.73	3.48	4.73
1998 年 7—12 月	4.29	5.79	4.29	5.79
1999 年 1—6 月	4.41	5.91	4.41	5.91
1999 年 7—9 月	2.5 2.11[*]	4 3.61[*]	2.5 2.11[*]	4 3.61[*]
1999 年 10—12 月	2.5 2.12[*]	4 3.62[*]	2.5 2.12[*]	4 3.62[*]
2000 年 1—3 月	2.5 2.14[*]	4 3.64[*]	2.5 2.14[*]	4 3.64[*]
2000 年 4—6 月	2.5 2.14[*]	4 3.64[*]	2.5 2.14[*]	4 3.64[*]
2000 年 7—9 月	2.5 2.16[*]	4 3.66[*]	2.5 2.16[*]	4 3.66[*]
2000 年 10—12 月	2.5 2.14[*]	4 3.64[*]	2.5 2.14[*]	4 3.64[*]
2001 年 1—3 月	2.5 2.14[*]	4 3.64[*]	2.5 2.14[*]	4 3.64[*]
2001 年 4—6 月	2.5 2.14[*]	4 3.64[*]	2.5 2.14[*]	4 3.64[*]
2001 年 7—9 月	2.5 2.1[*]	4 3.60[*]	2.5 2.10[*]	4 3.60[*]
2001 年 10—12 月	2.5 2.09[*]	4 3.59[*]	4 3.59[*]	4 3.59[*]

续表

年度	普通账户 收益率	特殊账户 收益率	医疗储蓄账户 收益率	退休账户 收益率
2002 年 1—3 月	2.5 1.77*	4 3.27*	4 3.27*	4 3.27*
2002 年 4—6 月	2.5 1.42*	4 2.92*	4 2.92*	4 2.92*
2002 年 7—9 月	2.5 1.36*	4 2.86*	4 2.86*	4 2.86*
2002 年 10—12 月	2.5 1.29*	4 2.79*	4 2.79*	4 2.79*
2003 年 1—3 月	2.5 1.18*	4 2.68*	4 2.68*	4 2.68*
2003 年 4—6 月	2.5 1.18*	4 2.68*	4 2.68*	4 2.68*
2003 年 7—9 月	2.5 1.04*	4 2.54*	4 2.54*	4 2.54*
2003 年 10—12 月	2.5 0.59*	4 2.09*	4 2.09*	4 2.09*
2004 年 1—3 月	2.5 0.59*	4 2.09*	4 2.09*	4 2.09*
2004 年 4—6 月	2.5 0.59*	4 2.09*	4 2.09*	4 2.09*
2004 年 7—9 月	2.5 0.59*	4 2.09*	4 2.09*	4 2.09*
2004 年 10—12 月	2.5 0.59*	4 2.09*	4 2.09*	4 2.09*
2005 年 1—3 月	2.5 0.59*	4 2.09*	4 2.09*	4 2.09*
2005 年 4—6 月	2.5 0.59*	4 2.09*	4 2.09*	4 2.09*
2005 年 7—9 月	2.5 0.59*	4 2.09*	4 2.09*	4 2.09*

续表

年度	普通账户 收益率	特殊账户 收益率	医疗储蓄账户 收益率	退休账户 收益率
2005 年 10—12 月	2.5 0.59*	4 2.09*	4 2.09*	4 2.09*
2006 年 1—3 月	2.5 0.62*	4 2.12*	4 2.12*	4 2.12*
2006 年 4—6 月	2.5 0.73*	4 2.23*	4 2.23*	4 2.23*
2006 年 7—9 月	2.5 0.74*	4 2.24*	4 2.24*	4 2.24*
2006 年 10—12 月	2.5 0.74*	4 2.24*	4 2.24*	4 2.24*
2007 年 1—3 月	2.5 0.74*	4 2.24*	4 2.24*	4 2.24*
2007 年 4—6 月	2.5 0.74*	4 2.24*	4 2.24*	4 2.24*
2007 年 7—9 月	2.5 0.74*	4 2.24*	4 2.24*	4 2.24*
2007 年 10—12 月	2.5 0.74*	4 2.24*	4 2.24*	4 2.24*
2008 年 1—3 月	2.5 0.74*	4 3.9*	4 3.9*	4 3.9*
2008 年 4—6 月	2.5 0.74*	4 3.75*	4 3.75*	4 3.75*
2008 年 7—9 月	2.5 0.74*	4 3.65*	4 3.65*	4 3.65*
2008 年 10—12 月	2.5 0.74*	4 3.77*	4 3.77*	4 3.77*
2009 年 1—3 月	2.5 0.74*	4 3.79*	4 3.79*	4 3.79*
2009 年 4—6 月	2.5 0.74*	4 3.69*	4 3.69*	4 3.69*

续表

年度	普通账户收益率	特殊账户收益率	医疗储蓄账户收益率	退休账户收益率
2009 年 7—9 月	2.5 0.56 *	4 3.61 *	4 3.61 *	4 3.61 *
2009 年 10—12 月	2.5 0.44 *	4 3.40 *	4 3.40 *	4 3.40 *
2010 年 1—3 月	2.5 0.42 *	4 3.31 *	4 3.31 *	4 3.31 *
2010 年 4—6 月	2.5 0.42 *	4 3.44 *	4 3.44 *	4 3.31 **
2010 年 7—9 月	2.5 0.41 *	4 3.59 *	4 3.59 *	4 3.31 **
2010 年 10—12 月	2.5 0.41 *	4 3.52 *	4 3.52 *	4 3.31 **

注：1. 1955—1976 年，CPF 收益率每年记账一次。

2. 1977—1985 年，CPF 收益率每季度记账一次。

3. 从 1986 年至 2010 年，收益率每月计算一次，每年记账一次。

4. 带 * 的数据表示不考虑保证收益率，根据计算公式所得的收益率。

5. 从 2010 年 1 月 1 日起，退休账户资金投资于发行时固定票息等于 10 年期政府债券 12 个月的平均收益率加 1% 的特殊政府债券。计入退休账户的利息率的计算要衡量这些特殊政府债券组合的平均收益，并于每年 1 月进行调整。

6. 带 ** 的数据表示不考虑保证收益率，退休账户按照上述第 5 点的方法计算收益率。

资料来源：CPF。

新加坡同样允许中央公积金参保者主动进行投资以获取收益。新加坡中央公积金制度的投资计划经历了如下发展过程。

1986 年 5 月 1 日，以认可投资计划（AIS）为名的投资制度建立。允许参保者将其普通账户 20% 以内的超过最低储蓄额的积累总额投资于股票、单位信托和黄金。1986 年 11 月 1 日，20% 的限制上升至 40%。

1993 年 10 月，AIS 更名为"基本投资计划"（BIS），同时实施了加强投资计划（EIS）。基本投资计划规定，在保证最低储蓄额的同时，参保者可将普通账户积累总额的 80% 用于投资。而加强投资计划规定，可将超过 50000 美元的普通账户和特殊账户的 80% 与普通账户余额减去最低储蓄额后之值的较小者投资于 BIS 所规定的投资工具。此外，参保者可投资于政府债券、银行存款、基金管理账户等。1993 年普通账户的净投资额是 1992 年的 16 倍。

1997 年，BIS 和 EIS 合并为"CPF 投资计划"（CPFIS）。参保者可投资于 CPF 所规定的马来西亚、泰国、韩国、中国台湾和中国香港地区证券交易所的单位信托。2001 年，CPFIS 更名为"中央公积金普通账户投资计划"（CPFIS-OA），并建立了特殊账户投资计划（CPFIS-SA）。在这个计划下，参保者第一次可将其特殊账户资金投资于低风险金融工具。普通账户积累额可投资于股票、资产基金、公司债券和黄金。而特殊账户资金的投资范围则较为狭窄。

2006 年 2 月 1 日起，只有符合下述条件的基金才能进入中央公积金制度的投资范围：第一，该基金需要达到同类基金全球排名的 25% 之内；第二，该基金的费用率要低于已有同类风险 CPFIS 基金的中值；第三，近 3 年投资表现良好。2006 年 12 月，CPF 委员会规定，CPFIS 基金只有达到如下标准，新的 CPF 资金才能向它们投资：第一，从 2007 年 7 月 1 日起，销售费用不能超过 3%；第二，从 2008 年 1 月 1 日起，该基金的费用率要低于已有同类风险 CPFIS 基金的中值。

从上述新加坡中央公积金投资制度改革历程可以看出，2001 年所建立的中央公积金普通账户投资计划（CPFIS-OA）和特殊账户投资计划（CPFIS-SA）构成了投资制度的基本框架，是投资制度改革的一个重要里程碑。在上述两个投资计划下，参保者可将其普通账户资金和特殊账户资金投资于定期存款、新加坡政府债券、国库券、年金、投资关联保险产品、单位信托、交易所指数基金等。此外，参保者亦可将其普通账户资金投资于股票、公司债券、不动产基金、黄金和黄金交易所指数基金。具体来说，参保者可将其普通账户中可投资资金 35% 以内的部分投资于股票、公司债券和不动产基金，10% 以内的部分可投资于黄金和黄金交易所指数基金。普通账户可投资资金是指普通账户余额与教育和投资之和。

图 2 - 12 反映了 2001—2009 年普通账户和特殊账户历年投资金额净值以及投资金额净值曲线变化的原因。投资资金净额指毛投资支出减去向普通账户或特殊账户的补充资金后的净值。从中可以看出，普通账户的年度净投资额从 2001 年的 3716 百万美元降低到 2005 年的 491 百万美元。其主要原因有以下几点：第一，2001 年纽约世贸大厦被袭、伊拉克战争和 2003 年的"非典"爆发影响到了投资者的积极性；第二，2002 年以后，普通账户的投资收益不能再以现金形式提取。

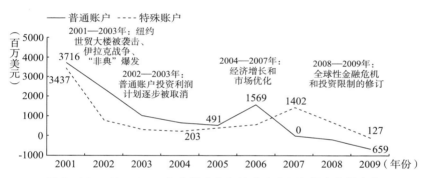

图 2 - 12 2001—2009 年普通账户和特殊账户历年投资金额净值

资料来源：CPF。

2006 年，普通账户净投资额逆转以前年度颓势，上升至 1569 百万美元，其主要原因在于积极的经济态势和良好的市场预期。2007—2009 年，向普通账户所补充资金的数额要大于毛投资支出额，这使得净投资支出额出现了负值。其主要原因：一是全球性金融危机所带来的经济不景气；二是 2008 年的普通账户投资限制的修改规定参保者仅可将普通账户中超过 20000 美元的部分用以投资。

2008—2009 年普通账户净投资额下降趋势得以缓和，这在于为保证参保者养老积累而减少其投资风险措施的实施。例如，银行必须为 CPF 定期存款提供最低收益率，这有利于缓和普通账户净投资额下降的趋势。

总体来看，2001—2009 年的特殊账户净投资额的变化趋势与普通账户的状况一致。在特殊账户投资计划刚刚引入的 2001 年，净投资额为 3437 百万美元，但随后呈下降趋势，2004 年降低到 203 百万美元。与普通账户净投资额变化的原因一样，特殊账户净投资额亦受到了上述全球或地区事件的影响。

2004 年开始，特殊账户净投资额呈上升趋势，于 2007 年达到峰值。然而，2008 年所引入的特殊账户资金投资限制规则规定，允许参保者对其特殊账户 20000 美元以上的资金进行投资，这一指标于 2009 年 5 月和 2010 年 7 月分别被提高为 30000 美元和 40000 美元。这促使 2008—2009 年的特殊账户净投资额开始呈下降趋势。此外，造成这一下降趋势的另一重要原因是全球性金融危机。

下面以 2005 年为例对中央公积金制度各账户积累资金的比例以及普通账户和特殊账户的投资结构进行分析。到 2005 年年底，中央公积金参保者共积累了 1200 亿美元，其中大约一半在普通账户中，17% 在特殊账户中，29% 在医疗储蓄账户中，剩余的部分在退休账户中或以其他形式存在，如图 2 - 13 所示。

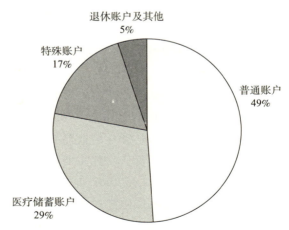

图 2 - 13　2005 年新加坡中央公积金积累余额的账户构成
资料来源：CPF。

普通账户中 59.03% 的资金用于房屋支出，11.52% 用于投资，这意味着有 29.45% 的资金留在普通账户中并按上述缺省收益率进行增值，如图 2 - 14 所示。而特殊账户中 19.93% 的资金用于投资，剩余 80.07% 资金留在特殊账户按上述缺省收益率进行增值，如图 2 – 15 所示。普通账户和特殊账户资金用途结构出现反差的主要原因：一是特殊账户的缺省收益率要高于普通账户的水平；二是参保者不愿将其退休资金置于高风险之下。

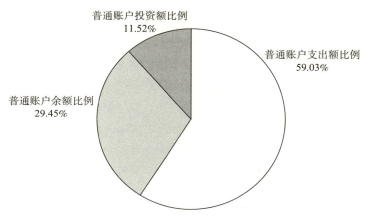

图 2 – 14 普通账户资金结构

资料来源：CPF。

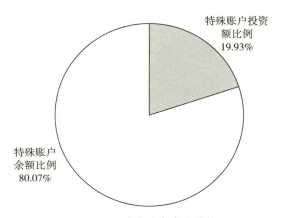

图 2 – 15 特殊账户资金结构

资料来源：CPF。

在普通账户投资支出额中，63.35% 投资于保险产品、24.92% 投资于股票，11.10% 投资于单位信托，而仅有 0.64% 投资于定期存款、债券、交易所指数基金、黄金等工具，如图 2 – 16 所示。在特殊账户投资支出中，86.45% 投资于保险产品，其余大部分投资于单位信托，如图 2 - 17 所示。参保者为普通账户资金所选择的投资工具风险要高于特殊账户资金，其重要原因在于参保者对未来退休资金的投资更加审慎。

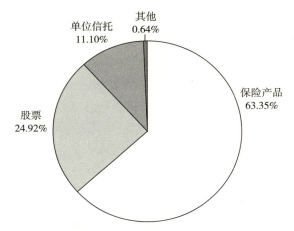

图 2 - 16　普通账户投资结构

资料来源：CPF。

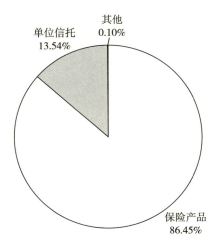

图 2 - 17　特殊账户投资结构

资料来源：CPF。

从性别角度分析，男性与女性向单位信托和其他工具的投资资金比例大体相同。男性表现出更加偏好风险的投资态度，他们将资金的 27.92% 投资于股票，而女性的这一指标为 20.46%。女性将更大比例的资金投向了保险产品，比例为 68.17%，而男性这一指标为 60.11%，如图 2 – 18 和图 2 – 19 所示。

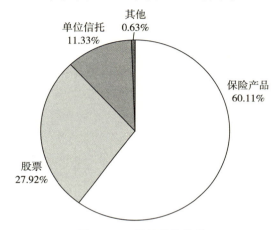

图 2 – 18　男性投资结构

资料来源：CPF。

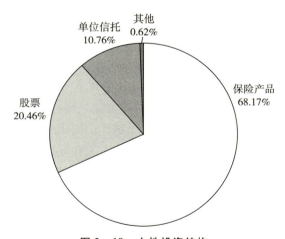

图 2 – 19　女性投资结构

资料来源：CPF。

到 2006 年，大约有 400 个投资组合可供参保者进行选择。投资过程中的管理成本对于参保者能否获得足够的实际收益至关重要。将管理成本因素计入投资收益，大约一半的普通账户投资者发生了亏损，大约 1/3 的参保者实现的净利润低于或等于普通账户的缺省收益率 2.5%，仅仅有 1/5 的参保者的净收益率高于 2.5%，情况并不乐观，如表 2 - 10 所示。

表 2 - 10　普通账户投资者盈利或亏损状况

单位：人，%

	2005. 10. 1—2006. 9. 30	2004. 10. 1—2005. 9. 30	2003. 10. 1—2004. 9. 30	3 年平均值
净收益超过 2.5% 的参保者数量	18000	147000	128000	—
净收益超过 2.5% 的参保者比例	23	19	17	20
净收益低于 2.5% 且大于 0 的参保者数量	257000	250000	240000	—
净收益低于 2.5% 且大于 0 的参保者比例	32	33	33	33
亏损者数量	362000	363000	370000	—
亏损者比例	45	48	50	48

资料来源：CPF。

特殊账户资金可选择的投资工具与普通账户相同，因此，它同样会面临较高的管理费用。正如新加坡总理李显龙指出的那样："我们已经建立了中央公积金投资计划，让国民根据自己的选择进行投资以增加中央公积金积累额。但是，事情并不是我们最初设想的那样，所提供的投资选择并不能很好地适应国民的需要，对国民进行教育以使他们进行理性选择满足长期需要是很困难的。"1993—2004 年，3/4 进行投资的参保者所获得的投资收益低于缺省收益率。尤其是投资于单位基金和投资关联产品的参保者一般都获得了很平庸的收益水平。造成这种状况的重要原因是高额的投资费用。例如，投资于新加坡零售单位信托的年度成本是美国的 2 倍。这是由于新加坡资本市场呈现碎片化状况，很多单位信托和投资关联工具规模甚小，导致其费用很高[①]。

（五）最低储蓄计划与最低储蓄补充计划的变迁

1987 年 1 月，新加坡建立了最低储蓄计划，为中央公积金制度覆盖下的退休者提供月度收入，保障其退休期间的基本生活水平。在制度建立之初，要求参保者 55 岁以后在其退休账户中留出 30000 美元的最低储蓄金额。1995 年 7 月 1 日，修订后的最低储蓄计划要求参保者的最低储蓄金额为 40000 美元，其中至少 4000 美元为现款，剩余部分采用财产抵押的形式。现金部分旨在为退休者提供月度收入。之后，最低储蓄额以每年增加 5000 美元的速度增长，直到 2003 年达到 80000 美元，其中至少 40000 美元为现款。也就是说，参保者可将 80000 美元全部以现款方式留在退休账户，但资产抵押形式存在的最低储蓄额最多为 50%。2003 年，新加坡实施了新一轮最低储蓄计划的调整。从 2004 年 7 月 1 日起，最低储蓄额逐年增加，并根据通货膨胀率逐年调整，如图 2 - 20 所示，直到 2013 年达到 120000 美元。

2009 年，37.5% 的达到 55 岁的积极参保者需要进行最低储蓄的积累。2002—2008 年，满足最低储蓄要求的 55 岁的积极参保者比例逐年下降，主要原因是最低储蓄额从 1995 年的 40000 美元增加至 2009 年的 117000 美元与 1999 年和 2003 年 CPF 供款率的降低。但是，由于支出规则的改变，2009 年，满足最低储蓄要求的 55 岁积极参保者比例增加。在 2009 年 1 月 1 日与 12 月 31 日之间，不包括医疗储蓄账户的积累额，到达 55 岁的参保者在留下最低储蓄额之后，只能支取他们特殊账户和普通账户资金的 40%。2013 年之前，需要缴纳最低储蓄额的 55 岁以上的积极参保者比例呈增长态势。因为参保者可提取的 CPF 积累会每年减少 10%，直到 2013 年减至 0。

---

① 苗艳梅、郭林：《新加坡确定社保基金收益率有一套》，《中国社会保障》2011 年第 6 期。

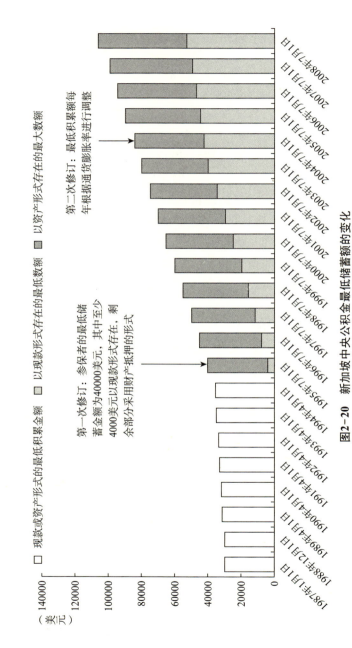

图2-20 新加坡中央公积金最低储蓄额的变化

资料来源：CPF。

　　1987 年，新加坡建立了中央公积金最低储蓄补充计划，其目的是为参保者及其家庭成员的退休生活积累充分的资金。此计划规定，参保者可用现款或 CPF 储蓄来补充他们自己、配偶、父母、祖父母或兄弟姐妹的 CPF 账户。最低储蓄补充计划经历了一个不断完善的过程。这个过程体现了最低储蓄补充计划通过中央公积金制度发挥家庭保障作用的程度不断增强。制度建立之初，补充的对象仅为 55 岁及以上的参保者；从 2008 年 1 月 1 日起，55 岁以下的参保者亦可通过补充特殊账户资金以增加退休积累；2009 年 1 月 1 日起，参保者可在其 CPF 净额超过当期最低积累额之时补充其家庭成员的中央公积金账户。而在之前的规定中，他们需在 CPF 净额为最低积累额的 1.5 倍之时，才能为其家庭成员补充储蓄。从 2009 年 8 月 1 日开始，参保者父母和祖父母不再需要达到 55 岁就可接受参保者的补充①。上述制度规定的变迁既简化了最低储蓄补充计划，也提高了制度的吸引力。最低储蓄补充计划的变迁如图 2-21 所示。

　　上述变迁历程提高了最低储蓄补充计划的运行质量。从 2004—2008 年，补充计划的出资者和接受者均增长了 4 倍。同时，补充资金亦从 2004 年的 21.2 百万美元增长至 2008 年的 158.3 百万美元，增长了 6.47 倍，如图 2-22 所示。2004—2008 年，在最低积累补充的平均资金额的结构中，来自 CPF 的补充资金往往要高于以现款支付的补充资金，如图 2-23 所示。总体来看，与为其他家庭成员补充资金相对比，参保者向父母的账户补充资金更加普遍。2008 年，大部分的补充资金进入了父母与配偶的账户，如图 2-24、图 2-25 所示。2008 年，大部分补充资金支付者是年龄低于 55 岁的中央公积金制度参保者，且其中 2/3 为男性。而大部分补充资金接受者为老年人，且其中将近 70% 为女性。在最低储蓄补充计划下，参保者可享受到的税收优惠达到 14000 美元。2008 年，大约 80% 的支付者获得了税收优惠。

---

①　郭林：《四维环境视角下新加坡中央公积金制度之变迁及其启示研究》，《南洋问题研究》2012 年第 2 期。

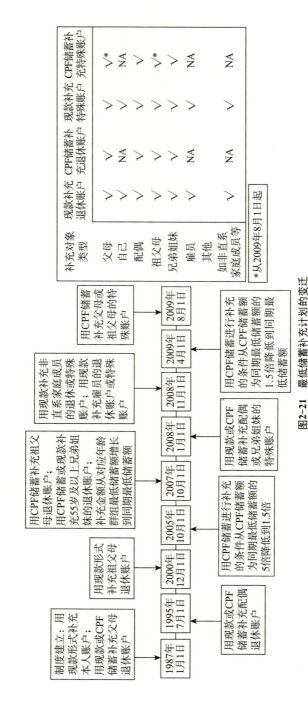

图2-21 最低储蓄补充计划的变迁

资料来源：CPF。

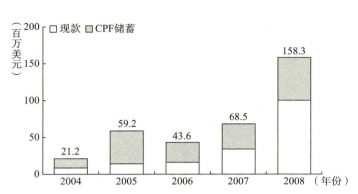

图 2 - 22 2004—2008 年最低储蓄补充计划补充总金额及构成
资料来源：CPF。

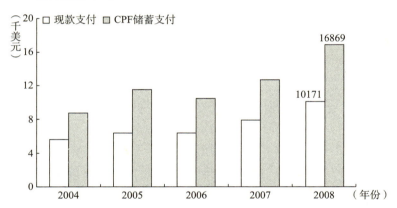

图 2 - 23 最低储蓄补充计划平均补充额及其构成
资料来源：CPF。

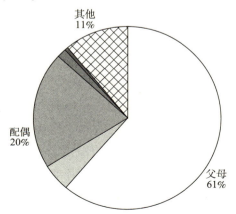

图 2 - 24 2008 年最低储蓄补充计划的交易比例
资料来源：CPF。

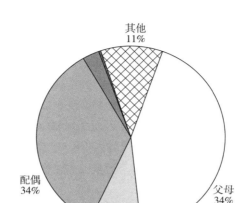

图 2 - 25　2008 年最低储蓄补充计划补充额构成
资料来源：CPF。

三　新加坡中央公积金制度的效应

从上述分析可以看出，新加坡中央公积金制度越发重视养老机制作用的发挥，为退休者提供基本的生活保障是其最主要的目标之一。本部分从公平和效率两个维度，对新加坡中央公积金制度的效应展开分析。其中，对其公平效应的考察，主要分析制度是否能够实现养老的目标；对其效率效应的考察，主要探讨制度在整个经济和社会发展中的作用。

（一）　退休收入保障效应

作为新加坡社会保障制度的核心内容，中央公积金制度是其为国民提供退休收入保障的关键手段。此外，公共援助计划是新加坡提供收入保障的补充手段。这两项制度均为政府在为国民提供的收入保障甚少的情况下，建立的国民个人发挥主要作用的社会保障制度。在此，本部本主要分析以中央公积金制度为主、公共援助计划为辅的制度结构能否为新加坡国民提供充分的退休收入。

新加坡公共援助计划的实施理念为公共资金不应有无谓的浪费。新加坡政府认为，公共援助计划不应该覆盖所有贫困个人或家庭，而是应实行严格的资格审查。1989 年，仅有 53% 的申请者获得了公共援助计划的救助。20 世纪 80 年代末至 90 年代初，大约 90% 的公共援助对象为单身老年国民，他们中的大多数是终身未婚、终生从事繁重工作的移民；剩余 10% 的援助对象主要为残疾人、精神病患者、寡妇、孤儿、弃妇等。1992 年，公共援助的标准为未婚者每月 140 美元，拥有 3 个成人的家庭每月 270 美元，拥有 1 个成人和 2 个孩子的家庭每月 345 美元①。

从上面可以看出，公共援助计划所提供的资金支持极其有限，覆盖对象仅为极度贫困的人群。它所发挥的仅仅是家庭、社区和慈善组织对老年人援助的补充作用。很多新加坡人对贫困的原因缺乏全方面的了解，甚至有一些人认为，有的人贫困在于他们懒惰或其他个人原因，贫困者应该受到责难。而公共援助计划的实施则进一步加重了对享受援助贫困者的歧视。总体来看，随着近年来新加坡经济的发展和较为充分的就业，接受公共援助国民的数量在不断减少。但是，随着新加坡人口老龄化的加剧，尤其是老年妇女和老年马来西亚人等缺乏足够资源以保证老年生活的人口增加，新加坡公共援助计划将会面临巨大的压力。

新加坡中央公积金制度覆盖对象是为同一雇主工作一个月以上的雇员，但不包括公务员、自雇者。因此，该制度实际并未覆盖所有的雇员。如上所述，中央公积金制度供款率呈变化之势。其中，雇主的供款是税收减免的，而雇员的供款则不然。参保者只有达到 55 岁之后才能免税支取中央公积金。因此，此制度最大的受益者为在整个工作生涯全职工作的参保者。中央公积金制度的覆盖率如表 2 - 11 所示。

---

① Y. C. L. Lim, "Social Welfare," in K. S. Sandu, P. Wheatley, eds., *Management of Success: The Moulding of Modern Singapore* (Singapore: Institute of Southeast Asia Studies, 1990).

表 2 - 11　新加坡中央公积金制度覆盖率

单位：人,%

年度	积极参保者数量	劳动力人数	覆盖率
1988	954000	1355688	70. 37
1998	1198000	1983650	60. 39
2008	1610000	2611441	61. 65

注：覆盖率 = 积极参保者数量/劳动力人数 × 100% 。
资料来源：CPF。

　　1989 年向中央公积金制度供款者人数占劳动力人数的比例为
75.8%[1]，而 1981 年，这一比例为 81.4% 。可以看出，大约有 1/4
的劳动力并没有在中央公积金制度的覆盖范围之内，缺乏中央公
积金账户。这部分人主要包括叫卖小贩、低收入的非全职工作者
等，他们不得不依靠个人或家庭来保障其退休之后的基本生活，
而未被覆盖的这部分人很多恰恰是收入水平低的人群。据统计，
在 2000 年达到 60 岁的 19.0% 的男性和 34.0% 的女性并未在中央
公积金制度的覆盖范围之内。扣除购买房屋和医疗支出之后，中
央公积金制度覆盖范围之下的 23.0% 的参保者 2015 年退休之时所
拥有的中央公积金余额低于 10000 美元[2]，而这远远不够其老年生
活的保障。可以看出，事实上，中央公积金制度并未为那些从事
边缘工作的低收入者，以及其他对退休收入有着强烈和巨大需求
的人群提供有效保障。

　　从中央公积金制度供款者的收入结构分析，51.9% 的供款者
来自月收入低于 1000 美元的收入阶层，而只有 7.4% 的供款者来
自月收入高于 3000 美元的阶层。这说明，中央公积金制度是低收
入者退休收入的主要来源，但是，他们的供款金额比较少。进一
步分析，1989 年，49.1% 接近退休的参保者和 67.4% 的已退休者
为月收入低于 1000 美元的阶层。而这些接近退休者和已退休者的
中央公积金账户余额由于收入水平低而较少。也就是说，新加坡

---

　　①　M. Ramesh, "Social Security in Singapore," *Asian Survey* 32 (1992).

　　②　M. G. Asher, *Social Adequacy and Equity of the Social Security Arrangement in Singapore* (Singapore：Time Academic Press, 1991).

中央公积金制度覆盖范围内的最需要退休收入保障的参保者恰恰是中央公积金账户余额较少的参保者，制度的公平性较差。

新加坡中央公积金制度的退休收入替代率比较低。据中央公积金委员会计算，如果国民从事全职工作，以净工资收入的40%的供款率连续供款大约35年，在60岁时退休，那么他大约可获得退休前收入的20%—40%。

那么，公共援助计划和中央公积金制度所提供的收入能否有效对退休者提供收入保障呢？首先，对于从事低收入和非全职工作者而言，其中央公积金账户积累甚少甚至为零。在这类人群中，在1975年年龄大于20岁的群体值得关注。1975年之前，中央公积金制度的供款率不足40%，因此，他们的退休收入的替代率将低于上述中央公积金委员会所估算的一般水平。1975年年龄为20岁之上的人数为60万，大约占2015年人口总数的10%。而在1995年大约有25%的这些劳动人口尚游离于中央公积金制度的覆盖范围之外①。未被覆盖人群主要为无报酬的家庭工作者、合同制工人、非全职劳动者和临时工，这部分人大部分为女性或马来西亚人。现在来看，这部分人的养老是一个重要问题。面对中央公积金账户的积累不足，他们可以去申请公共援助。但是如上所述，该计划提供的资金水平很低，覆盖面极窄。所以，他们当中的大多数在退休期间面临极大的经济压力。总之，中央公积金账户积累甚少甚至为零的国民，其退休后非常容易陷入贫困的沼泽。

其次，以40%的供款率向制度供款的参保者亦面临一系列的问题。第一，通货膨胀所带来的问题。尽管新加坡对中央公积金制度的收益率做出了一定规定，但是，收益率的确定机制并未体现抗通货膨胀性。任何未预料到的高通货膨胀或不充分的投资收益率均会侵蚀中央公积金制度各账户的积累。具体而言，通货膨胀主要通过两条路径影响中央公积金积累余额。如果高通胀发生

① M. K. W. Lee, "Segmented Labor Market and Gender Inequalities in Singapore," in S-k. Lau, M. K. Lim, P. S. Wan, S. L. Wong, eds., *Inequalities and Development: Social Stratification in Chinese Societies* (Hong Kong: The Chinese University of Hong Kong, Institute for Asia-Pacific Studies, 1995).

在供款阶段，而收益率低于通胀率，那么，参保者中央公积金账户的价值就会缩水；如果高通胀发生在支取阶段，那么则会直接影响退休者的收入水平。政府的各项政策亦可能对老年人的经济能力产生不利影响。比如，20世纪末的商品税和服务税的征收，削弱了老年人的购买力。此外，生活成本的整体上升亦是对国民中央公积金账户积累的一种侵蚀。第二，长寿所带来的问题。由于长寿，对医疗费用的需求增加，很多老年人会发现他们的中央公积金积累不足以维持其退休生活。很明显，如果为健康护理留出的资金增加，为退休收入保障的预留资金必然减少。

（二）社会经济效应

20世纪60年代，工业主义和基础设施建设需要大量的人力资本投资，中央公积金制度的积累弥补了财政投入的赤字，即政府通过向中央公积金制度借用资金在一定程度上缓解了人力资本投资的不足。1967年，英镑大幅贬值，这导致持有英镑的中央公积金资产贬值15%。因此，从1968年开始，新加坡强制要求中央公积金积累余额必须持有新加坡政府债券，以保证中央公积金制度的资产价值。从20世纪70年代开始，随着财政盈余的逐渐积累，中央公积金制度弥补财政不足的功能逐步淡出历史舞台。

尽管很多市场主体以市场扭曲和损害效率为由对中央公积金制度提出了批评，但是，无可否认的是，中央公积金制度的强制储蓄促进了国民总储蓄的增加。1999年，中央公积金制度使得国民总储蓄水平提高了50%。在中央公积金制度进行强制储蓄的同时，新加坡的自愿储蓄水平并未降低，即公共储蓄对私人储蓄的替代效应并不明显。这主要是因为新加坡国民崇尚节俭，储蓄意识很强。中央公积金制度所带来储蓄的增加既与新加坡的社会因素和审慎的政治经济理念相符合，又促进了新加坡投资水平的提高。

总而言之，在特定的经济、政治、社会和人口条件下，新加坡中央公积金制度的功用独具特色，即在充分发挥家庭与国民个人、社会在国民养老中作用的基础上，希冀于中央公积金制度作为一项经济政策，通过激励国民的工作积极性，努力实现促进经济发展的目标。这种功用是造成上述实际效应的必然结果。

从表面上看，新加坡较低的中央公积金退休收入水平与较高的经济发展水平并行出现的状况，不符合社会经济协调发展的原则。但是，新加坡通过税收政策、就业政策等为家庭保障能力提供了支持，并应用中央公积金等制度性保障和家庭保障等共同为国民提供保障。如果说中央公积金制度是新加坡向国民提供的直接保障机制，那么，能够实现国民较高工资水平和企业较低税收负担的财税政策可被视为向国民提供间接保障的机制。对比新加坡国民所享综合保障水平与经济发展水平，则并不违背社会经济协调发展的原则。应该看到，新加坡中央公积金制度的变迁亦对上述政治、社会和经济环境具有反作用，它强化了重视市场经济和个人责任的执政理念和家庭成员互助的社会观念，同时固化了税率较低的收入再分配结构①。

---

① 郭林：《四维环境视角下新加坡中央公积金制度之变迁及其启示研究》，《南洋问题研究》2012 年第 2 期。

第三章　公共养老金个人账户制度的发展

——以智利基金个人账户制度建立为标志

20 世纪 80 年代，智利率先实施了养老金私营化改革，给拉美其他国家以很大的示范效应。在 20 世纪 80 年代至 90 年代，尽管多个拉丁美洲国家对养老金制度进行了结构性（系统性）的私营化改革，但各国的改革模式并非完全一致，可划分为替代模式、并行模式和混合模式。其中，替代模式指的是用基金式个人账户制替代传统的现收现付制度，采取这种改革模式的国家有智利、玻利维亚、墨西哥和萨尔瓦多；并行模式指的是实施双轨制，即在建立基金式个人账户制的同时，仍保留原有的现收现付制度，参保者可在二者之间做出参保选择，应用这种模式的国家主要有哥伦比亚和秘鲁；混合模式指的是既实施基金式个人账户制度，又保留传统的现收现付制度，且二者同时发挥作用，这体现了世界银行所提倡的"多支柱"理念，采取这种模式的国家有阿根廷和乌拉圭。

表 3 - 1 显示了拉美八国 1999—2000 年改革所选择的制度模式、新旧制度的参保人数等信息。可以看出，乌拉圭和哥伦比亚的现收现付养老金制度所覆盖的参保者人数占总参保者人数的比例分别为 51% 和 57%，水平较高。其原因在于，乌拉圭政府给 40 岁以上的参保者设置了在旧公共养老金制度和混合型制度间做出选择的明确期限，而大部分参保者倾向于前者；同时，进入劳动力市场的新劳动者则被强制参加混合型的制度。哥伦比亚对现收现付的养老金制度进行了改革，使得其财务稳定性增强，缴费和获取养老金权益的条件与基金个人账户制度一致；从旧制度向新

制度的转移每 3 年实施一次①。

拉美国家公共养老金制度改革的主要原因并非人口老龄化给旧社会保障制度带来的财务可持续问题，而是由于旧制度运行不良和管理存在巨大缺陷。

表 3 – 1 1999—2000 年从旧制度向新制度转移的参保者人数

单位：千人，%

模式	国家	参保总人数	旧制度参保人数	旧制度参保人数占参保总人数的比例	新制度参保人数	新制度参保人数占参保总人数的比例
替代型	智利	6384	242	4	6106	96
	玻利维亚	492	0	0	492	100
	墨西哥	15594	0	0	15594	100
	萨尔瓦多	805	69	8	736	92
并行型	秘鲁	2650	544	21	2106	79
	哥伦比亚	7997	4554	57	3443	43
混合型	阿根廷	10094	2240	22	7854	78
	乌拉圭	1069	548	51	521	49

资料来源：根据各国相关资料整理所得。

一 拉美国家个人账户养老金制度的建立

（一）替代模式的建立

1973 年 9 月，智利军人发动政变，推翻了阿连德·戈森斯政府，由陆军司令奥古斯托·皮诺切特执政，开始了长达 16 年的军政府独裁统治。事实上，皮诺切特政府之前的智利试图改革高度碎片化的养老金制度。然而，在能够从当时养老金制度获得较大收益的利益集团的阻挠下，这些改革举步维艰。1973 年，皮诺切特集团解散了各政党和工会，打破了利益集团的特权，压制了来

① 郭林等：《公共养老金个人账户制度嬗变的政治经济分析——来自新加坡、智利、瑞典和拉脱维亚的经验》，《经济学家》2013 年第 8 期。

自各方的反对。政变之后，智利经济部和国家计划办公室很快提出了养老金制度私营化的方案。

皮诺切特政府的政治理念为新自由主义，否定公有制、社会主义和国家干预。他任命新自由主义者何塞·皮涅拉为劳动部部长，开展养老金制度的改革。在改革之前，智利通过建立新的劳动关系制度限制了各压力集团的反对能力和政治特权。

1979 年，在仅有统治集团内部讨论而无社会公共讨论的前提下，皮诺切特政府毫无征兆地颁布了其第一项养老金制度改革法令。这项法令使得养老金领取条件标准化，削除了权力集团的特权，统一了碎片化的养老金制度。这次改革尽管提升了养老金制度的公平，降低了制度成本，但是，军队的养老金特权并未受到影响。同样在缺乏社会公共讨论的前提下，1980 年，军政府颁布了养老金制度结构性（系统性）改革的法案。智利的专家学者、社会保障管理部门、传统的右翼团体和一些国家统治主义（与新自由主义相反的政治理念）者反对上述结构性改革方案。但是，皮诺切特政府无动于衷，直接忽视了这些反对的声音。此次改革规定，新参保者向基金制的个人账户养老金计划而不是原有的现收现付制计划缴费。同时，取消雇主向养老金制度的缴费。旧制度的参保者需要在 6 个月内做出是留在旧制度还是转移至新制度的决定。政府开展了大规模宣传新制度的活动，并且规定个人账户养老金制度的缴费率低于原有制度，以刺激参保者转移至新的基金积累制度①。

1989 年，在智利举行的差额选举中，帕特里西奥·埃尔文获胜，并于 1990 年接替皮诺切特担任智利总统。从此，新的民主政治制度在智利建立。由于 10 年来私营养老金制度的良好表现，同时为了保持经济稳定和投资者信心，新民主政府对以基金制个人账户计划为核心的养老金制度体系持支持的态度。1999 年年底，

① R. E. Haindl, "Chilean Pension Reform and Its Impact on Saving," in R. Grosse, ed., *Generation Saving for Latin American Development* (Boulder: CO, Lynne Rienner., 1997).

大概有96%的参保者在个人账户养老金制度的覆盖之下。

可以看出，在智利私营个人账户养老金制度建立的过程中，独裁军政府依靠强有力的执行力打破了原有利益集团所坚守的利益格局，突破了路径依赖的影响，为智利私营养老金制度取代原有的公共养老金制度提供了有力的支持。如果说奥古斯托·皮诺切特政府是智利基金制个人账户养老金计划的建立者，那么其后的各民主政府则是以个人账户制为核心的智利养老金制度体系的不断完善者。

在20世纪70年代，玻利维亚的公共养老金制度出现了财务危机，并因80年代的经济大萧条以及与之伴随的恶性通货膨胀而加剧。这使得玻利维亚养老金制度对劳动力的覆盖率降低为12%，位居南美国家的倒数第二位。1991年，在国际开发署和世界银行的支持下，玻利维亚财政部提出要依据智利的替代模型对养老金制度进行结构性的改革。但是，这项提议遭到了劳动部和健康部（主管社会保障工作）的极力反对，并随着选举的临近而遭到搁置。1993年，新当选的总统贡萨罗·桑切斯·德罗萨达支持进行养老金制度的结构性改革。他的新自由主义政府决定将改革与企业资本化联系起来，一方面向国有企业注入新资本，另一方面将其一般股份私营化。新政府成立了国家养老金办公室（National Pension Office，SNP），它隶属于企业资本化部（Ministry of Enterprise Capitalisation），以防止劳动部和健康部在养老金改革方面所引起的政府内部冲突。贡萨罗的养老金制度改革亦得到了国际金融机构的支持。1995年，政府发起了公共关系运动，并开展了与市民社会的对话。但是工会组织和退休者组织仍然坚定地反对改革，并诉诸暴力抗议。最终，由于执政联盟在议会中占有大多数，仅仅经过几个小时的全体讨论，养老金制度改革法案于1996年11月即获颁布。

与智利养老金制度改革相似，玻利维亚的养老金制度改革采取了替代模式，但是它存在如下问题：第一，政府既没有提供最低养老金，也没有承诺最低投资收益率；第二，无论年龄大小，所有的参保者均要由旧制度转移至新制度，到1999年，所有的参保者已被私营养老金制度覆盖；第三，由于参保者市场规模较小，在改革的第一年，仅仅有两家养老基金管理公司（Pension Fund Administrators，AFPs）被允许接纳参保者，政府以住所和生日为标准向两家 AFPs 分配参保者。除非参保者住所发生变化，否则他们不能在两家 AFPs 之间进行转移。1999 年，随着这两家西班牙 AFPs 的合并，这种双头垄断变为垄断。

玻利维亚的养老金制度改革与智利的最大不同在于养老金制度改革与企业资本化之间的关系。六家资本化了的国有企业 50% 的股票记入两个集体资本基金（Collective Capitalisation Funds），这两个基金分别被两家 AFPs 运行。在 1997 年 5 月，这两项基金向所有年龄在 65 岁以上的玻利维亚人支付了 250 美元的年度养老金（Bonosol）。通过向老年人支付养老金扩大了制度的覆盖面，有利于提高资本化和养老金制度改革的政治可行性。但是，这项养老金仅仅支付过一次，就在 1998 年 1 月由于财务问题，被于 1997 年 8 月开始执政的乌戈·班塞尔·苏亚雷斯政府暂停。[①] 1998 年 6 月，玻利维亚通过法令，用一个保障水平较低的 Bolivida 计划取代了 Bonosol 计划，并于 2000 年 12 月开始实施。

从 20 世纪 20 年代到 2000 年年底，墨西哥政局由革命制度党控制。其执政风格体现出浓重的组合主义色彩，这主要体现为政策制定过程中政府、工人和雇主三方的互动。在 20 世纪 80 年代，由于高通胀率和严重的债务危机，墨西哥社会保险机构所管理的最大养老金计划几乎丧失了所有的储备，并面临着严峻的精算失衡。这个问题影响到了上述三个政治主体，因为它要么要求增加雇主和雇员的缴费，要么增加政府财政对养老金制度的补贴，要么两者兼而有之。同时，当时已经私有化的银行正经历着资本短缺和需求新的投资机会。1990 年，作为在 1982 年墨西哥债务危机中发挥积极作用的重要外部因素的世界银行建议墨西哥对其养老金制度实施结构性改革。

---

① C. Mesa-Lago, "Myth and Reality of Pension Reform: The Latin American Evidence," *World Development* 30 (8) (2002).

墨西哥财政部和中央银行接受了新自由主义的观点，亦主张对养老金制度实施结构性或系统性的改革。在 1990 年年底，借鉴智利经验，由来自各部门的专家组成的团队起草了养老金制度改革的方案，主张循序渐进地由旧养老金计划向强制储蓄计划（System of Retirement Savings，SAS）转换，且提议 SAS 采取私营化管理的方式，制度的融资来源为雇主。这些改革建议遭到了社会保障局的反对，他们提议实施参量改革，而非结构性改革。墨西哥雇主协会（Social Union of Mexican Employers，USEM）认为，如果缴费不增加且加强对养老基金的监管，改革方案中的建议是可以接受的。1991 年中期，一项更为详尽的养老金改革方案被提交到劳工大会①，但是遭到了部分反对。因为按照这个方案，工人会失去他们在养老金管理中的代表席位。最终，各方达成了政治妥协：旧养老金制度得以保存，补充性的 SAS 基金存储于中央银行，工人可从 SAS 基金领取养老金但不必缴费，而雇主则接受缴费增加，同时获取工资增长减缓的利益。SAS 计划在 1992 年早期获得批准，同时旧养老金制度的财务失衡仍未获得解决，而国际金融机构和墨西哥商业组织继续努力推动养老金制度的结构性改革。

在 1994 年 12 月，欧内斯托·塞迪略开始执政，他指示社会保障局对其养老金制度开展研究。研究表明，旧养老金计划将于 2004 年消耗完其储备，这为墨西哥养老金制度实施改革提供了支持。1995 年的比索危机导致了一个新的养老金制度改革机构诞生。该机构由塞迪略的内阁建立，为养老金制度的结构性改革提供政策建议。1995 年 10 月，CTM 和 USEM 向塞迪略公开陈述了他们的养老金制度改革建议，并获得批准，且在三个政治主体之间达成了一致。尽管左翼政党、右翼政党、社会保障局的主管、一些退休群体和少数学者反对这项改革，但是，他们缺乏足够的力量去阻止它实施。由于政治原因，国际金融机构并未涉入改革进程，但是，世界银行和美洲开发银行为改革提供了有力的资金和技术

---

①　一个由多个工会组织组成的联盟论坛，其中包括影响力很大的墨西哥工人联盟（Mexican Workers' Confederation，CTM）。

支持。1995 年 12 月，立法机关批准了养老金改革法案，并决定于 1996 年 4 月正式实施，事实上，新制度于 1997 年 7 月正式开始运行。

在上述改革过程中，联邦雇员、石油工人和军人的特权养老金制度依然被保留下来。雇主和雇员的养老金缴费并未增加，而政府对养老金制度的资助却增加了。管理养老基金的机构（A-FOREs）呈多元化状态：私人和公共实体、工会组织、社会保障局和银行等均是养老基金的管理者。由于在改革之时，所有的参保者由旧制度转移至新制度，而同时并未获得对向旧制度缴费的补偿，当他们退休时，他们可选择新制度和旧制度所提供的养老金中的较高者。考虑到地方金融机构的利益，新制度的养老基金不能投资于海外；而考虑到工会的利益，大约 50% 的 AFOREs 投资组合为指数化的投资工具。所有的转制成本由一般性的税收收入承担，但是第一年所有的养老基金投资工具的选择必须为国债，以缓解政府支出的压力。由于所有的参保者必须从旧制度转移至新制度，到 1999 年年底，几乎 100% 的参保者在新制度的覆盖范围之内①。

1991 年，萨尔瓦多内战结束，各方达成和平协议，多元主义民主逐渐在萨尔瓦多出现，各种政治势力参与到政治事务中来。萨尔瓦多缺乏民主传统。反对党发生裂变，且缺乏执政经验。右翼竞技党不断在总统选举中获胜，且占有了议会的多数席位。当由 ISSS（Salvadorean Social Security Institute）和 INPEP（National Pension Institute for Civil Servants）主管的公共养老金制度出现财务失衡状况时，社会保障机构和左翼政党主张实施参量改革。与之相反，新自由主义的阿尔弗雷多·克里斯蒂亚尼·布尔卡德政府主张实施结构式改革，并建立了由中央银行、劳动房屋计划部、ISSS 和私人部门代表组成的改革委员会。

---

① J. E. Devesa-Carpio, C. Vidal-Melia, *The Reformed Pension Systems in Latin America* (World Bank Social Protection Discussion Paper Series, No. 0209, Washington, DC, World Bank, 2002).

1992 年 8 月，在世界银行的资助下，一项由智利咨询公司开展的研究建议，萨尔瓦多应分阶段实施养老金制度改革：第一个阶段，对养老金制度进行参量改革，并稳固资本市场；第二个阶段，依据智利的替代模式，实施结构性改革。1993 年中期，养老金改革委员会决定越过第一个阶段，直接实施第二个阶段的改革，并于 1994 年 5 月将改革方案提交给时任总统阿曼多·卡尔德罗·索尔。同时，在美国国际发展机构（USAID）的资助下，古列尔莫·曼努埃尔·温戈博士基金会（FUNDAUNGO）组织了一系列的养老金改革研讨会，对萨尔瓦多的养老金制度进行了详尽的分析。受阿根廷和乌拉圭改革的启示，这项研究建议实施转制成本低的混合模式，而非智利的替代模式。该研究认为，替代模式将无益于解决覆盖率低的问题，而且指出，由于市场较小（仅仅有435000 名参保者），无法支撑起基金管理公司的运营。由于政府的计划从不发布或向工会及反对者征询意见，所以，无法对上述两项改革方案进行公共讨论。但是，FUNDAUNGO 和政府委员会之间展开了激烈的辩论。政府最终同意在 USAID 资助下，由美国社会保障精算机构对两项改革方案的转轨成本进行估算。但是由于缺乏政府养老金改革委员会的配合，此次估算并未顺利实施。

随后，萨尔瓦多雇用了另一家智利咨询公司进行估算，该公司得出结论，替代模式的财务成本要低于混合模式。尽管 FUN-DAUNGO 和反对党领袖请求公布计算程序，但是未能如愿以偿。1996 年，萨尔瓦多国会委托财政预算特别委员会起草了详尽的养老金改革法案，并于 12 月中旬提交给议会。由于执政党在议会中占有多数席位，该法案于几天后获得通过。1997 年 3 月，执政党在议会中不再占有多数席位，但是由于反对派的分化使得他们无法在推翻或修改政府提倡的养老金改革法案方面达成一致，结果，替代模式的养老金制度改革于 1998 年 5 月正式开始实施。

萨尔瓦多的养老金制度改革尽管借鉴了智利的改革经验，但与其并不完全一致。萨尔瓦多并未对认可债券给予利息，且政府对私人养老金的保证较少。尽管雇主的缴费减少了，雇员的缴费却增加了。由于向新制度转换的标准是年龄，仅有一小部分群体拥有在旧制度和新制度之间的选择权。1999 年，大约有 90% 的参保者在新制度的覆盖范围之下。

（二）并行模式的建立

在 20 世纪 80 年代末，秘鲁局势混乱，政治暴动、超通货膨胀、经济低迷、政府管理能力下降并存。正是在这样的不利形势下，主张新自由主义结构性改革的阿尔韦托·藤森获得了选举的胜利。与此同时，公共养老金制度的崩溃不断逼近。尽管对养老金制度的改革不可避免，但改革路径却无法达成统一：一方主张维持公共制度，反对激进改革；另一方主张实行养老金私营化。第一个养老金改革的草案效仿了智利的养老金制度模式，但并未获得国会的通过。

后来，财政部将养老金私营化改革方案纳入了新自由主义结构性改革的框架，并于 1991 年 11 月获得通过，但此养老金改革方案体现了一定的妥协性。秘鲁建立了并行式的养老金制度，参保者可在旧制度和新制度之间自由选择。地方金融和保险机构对此次养老金制度改革给予了很大的支持，而工会、退休者和公共养老机构则极力反对此项改革。此外，很多专家认为并行模式撼动了秘鲁仅仅允许私营养老金作为补充的政治结构[1]。1992 年 4 月，藤森解散议会，实施独裁主义。三个月以后，在 1991 年法案实施之前，由财政部专家组成的团队提出了一份新的法律草案，规定新进入劳动力市场者必须加入新制度，这意味着并行模式向替代模式转换。这一新的改革方案激起了相当大的反对。鉴于选举者集合选举期限为 1992 年年底，改革者做出退步，回归至并行模式。

1992 年 12 月通过的养老金改革法案使得私营养老金计划的覆盖范围并不包括公共雇员和军人。秘鲁并行模式最初包含了内部的矛盾性：私营养老金制度并未提供最低养老金；为从旧制度转移至新制度的参保者在旧制度中的缴费提供全额证明。旧公共养

---

[1] E. Calvo, H. B. Williamson, "Old-Age Pension Reform and Modernization Pathways: Lessons for China from Latin America," *Journal of Aging Studies* 22 (2008).

老金制度并未进行改革，其所适用的退休年龄较之私营养老金计划低，且雇主需要向其供款。因此，在 1993 年 6 月新制度实施时，并未发生大规模的转移。在 1995—1996 年，两项制度获取养老金的权益条件标准化，雇主向公共养老金制度的缴费中止，这导致超过 76% 的参保者加入了私营养老金制度。

鉴于旧公共养老金制度面临危机，在 20 世纪 90 年代早期，哥伦比亚各方达成一致，认为应实施影响深远的养老金制度改革。1991 年的宪法规定，社会保障制度为一项强制性的公共服务，由国家来进行协调和控制，但是，只要私营养老金计划与政府分享其功能，就是可以接受的。在 1992 年早期，有三种养老金改革建议受到关注。一是保持旧公共养老金制度，但要进行改革；二是建立强制性的公共养老金和私营养老金双支柱结合的混合型制度；三是采取智利的替代模式。其中混合模式得到了社会保障机构（Social Security Institution，SSI）、国际金融机构支持的新自由主义经济学者的广泛支持。总统葛维瑞拉则倾向于替代模式，并依据智利模式向议会提交了养老金改革法案。但是养老金制度私营化遭到了公务员、部分议员、社会保障专家、工会组织的强烈反对。他们认为，将养老金制度私营化违反了宪法，会导致养老金缴费增加，带来高额转制成本，不能提高制度覆盖率，并未触及公共部门特权养老金计划。

大量的反对迫使葛维瑞拉于 1992 年 12 月收回他提交的改革法案，但是他于 1993 年中期，对原有改革法案进行了少量修改，并再次提交给议会。这再次招致批评的浪潮，最终达成政治妥协。在 1993 年 12 月，并行模式的养老金改革法案在哥伦比亚获得通过，并于 1994 年 4 月开始实施。与秘鲁的改革不同，哥伦比亚对旧公共养老金制度实施了大量参数改革，以加强其财务稳定性，这使得旧制度比新制度更加具有吸引力，尤其对于老年参保者而言。秘鲁允许改革时的工作者和改革后进入劳动力市场的新人可在新旧两种制度之中做出选择，规定每三年可转换一次。到 1999 年年底，旧公共养老金制度覆盖了约 60% 的参保者。

（三） 混合模式的建立

从 20 世纪 80 年代起，阿根廷养老金制度实质上已经破产，需要大量的财政补贴才能维持下去。同时，严重的经济危机使得养老金的实际价值大大缩水，政府面临向 400 万养老金领取者支付巨额养老金的债务[1]。与智利不同，阿根廷军政府并未成功实施养老金制度的结构性改革，而第一个民主政府过于软弱亦无法完成上述任务。这些改革失败的原因包括：一是政策制定者不愿意去实施发起面临重重困难的政治运动，因为这项改革面临工会组织、退休者组织的激烈反对；二是阿根廷缺乏养老金制度改革技术方面的研究。但是，当卡洛斯·萨乌尔·梅内姆于 1989 年当选总统后，事情出现了转机。1991 年，财政部部长多明戈·卡瓦洛任命了一名极具声望的经济学家和国际养老金顾问作为养老保障改革的秘书，他迅速组织了养老金专家组，并从联合国开发计划署获得资助，开展了与养老金制度改革相关的 40 个关键技术问题的研究。

在 1992 年早期，在雇主缴费不会增加和总缴费不会上升的前提下，各政党与社会组织之间开展了对话。一方面，退休者组织动员其成员积极参与公共辩论，反对采取智利模式；另一方面，地方金融机构和商业组织则积极倡导养老金制度的私营化。1992 年 7 月，第一项养老金制度改革法案被提交至议会，建议实施混合型的养老金制度，在这种模式下，改革之后的现收现付制养老金计划将向参保者提供基本养老金，而新的基金积累制计划将向参保者提供补充养老金。国会委员会、工会组织和退休者组织对改革法案进行了激烈的辩论，并对建议的养老金制度提出了一系列的批评。他们认为，基金制个人账户制度不仅无法实现充分的投资收益，还会导致高昂的管理费用，并且未将一些群体覆盖在制度范围之内。

---

[1]　R. Madrid, "The Politics and Economics of Pension Privatization in Latin America," *Latin American Research Review* 37 （2） 2002.

　　为了确保公众能达成一致，阿根廷对养老金改革法案进行了大量的修订，规定授权公共实体、工会组织、互助基金、合作组织和银行管理基金制个人账户计划；对由旧制度向混合型制度转移其养老保险关系的参保者给予补偿收益，而对继续保留在旧制度中的参保者提供额外收益。经过 15 个月的辩论，1993 年 9 月，养老金改革法案最终获得通过，新制度于 1994 年 7 月开始实施。阿根廷专家和政策制定者认为，养老金制度改革是民主制度充分合法化的结果，改革法案的内容是经过多次协商和让步得以最终确立的。对旧公共养老金制度进行改革的主要目标之一是减少财政对其的支持力度。到 1999 年，78% 的参保者在混合型制度的覆盖之下。

　　与阿根廷和智利相比，乌拉圭养老金制度危机出现得早，且更加严重。同时，乌拉圭对养老金制度的改革比拉美其他国家更加失败。下述因素造成了上述状况：乌拉圭养老金制度是拉美地区历史时间最长且最先达到成熟的养老金制度；乌拉圭人口老龄化状况极为严重，制度内的经济活动人口与退休人口的比例为 1∶1；养老金领取条件宽松，且养老金很慷慨；养老金调整给养老金制度的运行带来很大的财务负担；社会公众盲目认为慷慨的旧养老金制度可无限期持续下去；退休者组织以及他们与工会、政党的联盟极力阻挠养老金制度改革的推行。

　　1985 年，民主制度重新回归乌拉圭。总统胡利奥·玛丽亚·桑吉内蒂与国际货币基金组织签署了通过削减养老金的实际价值来减少财政预算赤字的协议。但是他被左翼政党和退休者组织的联盟所击败。1987 年，在向反对者做出重大让步后，政府根据世界银行的方针制定并通过了第二个改革方案。然而，在 1989 年，退休者组织联合工会和左翼政党，要求进行全民选举修改宪法，取消养老金制度改革法案，要求养老金定期根据工资增长率进行调整。他们最终以 82% 的票数获得了胜利。新养老金指数化规则带来了财政赤字，促使税收增加。

　　随后的路易斯·阿尔贝托·拉卡列政府向议会提交了三项采取混合型制度的养老金制度改革法案，但均以失败告终。第一个方案由两个传统政党的专家所组成的团队于1991—1992年制定，旨在达成政党之间的一致性。但是这个方案于1992年被议会以"灰色权力"的理由否决。在吸取上述教训后，改革者秘密进行第二个改革方案的准备工作，将其作为预算法案的一部分提交给议会，并于1992年后期获得通过。但是，退休者组织再次要求全民公投，他们认为所通过的法案是违宪的。结果，他们再次以82%的票数获得了胜利。1993年，议会否决了第三个改革法案。同时，没有对养老金制度进行改革的后果是财政压力愈来愈大。

1995年，两个传统政党组成了联合政府，并在国会中占据多数席位，这为引进混合型养老金制度提供了可能。在1995年3月，再次当选为总统的胡利奥·玛丽亚·桑吉内蒂成立了包括各政党和国会代表的养老金委员会，并制定了详细的养老金改革法案，提交给议会。广大阵线左翼联盟表达了对改革法案的不满，并退出了委员会。但是1995年9月，该养老金改革法案凭借白党和红党在议会中的多数席位得以通过，并于1996年3月开始实施。

为了减轻反对者对该法案的攻击，政府做出了一定程度的让步：政府参与基金制个人账户计划的管理工作，且拥有50%的保险者市场；参保者按年龄标准被划分为两个群体，根据收入层次，缴费被划分为三个水平，以保护附属于旧制度老年参保者的利益；稳定新的混合制度中现收现付计划的作用；警察和军队等特殊群体排除在养老金制度改革的范围之外。此外，美洲开发银行和世界银行为乌拉圭养老金制度提供贷款以支付转制成本。1996年和1999年，两次要求进行全民公投以废止新的养老金法案的活动被选举法庭根据法律驳回。由于与改革相关的参保者、养老基金管理者等利益相关者的形成，废止养老金改革法案几乎是不可能的。到1999年年底，51%的参保者保留在改革后的现收现付制养老金计划中，而49%的参保者在基金个人账户制度的覆盖范围之内。

二　拉美国家实施个人账户养老金制度改革的影响因素

（一）经济因素

经济因素对改革模式的选择至关重要。面对 20 世纪 80 年代的经济发展停滞，拉美各国政府开始实施结构性改革，以恢复经济增长。这一系列政策被称为"华盛顿共识"，包括强调财政纪律、税收改革、贸易和金融部门的自由化、竞争性汇率、私有化、解除管制等[1]。这些政策对于恢复该地区投资者的信心发挥了很大的作用。

"华盛顿共识"并未涉及养老金制度改革。实施基金制个人账户，进行养老金制度的私营化，成为各国后来市场化改革政策系统中的一部分。拉美国家推行养老金制度改革的理由之一为基金式个人账户计划能够增加私人储蓄，进而促进资本市场的发展，提高投资水平和资本积累，这有利于提高生产效率，进而实现长期经济增长。墨西哥甚至将这些目标置于其改革法案的序文之中。然而，很多国家的改革并未考虑到地方资本市场发展不健全。事实上，萨尔瓦多甚至在引入智利模式之前忽视了加强资本市场的建设。在智利之后对养老金制度进行改革的国家忽略了智利养老金制度改革降低了其储蓄水平的事实。

拉美国家实施养老金制度改革的一个重要经济原因是这些国家财政部的推动。许多拉美国家的现收现付制遭遇赤字困境，需要大量的财政补贴，因此需要财政部支出大量资金。然而，财政部却极力削减财政支出，因此，他们任命新自由主义经济学者开展养老金制度的私营化改革研究。此外，持续的财务状况恶化严重削减了公众对传统现收现付制的信心，这有利于推进改革的进行。

---

[1]　R. Madrid, "Ideas, Economic Pressures, and Pension Privatization," *Latin American Politics and Society* 47 (2) (2005).

拉美国家实施养老金制度改革的另一个重要经济因素是拉美国家的大量外债。巨额外债一方面使得地方政府提倡市场经济机制，推行养老金制度私营化的改革；另一方面，为国际金融机构参与养老金制度的改革提供了可能。在 20 世纪 80 年代，国际货币基金组织和世界银行开始向拉美国家的养老金制度改革提供贷款（例如在乌拉圭），这成为拉美国家养老金制度私营化改革强有力的外部因素。随着 1994 年世界银行养老金制度改革报告的出版，其对世界养老金制度私营化运动的引导加强了。此外，美洲开发银行对拉美国家的养老金制度改革也发挥了很大的推动作用。面对国际金融机构的支持，各个拉美国家反应不一。例如，萨尔瓦多配合国际金融机构的要求，以获得贷款或资助；阿根廷和乌拉圭的养老金制度改革方案中则包含国际金融机构对养老金制度私营化的协议；墨西哥允许国际金融机构参与其养老金制度改革的程度则较低。

（二） 政治因素

总体而言，拉美国家的民主程度与养老金制度的私营化程度呈反相关关系。一个国家的民主程度越低，它更加倾向于削减其现收现付制养老金制度的规模，直至用基金式个人账户制替代现收现付制度，如智利；或者在政府的支持下，建立与传统现收现付制相竞争的基金式个人账户制，如秘鲁。与之相反，比较民主的国家要么倾向于继续保留现收现付制度，并将基金式个人账户制度作为第二支柱，如阿根廷、乌拉圭；要么改革并加强旧现收现付制，并将其置于与基金式个人账户制度竞争的位置，如哥伦比亚。墨西哥是一个特例，其养老金制度的私营化程度低于与其民主制度相配的程度①。

此外，上述民主程度与养老金制度私营化程度的反相关关系并未在玻利维亚、萨尔瓦多和秘鲁出现。玻利维亚没有独裁式的政府，但采取了与智利相一致的替代模式，甚至比智利的私营化

① A. Barrientos, *Pension Reform in Latin America*（Aldershot: Ashegate, 1998）.

程度更深。在萨尔瓦多，民主政府实施了替代模式，但其私营化程度要比玻利维亚低。秘鲁尽管经历了从民主政府到权威政府的转变，但其公共养老金制度的私营化程度未加深。

在考察拉美各国养老金制度改革的过程中，需要分析其改革的政治历程，应该关注这个改革过程中的政治行动者，以及塑造他们行动策略的政策环境。在20世纪90年代早期，大部分拉美国家认为有必要对其养老金制度进行改革，但对具体的改革路径却持不同的观点。提倡养老金制度私营化的群体是新自由主义经济学家，并得到了中央银行或财政部的支持。他们尝试减少政府对经济的干预，其中即包括私营化养老金制度，这得到了国际金融机构以及企业、商业组织和金融机构等地方利益集团的支持。

尽管智利的劳动部长积极主张实施养老金制度的私营化，但是其他国家的劳动部长拒绝参与结构性的改革。在一些国家，劳动部开始试图阻止进行彻底改革，但力量薄弱，于事无补。反对力量的典型方法是建立隶属于财政部的委员会，并由该委员会制定详细的改革方案，如阿根廷、玻利维亚、萨尔瓦多、墨西哥和秘鲁即采取了如是做法。这些委员会设计了养老金改革方案甚至法案，轻而易举地避开了劳动部的反对。

养老金制度改革的反对者主要包括社会保障机构的雇员、工会、左翼政党、退休者组织等。乌拉圭的例子说明，在人口老龄化背景下，"灰色游说"的力量会大幅增加。一些政治力量有可能阻挠养老金制度的私营化改革。这样，对立法实施控制的程度就是一个关键变量。例如，玻利维亚和萨尔瓦多的执政党在议会中占有大多数，这使得结构性的改革迅速实施。与之相反，哥伦比亚议会中存在反对养老金制度改革的力量，这使得改革者不得不对最初的方案进行修改。在墨西哥，工会组织与执政党有着传统的联系，政府能够有智慧地化解来自劳工的反对，使得他们配合改革。在一些国家，改革反对者力量较大，迫使改革者与他们进行协商，并做出妥协。与之相反，智利、秘鲁和萨尔瓦多对养老金制度改革的公共辩论非常少甚至没有出现。在智利和秘鲁，养老金制度改革的实施甚至未通过议会的立法，而是通过紧急法令的形式颁布。

（三）策略与路径因素

在养老金制度改革过程中，拉美国家采取了一系列的策略，以推动改革的进行。首先，一些拉美国家采取了模糊策略。通过增加改革的复杂性，来降低削减利益过程的透明度，其目标是减少养老金制度改革的政治阻力。在拉美国家（萨尔瓦多除外）公共养老金制度改革之前的辩论中，重点突出了对旧制度进行参量改革的不乐观，而忽视了养老金制度私营化改革所面临的各种困难，如忽视了转制成本所带来的巨大财政负担。其次，一些国家采取了组合策略。例如玻利维亚将养老金制度改革与企业资本化紧密联系起来，既进行了私营化的改革，又推进了养老金制度的革新。玻利维亚的这种策略创造了一类以前从未领取过养老金的新资本持有者。

传统现收现付制所取得的成就使得养老金私营化改革的制度安排受到了很大的压制，即路径依赖。事实上，拉美国家养老金制度私营化改革的结果受制于早期的政策选择及其路径依赖。例如在秘鲁和哥伦比亚，现收现付制的养老金制度得以保留，并作为养老金制度的第一支柱；同时将基金制个人账户计划作为补充性的第二支柱。

由"俾斯麦式"的缴费型现收现付计划向基金制度转变中，往往因参保者向旧制度缴费并拥有养老金权益而带来转制成本，进而产生锁入效应。转制成本由以下因素决定：旧制度覆盖人口比例；制度的成熟程度；人口老龄化程度；旧制度领取养老金条件的松紧度；政府在制度转型中的责任；新旧制度缴费水平的变化。转制成本越大，实施结构性改革的可能性则越低。例如在阿根廷和乌拉圭实施了混合型的制度模式，以在近期和中期内降低转制成本。然而，一些国家，如秘鲁和玻利维亚忽略了这种转制成本所导致的锁入效应。

三　拉美国家个人账户养老金
制度的分配效应

(一) 管理费用较高

实施基金制个人账户计划的目的之一是提高养老金制度的运行效率，降低管理费用。但是，由于大部分国家的养老基金市场呈垄断状态，养老基金公司之间的竞争受到很大的限制，这在一定程度上降低了个人账户基金的运行效率。同时，养老基金运营的代价高昂，参保者需要承担高额的管理费用，造成这种状况的主要原因之一是劝使参保者由其他养老基金管理公司加入本养老基金管理公司的销售费用巨大。表 3 - 2 显示了拉美各国管理费用（佣金、保险费用）占总缴费的比例。

表 3 - 2　2004 年管理费用占总缴费的比例

单位:%

国家	保险费用占总缴费的比例	佣金占总缴费的比例	保险费用加佣金占总缴费的比例
阿根廷	20.0	16.0	36.0
玻利维亚	14.0	4.0	18.0
哥伦比亚	10.0	10.7	20.7
智利	8.1	10.4	18.5
墨西哥	NA	24.9	24.9
秘鲁	8.2	20.3	28.5
乌拉圭	6.4	13.9	20.3

资料来源: M. Matijascic, S. J. Kay, "Social Security at the Crossroads: Toward Effective Pension Reform in Latin America," *International Social Security Review* 59 (1) (2006)。

从表 3 - 2 中可以看出，7 个国家养老金制度的保险费和佣金之和占总缴费的比例很高。佣金对个人账户基金的投资收益有很大影响。在智利，如果将佣金计算在内，1982—1998 年参保者缴费的年均收益率是 5.1%，而不是由 SAFP（Superintendencia de

Administradoras de Fondos de Pensiones, Superintendency of Pension Fund Management Company）计算的 11.0%。同期，如果参保者将其缴费放入一个存折账户，其实际平均收益为 7.2%。1981 年 7 月—2001 年 8 月，智利个人账户基金的收益率为 10.83%，但是，如果扣除佣金，低收入者和高收入者的平均收益率分别仅为 7.33% 和 7.59%。从中可以看出，扣除管理费用后，智利的个人账户收益率较低。因此降低管理费用是其个人账户制度可持续发展的关键一环。

1998 年，智利对参保者在养老基金管理公司之间的转移做出了较为严格的限制，这有利于减少管理费用。同时，智利政府要求各养老基金管理公司充分披露费用信息，以促进竞争。从 1997—1999 年，智利在养老基金公司转移养老关系的参保者由 26% 降低到 3.5%。同期，交易费用占总费用的比例从 19% 降低到 15%。但是，固定费用却上升了 37%。从 1998—2001 年，平均费用降低了 30%，但固定费用却提高了 51%[①]。

（二）　覆盖率较低

实施基金式个人账户制的重要理由之一是可通过养老基金的高额投资收益率来获得较高水平的养老金，并刺激国民积极参与养老金制度。事实上，拉美国家养老金制度私营化的改革尽管降低了缴费率，但制度的覆盖率亦降低了。

改革之前，智利养老金制度的覆盖率（缴费人数占经济活动人数的比重）在 1980 年为 64%，在 1982 年降低到 29%，到 1997 年又提高至 57%[②]，随后年度则大约保持在这个水平。私营养老金制度的覆盖率由于衡量指标的不同而差别较大，如果用参保者占经济活动人口数的比例来衡量，覆盖率在 2007 年年底为 113.6%，而如果用缴费者占经济活动人口数的比例来衡量，覆盖率为 61%，

---

①　Superintendency of Pension Fund Management Company, *Statistical Bulletin*（Santiago, Chile, 1997 - 2001）.

②　M. -L. Carmelo, *Reassembling Social Security: A Survey of Pension and Health Care Reforms in Latin America*（Oxford: Oxford University Press, 2008）.

仅有 46% 的参保者是缴费者。缴费型私营养老金的覆盖率预计将由 2006 年的 65% 下降到 2020 年的 50%[①]。尽管私营养老金制度的覆盖率下降了，但是在 1992—2003 年，智利 65 岁以上的老年人大约有 76% 被不同形式的养老金制度所覆盖，这意味着社会救助养老金与最低养老金等非缴费型养老金制度覆盖面的扩大。但是，这些非缴费型养老金水平偏低，无法有效保障参保者的养老权益。

阿根廷虽然在 1994 年将雇主缴费从 36% 缩减到 24%，但是其参保率仍不断下降。总之，不能轻易得出降低缴费率必然会带来较高覆盖率的结论。拉美国家新养老金制度的覆盖率如表 3 - 3 所示。

表 3 - 3 2002 年拉美国家新养老金制度的覆盖率

单位：%

国家	参保人数占经济活动人数的比例	缴费人数占经济活动人数的比例	缴费人数占参保人数的比例
阿根廷	55.4	18.4	33.2
玻利维亚	23.1	10.8	46.9
智利	111.8	57.0	51.0
哥斯达黎加	69.3	NA	NA
萨尔瓦多	36.7	17.4	47.6
墨西哥	71.9	30.0	41.7
秘鲁	27.2	10.7	39.4
乌拉圭	41.4	18.7	45.1
合计	62.0	25.7	41.5

数据来源：Boletin Estadistico AIOS, No. 8, 2002, 12。

从表 3 - 3 可以看出，拉美国家新养老金制度的覆盖率较低，尤其是用缴费人数占经济活动人数比例衡量覆盖率时更低。同时，各国参保者与实际缴费者的数量差额均较大，并且这种状况正在恶化。但是，应该看到，拉美各国的覆盖率存在较大的差别。这种差别取决于如下因素：一是加入新制度是强制性的还是选择性

---

① Chile, Law, No. 20. 255 of 11 Mar, 2008 on Pension Reform (Published in the Official Gazette of 17 Mar, 2008).

的；二是从旧制度转移至新制度的激励机制；三是新制度的运行时间和运行状况；四是管理费用；五是非正式经济的规模；六是新旧养老金制度的对比与优劣；七是政府对新制度的支持。

（三）财政性养老金支出膨胀

养老金制度私营化的支持者认为，改革最终会带来财政性养老金支出的减少。但是，这种状况仅可能出现在制度转型完成之后。智利的改革表明，养老金制度的转型需要数十年，这远远长于改革之初的预期。在 20 世纪 80 年代，智利的年均转制成本为 GDP 的 6.1%；20 世纪 90 年代，这一指标为 4.8%；1999—2037 年，这一指标为 4.3%[①]。此外，新制度很可能带来新的财政性养老金支出。例如，智利由于需要向未能通过自己积累获得最低养老金水平的参保者提供补贴，财政性养老金支出增加。可以说，最低养老金计划是给智利财政养老金支出带来不确定性的最主要因素。

阿根廷养老金制度的转型加剧了政府财政失衡，这是阿根廷 2001 年年底经济崩溃的重要因素之一。表 3 - 4 显示了 1994 年阿根廷实施基金式个人账户制后，现收现付制养老金制度的历年融资来源结构。从中可以看出，其他公共资金占阿根廷现收现付制融资的比例越来越大，这代表着政府的负担越发沉重。

表 3 - 4　1991—2000 年阿根廷现收现付制养老金制度的融资来源

单位：%

年份	1991	1994	1995	1996	1997	1998	1999	2000
工资税	74.8	60.9	53.6	39.8	37.2	36.0	31.1	30.4
其他公共资金	15.6	33.5	40.3	56.2	58.2	61.0	67.3	68.2

资料来源：INARSS, 2002。

1994 年之后，为了促进就业，阿根廷雇主的缴费减少了 50 亿美元左右，这使得工资税收入大幅削减。同时，雇员需要每年向

---

① J. E. Devesa-Carpio, C. Vidal-Melia, *The Reformed Pension Systems in Latin America* (World Bank Social Protection Discussion Paper Series, No. 0209, Washington, D. C., World Bank, 2002).

私营养老金计划支付 42 亿美元。上述两个方面使得阿根廷现收现付养老金制度的收入削减。1997—2001 年，阿根廷的预算赤字大约等于所失去的现收现付养老金制度的财务收入。

拉丁美洲影子金融监管委员会（Latin American Shadow Financial Regulatory Committee）指出，1993—2000 年，阿根廷公共债务大约有一半是养老金制度转制成本。1994—2001 年，大约 550 亿美元被注入基金式个人账户制度，而不是现收现付计划。这是后来无法按时足额支付养老金的直接原因。

阿根廷并未严格执行新养老金制度法案，因为政府可以动用私营养老金计划中的个人账户基金，政府的武断行为很可能给个人账户基金带来巨大风险。2001—2002 年，阿根廷养老金资产从 208 亿美元缩水至 115 亿美元，到 2004 年年底又上升至 184 亿美元，如表 3 - 5 所示。在阿根廷经济危机之前，所罗门·史密斯·巴拿事务所（Salomon Smith Barney）预测其养老金资产将在 2015 年达到 1387 亿美元，但是上述预测在 2002 年缩减到 323 亿美元[①]。这在一定程度上反映了经济危机会在长期内对养老基金产生不利影响，并最终影响退休者收入。

表 3 - 5 1995—2004 年阿根廷养老金资产规模

单位：10 亿美元

年份	1995	1996	1997	1998	1999	2000	2001	2002	2003	2004
数量	2.5	5.3	8.8	11.5	16.8	20.3	20.8	11.5	16.0	18.4

资料来源：根据 Superintendency of Retirement and Pension Fund Administrators、FIAP 有关数据整理所得。

（四）再分配性较差

再分配可分为累进性再分配和累退性再分配，其中，累进性再分配有利于促进社会的公平，而后者则反之。总体而言，个人账户制度本身并无再分配的属性，因为它将风险共担和代际再分

① Salomon Smith Barney, *Private Pensions in Latin America* (New York, 2002).

配的机制取消。将养老金制度的再分配目标与制度相分离，是拉美国家养老金制度私营化改革的目标之一。但是拉美国家养老金制度的一些要素或其他部分可实现再分配，这主要包括如下七点。第一，特权群体是否在新养老金制度的覆盖范围之内。如果将旧制度所有的特权阶层纳入新制度的覆盖范围，那么制度的累进性再分配将会加强。在拉美国家的改革中，有些国家将一些特权群体纳入了新制度，但是各国的军人均在新养老金制度的覆盖范围之外。第二，建立与通货膨胀率相挂钩的养老金调整机制。第三，建立财政支持的最低养老金制度，这体现了新制度缴费者与正式部门的低收入群体之间的再分配。尽管有的拉美国家建立了这种最低养老金制度，但其水平往往较低。第四，政府对新制度的支付能力提供财政保证。这种再分配具有累退性，因为它可能降低向高收入者支付养老金的压力。第五，将佣金费用固定化。这对低收入者具有累退性的收入再分配，会减少他们的储蓄和将来的养老金收入。第六，在从旧制度向新制度转移过程中的再分配。因为对参保者在制度间转移的经济激励来源为一般性税收收入，而这部分税收有很大一部分来自对消费的课税，从而使得这种再分配具有累退性。第七，性别之间的不平等。一般来讲，女性劳动者离开劳动力市场的时间较早，而预期寿命较长，同时她们的工资水平和缴费密度一般都比男性低。所以，在新制度下，女性的养老金替代率较之男性往往较低。

在拉美各改革国家中，智利养老金制度存在的再分配要素比较多，但其中相当部分发挥了累退性再分配的作用，损害了社会公平。其他国家的养老金制度缺乏上述某些再分配因素，从而使得其养老金制度再分配性较差。

四　拉美国家个人账户养老金制度的经济效应

（一）个人账户养老金制度与储蓄的关系

基金制个人账户的支持者认为，现收现付的养老金制度减少了一国的储蓄，因为雇员缺乏增加其个人储蓄的激励[1]。而 1994 年世界银行的报告认为，现收现付的代际转移并不必然减少储蓄，然而实施基金制个人账户制，进行资本化则必然增加储蓄。因此，引入个人账户制度，可以增加储蓄和国民收入，对经济发展有积极作用。如果仅仅从个人账户基金占 GDP 的比重衡量私人储蓄，那么很容易就预测到私人储蓄大幅增加。但是，事实并非如此简单。

养老金制度改革对私人储蓄的影响并不能确定。巴尔认为，储蓄增加只可能出现在基金式个人账户制的建立阶段。在一个成熟的制度中，缴费者供款所带来的储蓄增加，会被向退休者支付的养老金所抵销。即使在制度建立阶段，储蓄也不必然增加。因为个人账户的强制性储蓄很可能被个人自愿性储蓄减少所抵消。一个国家储蓄水平的高低取决于很多因素，如宏观经济的稳定性、经济增长和就业增加、财政改革以及对金融市场的政府调控[2]。智利的私营养老金制度对私人储蓄增加有消极影响，其私人储蓄的增加可归因于国民能自由处置增加的收入[3]。智利储蓄率提高的主要原因是 1984 年税收改革所带来的公司利润的再投资增加，而个人账户资本并不能保证储蓄率的长期增加。

（二）个人账户养老金制度与资本市场和经济增长的关系

私营养老基金市场的建立对国内资本市场发展的促进作用是一个具有争议的话题。海因德尔认为尽管养老基金投资有利于资本市场的发展，但是它仅仅是金融市场改革的一个方面而已[4]。养老金制度的改革自身并不能带来资本市场的优化，成功的资本市场改革尚需监管强化、市场自由化和国有企业的私营化。巴里恩

---

[1] M. S. Feldstein, Social Security and Saving: New Time Series Evidence (NBER Working Paper No. 5054, Cambridge, MA, 1995).

[2] N. Barr, "Reforming Pensions: Myths, Truths, and Policy Choices," *International Social Security Review* 55 (2) (2002).

[3] R. Holzmann, *Pension Reform, Financial Market Development, and Economic Growth: Preliminary Evidence from Chile* (IMF Staff Papers 2, 1997).

[4] R. E. Haindl, "Chilean Pension Reform and Its Impact on Saving," in R. Grosse, ed., *Generation Saving for Latin American Development* (Boulder, CO: Lynne Rienner., 1997).

托斯认为智利资本市场的快速发展应归功于养老金制度的改革、公共事业的私有化、有效的监管、有利的宏观经济环境①。基金制对资本市场发展产生积极影响，需要具备如下条件：稳定的宏观经济环境；在基金制度正式实施之前，资本市场已经具备基本条件，如基本的监管框架和市场机制；政府不能提取个人账户基金等。但是，大部分拉美国家并不完全具备这些条件。

养老金制度私营化改革之后，拉美国家希望通过投资的增加来促进国内资本市场的发展。然而，仅仅增加资本量是难以实现上述目标的。所有拉美国家面临政府证券主导养老金投资的状况，如表3-6所示。从中可以看出，除了智利和秘鲁，其他拉美国家过于依赖政府发行的投资工具，这是由于这些国家资本市场不够成熟，仅能提供有限的投资级工具造成的。拉丁美洲影子金融监管委员会指出，拉美国家养老基金储蓄的供给已经超过了资本市场的容量，因为它不能提供满足养老基金投资标准的投资工具。小企业和中等规模的企业往往需要资本市场的资金供给，但是却不符合投资级的要求。投资多样化可降低投资风险。如果养老基金投资过度依赖政府发行的证券，投资风险则较高。投资于政府证券使养老金亦无法回避违约风险，即政府可能剥夺养老金收益。当2001年国际证券市场向阿根廷关闭了大门之后，阿根廷通过延长政府债券到期日和降低利率来迫使养老基金接收债务转换。政府与养老基金的协商陷入困境，在2001年12月，政府命令养老基金转移23亿美元至国库。

表3-6 2004年拉美国家投资于政府证券的养老基金资产规模
占养老金投资规模的比重

单位：%

国家	智利	秘鲁	哥伦比亚	阿根廷	玻利维亚	乌拉圭	萨尔瓦多	墨西哥
比重	19	25	48	62	67	79	83	84

资料来源：FIAP，www.iap.cl。

---

① A. Barrientos, *Pension Reform in Latin America* (Aldershot：Ashegate，1998).

除了政府证券，养老基金主要投资于一些大公司的股票和互助基金，这使得这些股票的价值大增。从长期看，这会导致这些市场的不确定性泡沫破裂。从表 3-7 可以看出，拉美国家缺乏规模大且流动性强的股票市场。除智利之外，与美国相比，其他四个拉美国家的股票市场资本量和交易量均较低，且交易规模相对于市场资本量而言较小。这意味着大量的资金被用于投资政府发行的证券，而这些证券主要用于支付从现收现付制向基金式个人账户制度转型的成本，这会使基金制度在一定程度上转化为现收现付制。同时，缺乏监控的拉美资本市场往往存在大量的政府干预。

此外，养老基金的投资还会面临如下风险：一是如果将资金过多投资于国外资本市场，会导致国内资本缺失，带来投资缩减；二是国际资本市场的饱和会对养老基金的长期运行带来负面影响，这会削减未来养老金的价值。

表 3-7 拉美国家的股票市场：资本额和交易量

单位：%

国家	股票市场资本量占 GDP 的比重			股票交易价值占 GDP 的比重		
	1994 年	1998 年	2003 年	1994 年	1998 年	2003 年
阿根廷	14.3	15.2	30.0	4.4	5.3	3.8
智利	133.9	71.0	119.2	10.3	6.1	9.0
哥伦比亚	17.1	13.6	18.1	2.7	1.6	0.5
墨西哥	30.9	21.8	19.6	19.7	8.1	3.8
乌拉圭	1.0	0.9	1.5	0.1	0.0	0.0
美国	72.5	154.3	130.3	51.0	150.8	142.0

资料来源：World Bank Indicators。

养老基金的投资若要达到促进经济增长的目的，需具备如下条件：第一，养老基金应该投资于与生产性投资相联系的金融工具，而非投资于已经存在且暂时低估价值的资产；第二，养老基金的规模应该高于为转制成本支付的资金量规模。拉美国家能否将养老基金用于生产性投资取决于其他社会经济和政治条件，而不仅仅因新私营计划的引入就能做到。事实证明，养老基金的生产性投资在拉美国家很难实现。因此，判断拉美国家养老金制度私营化改革对经济增长的影响应该谨慎。

（三）个人账户养老金制度与劳动力市场的关系

只有在劳动力市场和收入分配的背景下，才能更好地理解养老金制度的改革。养老金制度的设计主要是以拥有正式工作、稳定收入及长期合同的负担家计者为对象。正式工作者要比自雇者更加频繁地向养老金制度缴费。在发达国家，大约90%的国民是领取薪水的正式工作者，而拉美国家正式雇员的比例区间为45.0%—73.0%；此外，拉美国家的收入水平要低于发达国家，且收入差距较大，如表3-8所示。从20世纪80年代开始，拉美国家的失业率呈上升趋势，再加上非正式部门就业的不稳定性，养老金制度的参保者数量减少。拉美国家劳动力市场缺乏弹性，劳动者在正式部门和非正式部门之间的流动很少出现。这些因素不利于养老金制度的融资和覆盖面的扩大。

表3-8 2003年的职业结构与收入状况

单位：美元，%

国家	职业结构			收入	
	雇主和自雇者比例	雇员比例	家庭生存者比例	人均收入（美元/年）	最富有的10%人口与最贫困的10%人口的收入倍数
阿根廷	27.9	72.1	NA	10880	39.1
玻利维亚	51.0	45.0	4.0	2460	24.6
智利	24.3	69.6	6.2	9820	40.6
哥斯达黎加	28.7	67.3	4.0	8840	25.1
墨西哥	27.3	72.7	NA	8970	45.0
德国	10.0	88.9	1.1	27100	6.9
英国	11.4	88.1	0.3	26150	13.8
瑞典	10.2	89.3	0.5	26050	6.2

资料来源：根据 ECLAC、OECD、Eurostat 和 UNDP 有关数据整理所得。

很多国家将其养老金制度的目标替代率设定为 60.0%—70.0%。智利 2002 年养老金制度的替代率低于 60.0%。同时，缴费密度影响着养老金替代率。如果缴费密度降低，那么替代率则会下降。根据国际劳工组织的一项预测，当参保者开始领取个人账户养老金时，阿根廷养老金制度提供的养老金仅仅为平均工资的 27.0%①。而一些学者预测，墨西哥养老金制度所能实现的替代率为 40.0%，而不是 65.0%②。

总而言之，拉美国家的劳动力市场条件并不利于大量的劳动力全面参与基金制个人账户计划。一般而言，缴费者与受益者的比例下降可归因于不稳定的就业，不断增长的非正式经济，而不仅仅是劳动力的老龄化趋势。

拉美国家的私营养老金制度面临管理费用高、覆盖率低、财政性养老金支出膨胀、累进性再分配效果差等问题。这些问题是由各国的资本市场和劳动力市场等经济条件所决定的。养老金制度再改革的呼声与日俱增，智利率先实施了一系列的优化措施。

智利历史上第一位女总统米歇尔·巴切莱特上任伊始就建立了包括广泛代表的研究养老金制度改革的咨询委员会，并与他们多次在公共会议上探讨养老金制度改革的问题。2006 年年底，一份包括 90% 咨询委员意见的立法草案完成。2007 年，智利议会通过了养老金制度改革法案，并于 2008 年 7 月 1 日起正式实施③。

新的养老金制度法案建立了团结养老金，以弥补私营养老金制度覆盖率较低的问题。团结养老金包括如下两个部分。一是非缴费型的基本养老金（PBS），它代替社会救助养老金制度，其融资来源为政府财政，40% 的低收入家庭受益。获得 PBS 的条件是：未向养老金制度缴费或未获取任何形式养老金的权益，年龄在 65

---

① 郭林：《拉美国家养老金制度的私营化改革与再改革》，《甘肃社会科学》2013 年第 4 期。

② J. Kuri, F. Montoro, *Mexican Pension Funds: Coming to a Crossroad* (New York, NY: Morgan Stanley, 2003).

③ Chile, Presidential Message No. 558 – 354 of 15 December 2006 to the Chamber of Deputies Proposing a Bill to Improve the Pension System, 2006.

岁以上，在智利连续生活至少 20 年或从 20 岁开始不连续缴费（申请养老金前 5 年中至少有 4 年居住在智利）至少达到 20 年。获取养老金的考察单位为家庭，主要包括家长、配偶与 18 岁以下的子女或者 18—24 岁正在接受教育的子女。如果家庭平均收入低于所设定的标准，那么，每个老年家庭成员均可获得基本养老金。到 2012 年，非缴费型的基本养老金覆盖 55% 的低收入人群，随后覆盖至 60%。2009 年，基本养老金的水平比社会救助养老金高约 67%，并根据过去 12 个月的通胀率进行调整。

二是补足养老金，它替代最低养老金制度。这项制度是对获得缴费型养老金不足的 65 岁以上退休者的补贴，资金来源于政府财政，发放时并不考虑参保者的缴费记录。补足养老金获取者的养老金总和要高于 PBS 养老金，这有利于激励国民积极参与缴费型养老金制度。补足养老金有封顶限制，封顶线在 2008—2012 年逐步提高，直至达到每月 510 美元。补足养老金随着缴费型养老金的增加而减少。当后者达到一定水平，补足养老金的数额为 0。2008 年，补足养老金的受益者为最贫穷的 40% 人口；到 2012 年，该覆盖范围为最贫穷的 55% 的人口。一个家庭的平均收入如果低于所设定的标准，那么老年家庭成员将有权获得此项养老金。此外，年轻参保者的缴费可获得两年的补助。基本养老金和补足养老金在 2012 年使约 130 万人受益。

所有的母亲可获得生育补助，每养育一个孩子，可获得 18 个月最低工资额 10% 的补助。无资格获得基本养老金和补助养老金的母亲只要在有生之年向此项制度缴费一次，即可获得领取生育补助的权利。从孩子的出生之日起，此项补助计入母亲的账户，并且计息。当母亲达到 65 岁之时，可领取这项补助，这样就增加了其养老金收入。此外，如果一对夫妇离婚，该夫妻在婚姻阶段所积累的个人账户基金可在夫妇之间分配，最大转移额为一方账户金额的一半。

到 2012 年，自雇者被强制规定参加养老金制度，这有利于抑制非正式部门的增加。开始阶段，自雇者需要按其纳税收入 40% 的 10% 缴费，到 2014 年逐步增长至纳税收入 40% 的 100%。为此，智利政府实施了一系列的激励措施，例如，自雇者可获得家庭补贴、法定工伤补助。但是如果他们不向私营养老金制度缴费，则无法获得申请上述补助的证明，也无法获得税收豁免。智利设计了没有正式工作国民的参保办法，如自愿集体储蓄计划，参保者可与雇主协商，共同或参保者单独向基金制个人账户缴费。此项制度拥有税收优势。此外，智利建立了综合养老金提供中心，供国民咨询和处理养老金事务；成立了国家资助的养老教育基金，由 AFPs 负责宣传，对公众开展养老金知识方面的教育。

智利建立了一年两次的审计制度，以推动私营养老金制度管理费用的降低；取消累退性的固定佣金制度，银行可与 AFPs 竞争管理个人账户，AFPs 需要收取最低的佣金，才能吸引更多的国民参保。养老金监察署（Superintendency of Pensions）取代了 SAFP，同时监管现收现付制度与私营养老金制度以及综合性养老金提供中心等。

智利建立了由五位代表组成的使用者委员会。这五位代表分别来自雇员、退休者、AFPs、社会保障机构、学者（由学者担当使用者委员会主席）。该委员会的作用是向制度如何健康运行提供建议、监管制度改革、探索养老金教育的策略、发布消息以及与参保者进行交流。财政部基于精算研究发布新制度的年度报告，并且根据预算法，为保证相关养老金制度的资金来源而筹资。

需要指出的是，除了优化养老金制度本身，智利还应采取措施促进资本市场和劳动力市场的完善，这是基金式个人账户制的切实需要。只有养老金制度内要素与制度外条件均得以优化且互为协调和配合，才既能实现养老金制度的可持续发展，又可实现养老金制度私营化促进资本市场发展和经济增长等额外的目标。

智利养老金制度仍包含有其他的不合理要素。这些要素根植于制度之中，很难从根本上消除。如果强行进行改革，会带来养老金投资收益的减少和其他问题。尽管如此，智利对其原有的私营养老金计划做出了调整和补充，在一定程度上优化了养老金制度。与智利不同，阿根廷对其私营养老金制度进行了国有化的再改革，取消个人账户制计划、实施由国家统一管理的现收现付制。

2008 年 11 月 7 日，阿根廷正式通过养老金制度国有化改革法案，并于 2009 年 1 月开始实施①。

面对私营养老金制度存在的问题，智利和阿根廷选择了不同的再改革路径。智利根据参量改革的思路，对其私营养老金制度进行调整和补充；阿根廷则选择了结构性（系统性）改革思路，开展了私营养老金制度的国有化改革。

---

① 郭林：《拉美国家养老金制度的私营化改革与再改革》，《甘肃社会科学》2013 年第 4 期。

第四章　公共养老金个人账户制度的扩展

——以瑞典名义账户制度建立为标志①

20世纪90年代，一种新的公共养老金个人账户制度——名义账户制（NDC）养老金计划——在瑞典得以建立，以此为标志，个人账户制度进入了扩展阶段。NDC制度为瑞典新公共养老金制度的主体部分，它与其他两个组成部分即基金个人账户制度和保证养老金制度之间并非毫无关联，而是呈互动配合之态。如果仅仅以NDC计划为研究对象，则会导致无法全面分析瑞典NDC制度的运行机理和准确探讨其制度效应。因此本章以NDC制度为重点对瑞典公共养老金制度开展研究，分析了瑞典公共养老金制度的发展简史，以考察其基本发展脉络；探讨了瑞典20世纪90年代公共养老金制度改革的背景，以及其所面临的压力和条件；详细研究了瑞典新公共养老金制度的运行机理，为分析其效应奠定基础；从公平和效率两个维度分析了瑞典公共养老金制度改革的效应，以对新制度做出评价。

一　瑞典公共养老金制度的改革

（一）瑞典公共养老金制度发展简史

从制度主体角度分析，瑞典公共养老金制度经历了一个由缴费确定型（DC）基金制到待遇确定型（DB）现收现付制再到DC

---

① 事实上，瑞典名义账户制正式实施的时间要晚于意大利，但是，一方面，瑞典NDC在正式实施之前经历了较长时间的探讨和准备，瑞典缴费确定型现收现付制度方案的通过早于意大利；另一方面，瑞典是世界上实施名义账户制最成功的国家。因此，将瑞典NDC计划的建立作为公共养老金个人账户扩展阶段的标志。

型现收现付制的发展过程。19 世纪后半叶，由于人口出生率的急剧下降和劳动力的大量移民，瑞典的人口老龄化问题严峻，而政府对无依靠和无收入来源的贫困群体的救济不够充分且缺乏效率。面对这种状况，瑞典于 1913 年建立了覆盖全民的公共养老金制度，以 DC 型基金制计划为主体，以收入审察型 DB 计划为补充。此 DC 型基金制计划是一种精算型制度。例如，即使缴纳相同的养老费，女性所获得的养老金要少于男性，其原因在于女性的预期寿命长于男性所导致的女性领取养老金的预期时间跨度大于男性。基金制需要经历一个完整的生命周期才能建立，瑞典 1913 年建立的公共养老金制度也不例外。因此，到 20 世纪 30 年代，它仅实现了不到 20% 的替代率，保障水平低下[1]。

1946 年，瑞典废除了原来的公共养老金制度，建立了现收现付制的基本养老金制度，这项制度为每个国民提供同等养老金待遇。在基本养老金制度覆盖的同时，劳动力市场中的不少群体在其退休时能够享受到发挥补充作用的职业养老金。例如，大部分白领退休工人既能获得基本养老金，又可获取职业养老金。但是，蓝领工人却不在职业养老金覆盖范围之内，所以，瑞典有很大一部分劳动人口仅能享受到基本养老金。20 世纪 50 年代，瑞典养老金委员会对如何构建退休收入标准具有持续性的养老金制度进行了深入调研，调研报告对瑞典公共养老金制度的改革发挥了重要作用。

1960 年，瑞典建立了对基本养老金制度发挥补充作用的 ATP 制度，它是一种 DB 型现收现付制的价格指数化制度。此制度规定，养老金为劳动者收入水平最高的 15 年的平均收入的一定比例；缴费满 30 年可获得全额养老金，缴费每少 1 年，则减少 1/30 的全额养老金，超过 30 年的缴费并不能增加养老金收入；养老金收入设有最高额和最低额，而缴费却无限额设置。ATP 制度的一些特征使得其缺乏可持续性和公平性。例如，养老金获取资格规定不利于激励劳动力的供给。上述养老金按劳动者收入水平最高 15 年

---

① J. Selen, A. -C. Stahlberg, "Why Sweden's Pension Reform was Able to be Successfully Inplemented," *European Journal of Political Economy* 23 (2007).

的平均收入确定的方法导致了逆向收入再分配，即养老金从以工作时间长且收入波动较小为特点的低收入参保者转移至以工作时间短但收入不断增长为特征的高收入参保者。同时，制度所规定的价格指数化意味着退休一代和工作一代之间的再分配由经济增长率决定。如果经济增长率较高，退休者的生活水平会落后于工作者的水平；反之亦然。另外，ATP 制度的 DB 特征决定了其缴费率要根据预期经济和人口状况的变化进行适当调整。

当然，ATP 制度也为瑞典公共养老金制度的改革提供了有利条件。事实上，ATP 养老金制度的缴费率要高于满足养老金支出所需的费率，每年收支盈余以养老储备基金的形式进行积累[1]，这为瑞典实施名义账户养老金制度提供了强有力的支撑[2]。在公共养老金制度改革之时，瑞典拥有数额巨大的缓冲基金。当时，这部分缓冲基金足够支付瑞典五年的养老金。缓冲基金既是瑞典实施 ATP 制度的目标之一，又为公共养老金制度的顺利改革提供了有利条件。基本养老金与 ATP 相结合的养老金制度一直持续到 20 世纪 90 年代。从 20 世纪 90 年代初期开始，瑞典开始着手对这一制度进行改革，并于 1999 年开始实行以名义账户制为核心的新公共养老金制度[3]。

（二）　瑞典名义账户养老金制度改革的背景

瑞典新公共养老金制度改革的人口背景为人口老龄化趋势明显。从表 4 - 1 可以看出，1980—2050 年，瑞典 60 岁以上、65 岁以上及 80 岁以上老年人口的数量均呈增长趋势，增长比例分别为 75.0%、88.0% 和 267.9%。这反映了瑞典不仅人口老龄化趋势较为严重，且老年人口中 80 岁以上人群数量增长过快。从表 4 - 2 可以看出，如果以 60 岁为标准，1990 年和 1995 年瑞典中口径的人口老龄化率分别为 22.8% 和 22.0%；如果以 65 岁为标准，1990 和 1995 年瑞典中口径的人口老龄化率分别为 17.8% 和 17.5%。以 60

---

[1]　尽管 ATP 制度有一定的积累，但是总体而言，仍将其看作现收现付制度。

[2]　详述见后。

[3]　郭林等：《公共养老金个人账户制度嬗变的政治经济分析——来自新加坡、智利、瑞典和拉脱维亚的经验》，《经济学家》2013 年第 8 期。

岁为标准，按中口径、大口径和小口径计算的瑞典2050年的老龄化率分别为30.2%、34.0%和26.9%；以65岁作为标准，上述指标的数值为24.1%、27.1%和21.4%。上述分析表明，瑞典不仅老年人口数量呈高速增长态势，而且人口老龄化率较高；不仅20世纪90年代改革之时的人口老龄化状况较为严重，而且还面对人口老龄化越发严重的将来。

表4-1 瑞典老年人口数量

单位：千人

年份	60岁以上人口数	65岁以上人口数	80岁以上人口数
1980	1824	1354	265
1985	1969	1491	332
1990	1949	1522	364
1995	1945	1542	411
2000	1960	1524	442
2005	2111	1555	485
2010	2321	1702	497
2015	2464	1906	500
2020	2598	2038	533
2025	2754	2152	640
2030	2908	2280	764
2035	3014	2404	814
2040	3054	2488	849
2045	3090	2516	906
2050	3192	2546	975

资料来源：UN Population Database。

表4-2 瑞典人口老龄化率

单位：%

年份	以60岁为退休年龄			以65岁为退休年龄		
	中口径	大口径	小口径	中口径	大口径	小口径
1980	21.9	21.9	21.9	16.3	16.3	16.3

续表

年份	以 60 岁为退休年龄			以 65 岁为退休年龄		
	中口径	大口径	小口径	中口径	大口径	小口径
1985	23.6	23.6	23.6	17.9	17.9	17.9
1990	22.8	22.8	22.8	17.8	17.8	17.8
1995	22.0	22.0	22.0	17.5	17.5	17.5
2000	22.1	22.1	22.1	17.2	17.2	17.2
2005	23.3	23.3	23.3	17.2	17.2	17.2
2010	25.0	25.0	25.0	18.3	18.3	18.3
2015	25.9	26.1	25.7	20.1	20.2	19.9
2020	26.7	27.3	26.2	21.0	21.4	20.6
2025	27.8	28.8	26.9	21.7	22.5	21.0
2030	28.9	30.3	27.6	22.6	23.8	21.6
2035	29.6	31.5	27.8	23.6	25.1	22.2
2040	29.6	32.1	27.5	24.1	26.1	22.4
2045	29.6	32.6	26.9	24.1	26.6	21.9
2050	30.2	34.0	26.9	24.1	27.1	21.4

注：中口径老年人口比指中等出生率、正常死亡率和正常国际移民率条件下所计算的老年人口比例；大口径老年人口比指低出生率、正常死亡率和正常国际移民率条件下所计算的老年人口比例；小口径老年人口比是指高出生率、正常死亡率和正常国际移民率条件下所计算的老年人口比例。

资料来源：UN Population Database。

人口老龄化给瑞典养老金制度带来的压力如表 4-3 和表 4-4 所示。表 4-3 和表 4-4 显示了人口老龄化对瑞典现收现付制养老金计划的替代率或缴费率的影响。2010 年的赡养率和有效赡养率分别为 32.0% 和 40.0%，缴费率为 18.5% 时的替代率分别为 58% 和 46.0%，替代率为 60.0% 时所需的缴费率分别为 19.2% 和 24.0%。到了 2050 年，赡养率与有效赡养率分别为 42.0% 和 54.0%，缴费率为 18.5% 时的替代率分别为 42.0% 和 34.0%，替代率为 60% 时所需的缴费率分别为 26.4% 和 32.4%。可以看出，人口老龄化会给 DB 型的 ATP 制度缴费率提高带来巨大的压力，瑞典公共养老金制度的待遇发放模式亟须改革。

表4-3　瑞典现收现付制的赡养率、替代率和缴费率

单位:%

年份	赡养率	替代率（缴费率=18.5%）	缴费率（替代率=60.0%）
1960	20.0	93.0	12.0
2010	32.0	58.0	19.2
2030	44.0	44.0	25.2
2050	42.0	42.0	26.4

注：赡养率=65岁及以上人口数/20—64岁人口数×100%。

资料来源：Pensionsmyndigheten. Pensionssystemets Årsredovisning 2009, 2010。

表4-4　瑞典现收现付制的有效赡养率、缴费率和替代率

单位:%

年份	有效赡养率	替代率（缴费率=18.5%）	缴费率（替代率=60.0%）
1960	26.0	71.0	15.6
2010	40.0	46.0	24.0
2030	53.0	35.0	31.8
2050	54.0	34.0	32.4

注：有效赡养率=65岁及以上人口数/（20—64岁人口数-20—64岁中由社会保险供养的人数）×100%。

资料来源：Pensionsmyndigheten, Pensionssystemets Årsredovisning 2009, 2010。

劳动力参与率、失业率、税收收入占GDP的比重、GDP增长率和人均GDP等对瑞典20世纪90年代的养老金制度改革产生重要影响。在上述指标中，劳动力参与率和失业率与ATP制度的筹资紧密相关，而税收收入占GDP的比重可衡量旧公共养老金制度中基本养老金的融资能力，GDP增长率和人均GDP衡量了养老金制度赖以运行的经济基础状况。从表4-5可以看出，瑞典1995—1999年的劳动力参与率和失业率变化不大，前者保持在64.0%左右，后者在8.0%左右。在人口老龄化背景下，劳动力参与率和失业率变化不大，这意味着向ATP供款的参保者数量减少，而退休者的数量在增加，这显然不利于ATP制度的财务可持续性。1995—1999年，瑞典税收收入占GDP的比重在22.0%左右。在人口老龄化的背景下，需要增加基本养老金支出在税收收入中的比重，方可保证基本养老金按时足额支付。然而，增加基本养老金

支出占税收收入的比重会挤压其他支出的比例。因此，瑞典需要改革其旧制度下的基本养老金制度，以增进其财务可持续性。

表 4 - 5　1995—2008 年瑞典劳动力参与率、失业率与税收收入
占 GDP 的比率

单位:%

年份	劳动力参与率	失业率	税收收入占 GDP 的比率
1995	64. 1	9. 1	20. 8
1996	63. 7	9. 9	21. 1
1997	63. 3	10. 0	22. 0
1998	62. 6	8. 3	22. 7
1999	63. 2	7. 1	24. 7
2000	62. 4	5. 8	23. 1
2001	63. 6	5. 0	20. 3
2002	63. 5	5. 2	18. 5
2003	63. 6	5. 8	18. 9
2004	63. 5	6. 5	19. 3
2005	64. 4	7. 7	20. 3
2006	64. 4	7. 0	20. 6
2007	64. 9	6. 1	19. 8
2008	65. 1	6. 2	19. 0

注：失业率指没有工作但积极寻求工作的失业人口占劳动力总数的比例；劳动力参与率指为商品和服务生产提供劳动力供给的人口数占 15 岁以上经济活动人口之比例。

资料来源：WDI。

从图 4 - 1 可以看出，在 20 世纪 90 年代初期，瑞典经济陷入低谷，1991—1993 年的经济增长率为负值，人均国内生产总值呈下降态势，影响了瑞典经济向养老金制度的资金支持能力，而人口老龄化导致了对养老金需求的增加。正是这样的状况推动了瑞典公共养老金制度改革的政治进程。

瑞典旧公共养老金制度的改革起源于 20 世纪 80 年代。1984 年瑞典政府委派了一个委员会专门研究养老金制度。该委员会于 1990 年完成了其报告，认为瑞典养老金制度最晚在 2020 年陷入严

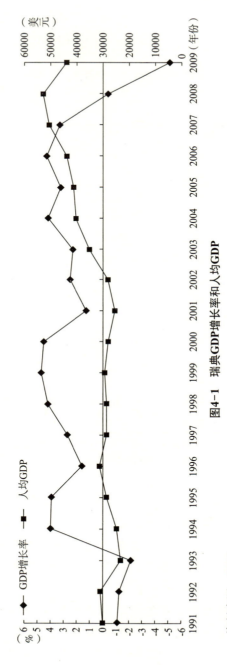

图4-1 瑞典GDP增长率和人均GDP

资料来源：WDI。

重的财务危机，建议根据经济增长率制定指数化规则，提高退休年龄，增加获取全额养老金的供款年限，但是这些建议并未被采纳。尽管如此，该委员会关于养老金制度的报告具有重要的意义，它系统揭示了瑞典旧养老金制度的问题所在。1991 年秋天，中右翼四个政党组成的联合政府取代社会民主党开始执政，养老金制度改革成为新政府的首要议题，议会成立了由七个政党代表组成的养老金工作组。此养老金工作组由健康与社会保障部部长担任主席，由各个政党在议会中的高级代表以及专家组成，不包括劳工代表、雇主和养老金机构在内，这使得该工作组的规模并不大。工作组的每个成员必须参与讨论，与其他成员分享其关于改革方向的建议。工作组的上述特点非常重要，各政党领袖级人物的参与有利于给予工作组信任，专家组作用的发挥有利于保证改革的科学性。

最初，工作组中的七个政党对瑞典养老金制度改革如何实施存在巨大分歧。社会民主党将 ATP 制度看作其福利政策的重要里程碑和"皇冠上的宝石"，他们强烈反对在公共养老金制度中引入私营积累制的个人账户；自由党倾向于实施积累制的个人账户制度，加强缴费与养老金收益之间的联系；保守党认为应该减少公共养老金计划的范围，引入私营积累制个人账户计划；中央党同样支持积累制的个人账户计划，但是主张同一比例的养老金收益；基督民主党亦主张同一比例的养老金收益；右翼民粹党和左派政党也提出了他们关于养老金制度改革的主张。面对上述分歧，各政党决定停止争论，转而听取养老金专家关于旧制度问题所在的意见，并与之探讨。此后，各政党关于养老金制度的讨论开始步入正轨。

由于旧制度财务缺乏可持续性，国民对其信任度急剧降低，工作组认为对旧制度进行根本性的改革是十分有必要的，其主要观点如下。第一，应加强缴费与养老金收益之间的关系。养老金制度应贯彻生命周期收入的原则，因此，制度的模式应为 DC 型，养老金的计算应充分考虑到预期寿命，退休年龄应该是弹性的。第二，公共养老金制度应主要实行现收现付制度，养老金信用应该实行工资收入指数化规则，而非价格指数化①。1992 年夏天，工作组出版了关于瑞典养老金制度改革框架的报告，报告内容反映了改革的原则和遵循这些原则所应建立的养老金制度的细节。该报告同样显示了对用积累制的个人账户制替代一部分现收现付制的讨论，认为这存在一定的问题，因此工作组并未同意积累制个人账户制的引入。1994 年 7 月，工作组建议的改革方案以 85% 的选票在议会获得通过，支持者主要为五个政党。左派政党和右翼民粹党仍然反对上述改革方案。前者主张对旧的 ATP 制度进行小修小补，后者支持比例税率的制度。

1994 年通过的养老金改革方案不同于 1992 年出版的报告。不同之处体现在：养老金信用和养老金收入都采取工资收入指数化规则；引入了供款率为 2.5% 的基金制个人账户计划。1994—1998 年，瑞典成立了包括工作组中支持改革方案的政党代表的实施组，并辅以专家的支持，以解决仍然存在的问题，开展立法工作。然而，地方工会组织强烈反对改革的实施，社会民主党通过联合支持者与反对者展开积极对话解决了这一问题。直到 1997 年社会民主党完全执政之时，僵局才被打破，律师们开始起草最后的法律。1998 年春天，工作组提出了最后的法律报告，并于 1998 年 7 月在议会获得通过。当然这并不代表法案规定的制度方案是一成不变的，因为法案规定各个政党均要同意将来可能的法案修订。在工作组积极推进制度改革的同时，国家社会保险委员会亦在积极努力建立获取参保者个人账户信息的网站、培训地方机构工作者。经过一个 3 年期信息运动的实施，瑞典建立了新的计算机信息平台。最后，在 1998 年中期，PPM 即公共清算中心得以建立。瑞典新公共养老金制度的建立经历了一个广泛探讨和政治博弈的过程。在这个过程中，广泛的探讨是取得各个政党之间一致性的基础，政治博弈是养老金改革法案获得通过的关键因素。

可以看出，上述人口背景、经济背景和政治背景对旧公共养

---

① J. Palme, "Features of the Swedish Pension Reform," *The Japanese Journal of Social Security Policy* 4（1）（2005）.

老金制度产生影响，从而既形成了瑞典改革其旧公共养老金制度的动力，又是其新公共养老金制度保持科学性要依据的条件。同时，旧公共养老金制度的一些特征亦使得改革具有必要性，而 ATP 制度所积累的缓冲基金则为瑞典新公共养老金制度的建立提供了有力的支撑。上述三方面的背景与旧公共养老金制度的弊端和为改革提供的条件之间并非孤立的，而是紧密相关的，它们共同对瑞典公共养老金制度的改革施加了重要影响。

二　瑞典新公共养老金制度的运行机理

（一）瑞典新公共养老金制度的结构

瑞典新公共养老金制度由三部分组成：实账积累的个人账户制（FDC）、名义账户制养老金计划（NDC）、基础养老金（保证养老金），如图 4 - 2 所示。

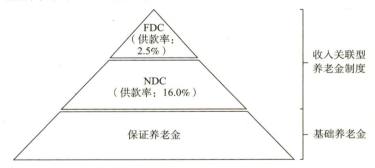

图 4 - 2　瑞典新公共养老金制度结构

瑞典 FDC 和 NDC 均为收入关联型养老金制度，参保者和雇主向 NDC 和 FDC 制度的供款率分别为工资收入的 7.0% 和雇员全部收入的 10.2% ，二者合计为 17.2% 。因为在计算养老金权益的过程中，税基为扣除参保者个人 7.0% 缴税后的收入水平，所以，参保者和雇主向 NDC 和 FDC 制度的供款率合计为 17.2%/93.0% × 100% =18.5% ，分别为 16.0% 和 2.5% 。瑞典养老金纳税收入存在上限和下限。上限为价格关联基数的 8.07 倍，2008 年的养老金纳税收入上限为 8.07 × 48000 =387360 瑞典克朗；下限为符合纳税申报条件的最低收入，即当年价格关联基数的 42.3%，2008 年的养老金纳税收入下限为 0.423 × 41000 = 17343 瑞典克朗[1]。

（二） NDC 养老金计划的运行机制

总体而言，瑞典 NDC 养老金计划为收入关联的缴费确定型（DC）现收现付制[2]，它是瑞典公共养老金制度的主体部分。如图 4-3 所示，瑞典 NDC 制度的运行过程似一般的银行储蓄活动。每年，参保者、雇主以税收的形式向名义个人账户供款，这些供款以养老金信用的形式记录在参保者的"银行存折"即名义个人账户之内。雇主和雇员按工资的 18.5% 向 NDC 和实账积累个人账户制（FDC）供款，其中 16.0% 进入名义个人账户。随着供款的不断流入和基于一定比例计算的收益的持续增加，参保者"银行存折"即养老金名义个人账户内的名义积累额逐步增加。但是参保者个人的供款并未进入名义个人账户，而是被存入四个缓冲基金——第一、第二、第三和第四国民养老基金。一方面，各个基金获得参保者和个人供款的 1/4 即工资的 4.0% 的资产；另一方面，各个基金承担向同期退休者支付 1/4NDC 养老金的任务。参保者每年都会收到包括他们名义账户明细的"橙色信封"。参保者个人一旦退休，其名义个人账户的名义资金将会在其退休期间按月发放，实际资金来源于当期劳动者的供款。

同时，瑞典 NDC 养老金计划具有社会保险的一般特征。一方面，养老金储蓄具有封闭性。在到达最低退休年龄即 61 岁之前，参保者不能从其养老金名义个人账户中支取任何资金。另一方面，制度存在一定的再分配性。如果参保者在积累阶段死亡，其所积累的名义资金则分配给同一年龄群组的参保者。在退休阶段，寿

---

① 杨植强、郭林、丁建定：《瑞典名义账户养老金制度精算要素研究》，《统计与精算》2012 年第 1 期。

② 严格说来，瑞典 NDC 养老金制度可看作部分积累制。因为缓冲基金在瑞典 NDC 养老金计划建立和运行过程中发挥着重要的作用。可以说，缓冲基金和名义个人账户共同构成了瑞典 NDC 养老金制度。后文所述的平衡比例亦说明了这一点。

命低于平均寿命参保者的名义资产向寿命高于平均寿命参保者转移。这种再分配即继承所得使得存活时间相对较短的参保者从名义个人账户所获得的养老金要少于他们向 NDC 制度的供款，存活时间相对较长的参保者从名义个人账户所获得的养老金要多于他们向 NDC 制度的供款。

收入 → 养老金供款 = 养老金信用

养老金信用 + 收益 + 继承所得 − 管理费用 = 养老金账户名义积累额

（养老金账户名义积累额/年金除数）×（1 + 调整率）= 月度养老金额

图 4 - 3　瑞典名义账户制养老金计划运行机理

在上述瑞典 NDC 养老金计划的名义资金积累阶段和待遇发放阶段，存在如下精算要素：收入指数、继承所得、管理费用、平衡比率、自动平衡机制、平衡指数、年金除数、调整率等，详细分析如下。

第一，收入指数。瑞典 NDC 制度的收益率即记账利率由平均收入增长率决定，而平均收入增长率则由收入指数进行衡量。收入指数和名义个人账户的记账利率计算公式如下：

$$Income \quad Index(t) = \left(\frac{u(t-1)}{u(t-4)} \times \frac{CPI(t-4)}{CPI(t-1)} \right)^{1/3} \times \frac{CPI(t-1)}{CPI(t-2)} \times k$$
$$\times Income \quad Index(t-1) \qquad (4.1)$$

$$u(t) = \frac{Y(t)}{N(t)} \qquad (4.2)$$

$$RR(t) = [Income \quad Index(t) - Income \quad Index(t-1)] \times 100\% \qquad (4.3)$$

在公式（4.1）、（4.2）、（4.3）中，RR 代表名义个人账户的记账利率，Income index 指收入指数，t 代表年份，CPI（t）表示 t 年 6 月份的消费价格指数，k 为 u（t-2）和 u（t-3）的估计偏差调整因数，Y（t）表示 16—64 岁的参保者在 t 年扣除个人养老金供款后的无上限养老金纳税收入，N（t）代表 t 年符合向 NDC 制度供款收入条件的 16—64 岁的国民。收入指数的变化包括两部分：一是最近 3 年扣除通货膨胀因素后的平均收入年均变化率；二是以当年 6 月份为终期的最近 12 个月的通货膨胀率。

在瑞典，国民当年的纳税评估在第二年 12 月份做出。因此，在最后的纳税评估之前，无法得到国民个人的养老金纳税收入①。这意味着最近两年的纳税收入是通过估算获得，估算中的误差会在随后的年度得以调整。最近 3 年平均收入的年均变化率扣除了通货膨胀因素，但为了使退休者养老金待遇能够反映近期物价变化状况，最近一年的通货膨胀率并未排除在精算公式中，这有利于保障退休者的生活质量。瑞典 NDC 制度 1995—2008 年的指数化比率即记账利率如图 4 - 4 所示。

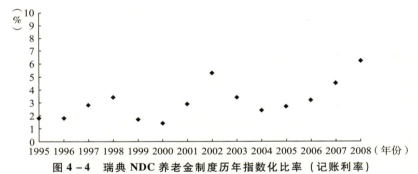

图 4 - 4　瑞典 NDC 养老金制度历年指数化比率（记账利率）

资料来源：根据 Swedish Social Insurance Agency（SSIA）2009 年出版的 Annual Report of the Swedish Pension System 2008 的数据整理制作。

从图 4 - 4 可以看出，瑞典名义个人账户的记账利率为调整后的平均收入增长率即收入指数的变化。严格来讲，将工资收入总额增长率作为记账利率更加有利于促进 NDC 制度的财务平衡。然而，瑞典赋予了名义账户制一个更优先的政治目标，即实现参保者的养老金权利可以与劳动人口生活水平同步增长，并确保参保者的相对收入对于他们的年金具有相同的效果。为了实现这个目标，瑞典选择将名义账户记账利率与人均收入增长率相关联。这体现了名义账户制基本理论与瑞典具体国情相结合的原则。

---

① R. K. Weaver, "Design and Implementation Issues in Swedish Individual Pension Accounts," *Social Security Bulletin* 4 (2004).

第二，继承所得。在瑞典 NDC 制度中，死亡参保者的养老金余额以继承所得的形式再分配给同一年龄群组的幸存参保者。继承所得额的计算通过幸存参保者名义积累额乘以继承所得因数实现，继承所得因数的计算公式如下：

$$Inheritance\ Gain\ Factor_i(t) = \frac{\sum_{j=2}^{17} PBd_{j-i}(t-1)}{\sum_{j=2}^{17} PB_{j-i}(t-1)} \quad i = 2,3,4,\cdots,17$$

（4.4）

$$Inheritance\ Gain\ Factor_i(t) = \frac{PBd_{i-1}(t-1)}{PB_{i=1}(t-1)} \quad i = 18,19,20,\cdots,60$$

（4.5）

$$Inheritance\ Gain\ Factor_i(t) = \frac{L_{i-1}(t) + L_i(t)}{L_i(t) + L_{i+1}(t)} - 1 \quad i = 60,61,62,\cdots$$

（4.6）

在公式（4.4）、（4.5）、（4.6）中，Inheritance Gain Factor 指继承所得因数，i 表示 t 年年底的年龄，PBd_{i-1}（t-1）代表在 t-1 年度 i-1 年龄群组死亡参保者养老金名义总额，PB_{i-1}（t-1）指在 t-1 年度 i-1 年龄群组幸存参保者养老金名义总额，L_i（t）表示 t 年度年龄群组 i 中每万人中幸存者的数量。对于 60 岁及以下的人，继承所得因子按死亡者养老金名义总额除以同一年龄群组幸存者的养老金名义总额加以计算。由于参保者死亡存在信息时滞，向 60 岁以下的人再分配继承所得的时间滞后一年。对于 60 岁及以上的人，继承所得是基于瑞典统计部门的预期寿命统计加以计算的，继承所得的分配发生在参保者死亡当年。由于瑞典实行的是弹性退休年龄，60 岁之后的参保者既有经济活动人口，又包括退休者，为了保证同一年龄群组的上述两类参保者获得继承所得的公平性，继承所得的分配规则在参保者 60 岁时发生了改变。这样，60 岁的参保者可获得双份继承所得收入。瑞典 2008 年和 2009 年 NDC 制度继承所得的产生额和分配额如表 4-6 所示。

继承所得产生额即死亡参保者的养老金名义积累总额，继承所得的分配根据继承所得因子给予幸存者的养老金名义积累总额

一定的增长率加以实现。根据公式（4.5）可知，继承所得的分配
额应该等于继承所得的产生额。2008 年，60 岁以前死亡各年龄群
组的参保者（出生于 1949 年及以后）的养老金名义积累额分别分
配给 2009 年对应的各年龄群组。从表 4 - 6 中可以看出，对于
1949 年及以后出生的参保者而言，2008 年的继承所得产生额与
2009 年的继承所得分配额并不相同，其主要原因在于税收评估变
化所导致的养老金名义积累余额的改变。由于参保者 60 岁及以后
所产生的继承所得当年分配，对于 60 岁及以后的各年龄群组
（1948 年以及之前出生）的参保者而言，继承所得的分配额并非实
际产生额，而是预期估计值。根据公式（4.6）可知，用以计算继
承所得的继承所得因数是根据瑞典统计部门所提供的死亡率数据
估算得来，因此，表 4 - 6 中 1948 年及之前出生的参保者的继承所
得产生额和分配额存在差别。可以看出，继承所得体现了同一年
龄群组内死亡者和幸存者之间的再分配，有利于提升瑞典 NDC 养
老金计划的公平性[①]。

表 4 - 6   瑞典 NDC 养老金计划继承所得的产生额与分配额

单位：百万瑞典克朗

出生年度	2008		2009	
	继承所得产生额	继承所得分配额	继承所得产生额	继承所得分配额
1948 年及之前	4205	5459	4615	6129
1949 年及之后	6451	6542	6802	6900
总额	10656	12001	11417	13029

资料来源：Pensionsmyndigheten. Pensionssystemets Årsredovisning 2009，2010。

第三，管理费用。管理费用是决定瑞典名义个人账户名义资
产的关键性因素之一。从参保者开始领取养老金开始，管理费用
每年从养老金余额中扣除。扣除额总量每年会通过养老金余额乘
以管理费用因数计算得出。管理费用因数的计算公式如下：

---

①　杨植强、郭林、丁建定：《瑞典名义账户养老金制度精算要素研究》，《统计与
精算》2012 年第 1 期。

$$Administrative\ Cost\ Factor(t) = 1 - [(B(t) \times A(t) - C(t-1)$$
$$+ F(t-1) \times A(t-1))/PB(t-1)] \tag{4.7}$$

在公式（4.7）中，B（t）指 t 年度预算的管理费用，A（t）代表 t 年度养老金余额的收费比例，C（t-1）表示 t-1 年度养老金余额的扣除总额，F（t-1）指 t-1 年实际管理费用，PB（t-1）指 t-1 年度养老金余额总量。t 年度管理费用因数的计算是基于 t 年度预算的管理费用的一定比例，即 A（t）。在 2021 年之前，变量 A 的取值低于 100%。同时，由于 t-1 年的实际管理费用与养老金余额扣除额存在差异，公式（4.7）中包含着对该年管理费用的调整。瑞典 NDC 制度 2008 年和 2009 年的管理费用总额及构成如表 4-7 所示。

表 4-7　瑞典 NDC 养老金制度的管理费用

单位：百万瑞典克朗

费用来源	2008	2009
瑞典社会保险机构	257	544
税收管理及其他部门	353	378
保险管理总费用	610	922
第一国民养老基金	180	191
第二国民养老基金	159	150
第三国民养老基金	137	147
第四国民养老基金	157	174
第六国民养老基金	144	146
第四国民养老基金的特殊管理费用	1	0
基金管理总费用	778	808
总费用	1388	1730

资料来源：Pensionsmyndigheten, Pensionssystemets Årsredovisning 2009, 2010。

　管理费用的精算对准确把握瑞典 NDC 养老金计划的资产具有重要意义。如果忽略了管理费用，则会盲目夸大 NDC 计划的资产数额，高估下述的平衡比率，从而影响自动平衡机制作用的准确发挥，给制度的可持续运行埋下隐患。此外，通过扣除精算所得的管理费用所计算的参保者养老金水平充分考虑到了 NDC 制度的财政承受能力，这有利于实现 NDC 计划的财务可持续性。

第四，平衡比率。平衡比率是瑞典 NDC 养老金计划中的重要组成部分，是自动平衡机制是否激活的标准，决定自动平衡机制激活的时点。平衡比率的计算公式为：

$$BR(t+2) = \frac{CA(t) + F(t)}{S(t)} \tag{4.8}$$

$$CA(t) = \overline{C}(t) \times \overline{T}(t) \tag{4.9}$$

$$\overline{C}(t) = \frac{C(t) + C(t-1) + C(t-2)}{3} \times \left[\frac{C(t)}{C(t-3)} \times \frac{CPI(t-3)}{CPI(t)} \right]^{1/3} \times \frac{CPI(t)}{CPI(t-1)} \tag{4.10}$$

$$\overline{T}(t) = median[T(t-1), T(t-2), T(t-3)] \tag{4.11}$$

在公式（4.8）、（4.9）、（4.10）、（4.11）中，t 为年份（变量为流量时）或该年年底（变量为存量时），CA（t）指的是 t 年度供款所形成的资产，F（t）为缓冲基金数额，即 t 年第一、第二、第三、第四和第六国民养老基金资产的市场价值总和，S（t）代表 t 年度 NDC 计划负债额，$\overline{C}$（t）指 t 年向 NDC 制度的平滑供款收入，$\overline{T}$（t）指 t 年度的平滑转换期，C（t）代表 t 年向 NDC 计划的供款，T（t）表示 t 年度的转换期，CPI（t）指的是 t 年度 6 月份的消费价格指数。

$$T(t) = ID(t) + OD(t) \tag{4.12}$$

$$ID(t) = \frac{\sum_{i=16}^{\overline{R}(t)-1} \overline{E}_i(t) \times L_i(t) \times (\overline{R}(t) - i - 0.5)}{\sum_{i=16}^{\overline{R}(t)-1} \overline{E}_i(t) \times L_i(t)} \tag{4.13}$$

$$\overline{E}_i(t) = \frac{\frac{E_i(t)}{N_i(t)} + \frac{E_{i+1}(t)}{N_{i+1}(t)}}{2} \quad i = 16, 17, \cdots, \overline{R}(t) - 2 \tag{4.14}$$

$$\overline{E}_{\overline{R}(t)-1}(t) = \frac{E_{\overline{R}(t)-1}(t)}{N_{\overline{R}(t)-1}(t)} \tag{4.15}$$

$$L_i(t) = L_{i-1}(t) \times h_i(t) \quad i = 17,18,\cdots,\overline{R}(t) - 1; \quad L_{16}(t) = 1$$

$$\text{(4.16)}$$

$$h_i(t) = \frac{N_i(t)}{N_{i-1}(t-1)} \quad i = 17,18,\cdots,\overline{R}(t) - 1 \quad \text{(4.17)}$$

在公式（4.12）、（4.13）、（4.14）、（4.15）、（4.16）、（4.17）中，ID（t）表示在 t 年度的支付期，$E_i(t)$ 代表 i 年龄群组生存者 t 年度向 NDC 计划供款总额，$N_i(t)$ 指 i 年龄群组生存者 t 年向 NDC 制度供款的参保者数量，$L_i(t)$ 是 t 年度 i 年龄群组的人口比例，$h_i(t)$ 代表 t 年度 i 年龄群组人口比例的变化。

$$OD(t) = \frac{\sum_{i=R(t)}^{R(t)} 1.016^{-[i-\overline{R}(t)+0.5]} \times L_i^* \times [i - \overline{R}(t) + 0.5]}{\sum_{i=R(t)}^{R(t)} 1.016^{-[i-\overline{R}(t)+0.5]} \times L_i^*(t)} \quad \text{(4.18)}$$

$$L_i^*(t) = L_{i-1}^*(t) \times he_i(t) \quad L_{60}^*(t) = 1 \quad \text{(4.19)}$$

$$he_i(t) = \frac{P_i(t)}{P_i(t) + Pd_i(t) + 2 \times Pd_i^*(t)} \quad i = 61,62,\cdots,R(t) \quad \text{(4.20)}$$

$$\overline{R}(t) = \frac{\sum_{i=61}^{R^*(t)} P_i^*(t) \times G_i(t) \times i}{\sum_{i=61}^{R^*(t)} P_i^*(t) \times G_i(t)} \quad \text{(4.21)}$$

在公式（4.18）、（4.19）、（4.20）中，OD（t）表示 t 年度的支付期，R（t）代表 t 年度领取养老金的最老年龄群组，$P_i(t)$ 指 t 年度 9 月份向 i 年龄群组支付的养老金总额，$Pd_i(t)$ 代表 i 年龄群组中，在 t-1 年 12 月份但不在 t 年的 12 月份领取养老金者所领取的最近月度养老金总额，$Pd_i^*(t)$ 代表 i 年龄群组中，在 t 年度允许领取养老金但在 t 年 12 月份并未获得养老金者所领取的最近月度养老金总额。$L_i^*(t)$ 表示 t 年度仍向 i 年龄群组支付养老金的比例，he_i 指 t 年度因死亡向 i 年龄群组支付的养老金的变化。

在公式（4.21）中，$\overline{R}(t)$ 代表平均退休年龄，i 表示参保者年终的年龄，$R^*(t)$ 指 t 年度允许领取养老金的最老年龄群组，$P_i^*(t)$ 表示 t 年度 i 年龄群组允许领取的月度养老金总额，$G_i(t)$

代表 i 年龄群组在 t 年度的年金除数[①]。

$$S(t) = AD(t) + DD(t) \tag{4.22}$$

$$AD(t) = K(t) + E(t) + ATP(t) \tag{4.23}$$

$$DD(t) = \sum_{i=61}^{R(t)} P_i(t) \times 12 \times \left[\frac{Ge_i(t) + Ge_i(t-1) + Ge_i(t-2)}{3} \right] \tag{4.24}$$

$$Ge_i(t) = \frac{\sum_{j=i}^{R(t)} \frac{1}{2} \times \left[L_j^*(t) + L_{j+1}^*(t) \right] \times 1.016^{i-j-1}}{L_i^*(t)}$$

$$i = 61, 62, \cdots, R(t)$$

$$L_{R(t)+1}^* = 0 \tag{4.25}$$

在公式 (4.22)、(4.23)、(4.24)、(4.25) 中, S (t) 表示 t 年度的 NDC 养老金债务额, AD (t) 代表 t 年度对经济活动人口的养老金债务, DD (t) 是指 t 年度对退休者的养老金债务, K (t) 为 t 年度根据旧收入关联型养老金制度法案计算的养老金余额, E (t) 为 t 年度 NDC 制度的养老金估计额, ATP (t) 指的是 t 年度尚未领取 ATP 养老金制度的国民应领取的 ATP 养老金估计额, Ge_i (t) 代表 t 年度 i 年龄群组的经济年金除数。

通过上述一系列公式, 可以计算出瑞典 NDC 养老金计划的平衡比率, 2002—2009 年的资产、负债和平衡比率如表 4 - 8 所示。

精确平衡比率的获得对于瑞典 NDC 制度具有重要的意义。一方面, 它为 NDC 计划的自动平衡机制激活与否建立了标准。如果平衡比率大于 1, 资产大于负债; 如果平衡比率小于 1, 即负债大于资产, 自动平衡机制则启动[②], 推动 NDC 养老金制度实现财务平衡。从表 4 - 8 可看出, 由于 2008 年的平衡比率为 0.9672, 自动平衡机制激活。另一方面, 通过计算平衡比率, 既可计算瑞典 NDC 制度的资产负债比, 又可在计算过程中获得其资产总额和负

---

① 年金除数的详述请见下文。

② O. Settergren, "Financial and Inter-generational Balance? An Introduction to How the Swedish Pension System Manages Conflicting Ambitions," *Scandinavian Insurance Quarterly* 2 (2003).

债总额，从而全面把握制度的财务状况，发挥预警机制的作用。

表 4 - 8 瑞典 NDC 制度的资产、负债和平衡比率

单位：十亿瑞典克朗

年份 财务要素	2009	2008	2007	2006	2005	2004	2003	2002
缓冲基金	827	707	898	858	769	646	577	488
供款资产	6362	6477	6116	5945	5712	5607	5465	5301
总资产	7189	7184	7014	6803	6490	6253	6042	5789
养老金债务	7512	7428	6996	6703	6461	6244	5984	5729
差额	-323	-243	18	100	28	9	58	60
平衡比率	0.9570	0.9672	1.0026	1.0149	1.0044	1.0014	1.0097	1.0105

资料来源：Pensionsmyndigheten，Pensionssystemets Årsredovisning 2009，2010。

第五，自动平衡机制。在一定的人口和经济条件下，以收入指数衡量名义个人账户的记账利率会使得 NDC 制度面临入不敷出的困境，这给保持供款率稳定带来了极大的压力。为了实现供款率保持16%的水平，瑞典建立了自动平衡机制。如上所述，当平衡比率小于1时，自动平衡机制被激活。此时，名义个人账户的记账利率不再是公式（4.3）中的 RR，而是用平衡指数进行衡量。平衡指数的值由收入指数和平衡比率决定，其计算公式为：

$$RR_s + 1 = Blance\ Index(t) = I(t) \times BR(t) \tag{4.26}$$

$$Balance\ Index(t+1) = Balance\ Index(t) \times [I(t+1)/I(t)] \times BR(t+1)$$
$$= I(t+1) \times BR(t) \times BR(t+1) \tag{4.27}$$

在公式（4.26）和（4.27）中，RR_s 表示自动平衡机制发挥作用期间名义个人账户的记账利率，t 表示年份，Balance Index 代表平衡指数，I 代表收入指数，BR 代表平衡比率。例如，如果平衡比率从1.00降至0.98，那么自动平衡机制开始发挥作用。与此同时，收入指数从100%上升至106%，但名义个人账户的记账利率不是6%，而是 RR_s，即3.88%。

在自动平衡机制发挥作用期间，如果平衡比率超过1，那么名

义个人账户的养老金的记账利率则会高于单独由收入指数决定的记账利率。当平衡指数等于收入指数时，自动平衡机制停止发挥作用，名义个人账户的记账利率由收入指数决定。自动平衡机制的原理如图 4－5 所示。

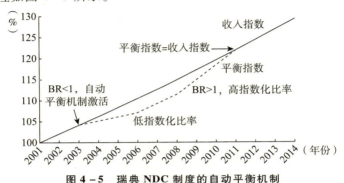

图 4－5　瑞典 NDC 制度的自动平衡机制
资料来源：Pensionsmyndigheten，Pensionssystemets Årsredovisning 2009，2010。

自动平衡机制是瑞典 NDC 计划能够实现财务平衡的关键因素。它使用平衡指数代替收入指数作为衡量名义个人账户记账利率的标准。当平衡比率低于 1 时，制度处于财务不平衡状态，负债大于资产，自动平衡机制会发生作用，此时，收入指数与记账利率联动的机制会被临时搁置，记账利率将被缩减，处于工作期的经济活动人口所获得的养老金权益和退休者的年金会相应减少，以使制度趋向财务平衡①。

第六，年金除数。年金除数是计算 NDC 计划养老金的重要工具。在参保者退休时，瑞典 NDC 养老金制度通过将养老金名义账户的名义积累额除以年金除数得到参保者应获得的养老金。年金除数的计算公式和 1938—1945 年出生年龄群组的年金除数如公式（4.28）和表 4－9 所示：

$$Annuity\ Divisors_i = \frac{1}{12L_i} \sum_{k=i}^{r} \sum_{X=0}^{11} \left[L_k + (L_{k+1} - L_k) \frac{X}{12} \right] (1.016)^{-(k-i)} (1.016)^{-X/12}$$

$$i = 61, 62, \cdots, r$$

---

① 养老金的指数化比率详见下文。

$$X = 0,1,2,3,\cdots 11 \tag{4.28}$$

表 4 - 9 瑞典 NDC 养老金计划的年金除数

出生年份 \ 年龄	61	62	63	64	65	66	67	68	69	70
1938	17.87	17.29	16.71	16.13	15.56	14.99	14.42	13.84	13.27	12.71
1939	17.94	17.36	16.78	16.19	15.62	15.04	14.47	13.89	13.32	12.76
1940	18.02	17.44	16.86	16.27	15.69	15.11	14.54	13.96	13.39	12.82
1941	18.14	17.56	16.98	16.39	15.81	15.23	14.65	14.08	13.50	12.94
1942	18.23	17.65	17.06	16.48	15.89	15.31	14.74	14.16	13.59	13.02
1943	18.33	17.75	17.16	16.58	15.99	15.41	14.84	14.26	13.68	13.11
1944	18.44	17.86	17.28	16.70	16.11	15.54	14.96	14.38	13.8	13.23
1945	18.55	17.96	17.38	16.80	16.22	15.64	15.07	14.48	13.91	13.33

资料来源：Pensionsmyndigheten, Pensionssystemets Årsredovisning 2009, 2010。

在公式（4.28）中，k - i 表示退休年数，X 表示月份，L_i 指年龄群组 i 中每 100000 出生人口中的幸存者数量。不同年龄群组的年金除数不同，既反映了参保者开始领取退休金时的预期余命，也体现了提前计入养老金价值的 1.6% 的利率的影响。收入指数是瑞典 NDC 养老金制度支付环节中最为关键的精算要素。它考虑到了参保者退休时的预期寿命，同时 1.6% 的利率使得年金除数的数值小于预期余命的数值，并促使初始养老金水平高于仅仅根据预期余命计算的水平。

由于年金除数中已经预先计入了 1.6% 的收益率，按年金除数计算获得养老金的收益率即指数化比率不再是收入指数所衡量的记账利率，即公式（4.3）中的 RR，而是调整率，其计算公式如下：

$$IR(t) = I(t) - I(t-1) - 1.6\% \tag{4.29}$$

在公式（4.29）中，t 为年份，I 为收入指数，IR 为调整率。例如，如果平均收入增长率大于通货膨胀率的数值正好等于 1.6%，那么根据年金除数计算的养老金收入将不会进行调整；如果平均收入增长率大于通货膨胀率的数值为 2.0%，那么根据年金除数计算的养老金收入则增长 0.4%。当自动平衡机制发挥作用时，平衡指数将会代替公式（4.29）中的收入指数 I 计算调整率，发挥指数化养老金的作用。

瑞典 NDC 养老金支付阶段的养老金指数化比率与名义资金积累阶段收入指数所决定的记账利率和自动平衡机制发挥作用期间平衡指数所决定的记账利率是一脉相承的，三者均有利于瑞典国民共享瑞典国民经济发展成果。

上文对瑞典 NDC 养老金制度的运行机制进行了分析，可以看出，精算要素贯穿于 NDC 计划供款和待遇支付的各个环节，且各精算要素紧密相关，凸显了制度的准精算性，对瑞典 NDC 养老金计划产生了重要的影响。[①]

（三）FDC 养老金制度运行机理

瑞典 FDC 养老金制度的运行机理如图 4 - 6 所示。如上所述，参保者和雇主向 FDC 制度的供款率为 2.5%。在税收评估完成之前，FDC 个人账户的资金积累由 PPM 购买有息资产进行投资。当 PPM 确定参保者个人账户上的养老金信用之后，则购买参保者个人所选择的基金进行投资。如果参保者并未自行做出投资选择，其个人账户积累额则按缺省储蓄基金的方案进行投资。到 2009 年年底，可供参保者进行投资选择的基金数为 777 个，这些基金共由 88 名基金经理进行管理。FDC 养老金制度投资的基金类型和投资收益如表 4 - 10 和图 4 - 7 所示。

收入→养老金供款 = 养老金信用

养老金信用 + 投资收益 + 继承所得 - 管理费用 = 养老金账户实账积累额

（养老金账户积累额/年金除数） × （1 + 调整率） = 月度养老金额

图 4 - 6 瑞典 FDC 养老金计划运行机理

---

① 杨植强、郭林、丁建定：《瑞典名义账户养老金制度精算要素研究》，《统计与精算》2012 年第 1 期。

表 4 – 10　瑞典 FDC 投资基金概况

单位：十亿瑞典克朗

	注册基金数量 （单位：个）	所管理的养老金资本 （2009 年 12 月 31 日）				
年份	2009	2009	2008	2007	2006	2005
股权基金	576	179	105	163	141	99
混合基金	53	12	10	10	9	7
通用基金	36	38	29	35	31	23
利息基金	111	21	24	13	7	5
缺省基金	1	90	63	87	79	58
合计	777	340	231	308	267	192

资料来源：Pensionsmyndigheten, Pensionssystemets Årsredovisning 2009, 2010。

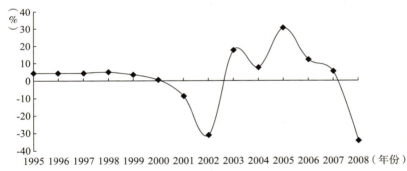

图 4 – 7　1995—2008 年瑞典 FDC 养老金制度的投资收益率
资料来源：根据 WDI 数据整理计算所得。

　　同 NDC 制度一样，瑞典 FDC 养老金计划亦包括继承所得、管理费用、年金除数等要素，但其精算公式不同。瑞典 FDC 养老金制度的管理费用扣除从参保者开始领取养老金时启动，2009 年年底的水平大约为每年 0.50%，未来 31 年的水平预计平均每年 0.25%。按照 0.25% 的水平计算，管理费用会减少一个参保者大约 7.50% 的养老金。FDC 养老金的领取可采取两种方式：一是传统保险；二是基金保险。不管采取哪种方式，参保者养老金的计算均为其个人账户积累额除以年金除数。但与 NDC 制度不同的是，FDC 的年金除数是基于预测的平均寿命数据加以计算的。在养老金指数化规则方面，扣除 PPM 的管理费用后，传统保险的收益率为 2.20%，基金保险的收益率为 3.90%。

以传统保险的方式支付养老金表现为月度名义保证生命年金。其计算过程如下：PPM 出卖参保者养老金信用的投资基金份额，并承担相关的责任和金融风险，而养老金则按一个根据当时状况推算的收益率加以计算。如果参保者个人选择以传统保险的形式获得其养老金，那么每年养老金的领取额要重新计算。如若传统生命保险运行状况比确定保证收益时更加良好，那么退休者的养老金会由于贴现而更多。以基金保险支付养老金意味着参保者积累的养老金资产仍然分布在参保者所选择的 PPM 基金中，FDC 养老金每年 12 月根据投资基金的价值进行计算。在下一年的每一个月，足够份额的基金资产卖出以支付养老金。如果参保者所投资的基金份额增加，则卖出的基金份额减少；反之亦然。可以看出，投资基金份额价值的变化影响到了以后年度 FDC 养老金的数量。此外，FDC 养老金包含有幸存者收益，只要夫妇或共同居住者中的一方未亡，FDC 制度就要向他们支付幸存者年金。如果参保者选择了幸存年金，那么其月度养老金会较低。

计算年度 FDC 养老金的过程是将 FDC 账户所积累的资金额除以年金除数。年金除数的计算公式如下：

$$Ad_x = \int_0^\infty e^{-\delta t} \frac{l(x+t)}{l(x)} \, dt \tag{4.30}$$

$$l(x) = e^{-\int_0^x \mu(t)\,dt} \tag{4.31}$$

$$\mu(x) = a + be^{cx} \tag{4.32}$$

公式 (4.30)、(4.31)、(4.32) 适用于单一保障者养老金，而非幸存年金的计算。其中，x 为退休年龄，l(x) 为生存函数，其值相当于名义账户年金除数计算公式（公式 4.28）中的 L，μ(x) 为死亡函数，亦称为 Makeham 公式，用以计算一年内的死亡风险，a、b、c 的值根据瑞典统计部门预测的出生于 1943 年的群组在 2006—2050 年的预期余命来设定。出生于 1943 年的年龄群组在 2007—2009 年接近 65 岁。在计算传统保险保证养老金的过程中，所使用的死亡率较低，其目的在于用保守的方式来确保制度的稳定运行①。

从 2007 年 4 月 1 日起，计入基金保险的收益率 δ 在扣除管理费用之前为 4%，而采取传统保险方式的收益率为 2.3%。事实上，在传统保险方式下，用于计算保证部分的收益率都较高。从 2008 年 4 月 1 日开始，瑞典基于流动性财政债券和政府公债的市场利率来计算精算基金（FTA）。在这个计算过程中，利率的选择还要减去 0.1%，以支付 PPM 的运行费用。如果采取基金保险的方式来领取养老金，那么养老金债务等于所有资产的价值，而后者则等于所有基金投资的总价值。因此，在基金保险方式下，年金除数的改变并不会影响养老金债务。而在传统保险的情况下，养老金债务等于 FTA，即每项保障金额乘以年金除数。在计算 FTA 的过程中，男女所适用的死亡率并不相同。因此，如果采用较低的死亡率和收益率，那么 FTA 将会增加。

瑞典 FDC 养老金制度继承所得是根据幸存者 FDC 养老基金的一定比例来计算的。这个比例根据一年死亡风险即一年内死亡的可能性来确定。无论是对经济活动人口，还是已退休的人口，其 FDC 退休所得每年分配一次。t 年度的死亡风险根据 Makeham 公式计算，公式中 a、b、c 的值由同一年龄群组中 t－1 年死亡参保者的养老基金额与同年幸存参保者的养老基金额的关系决定。用以计算 t 年继承所得的养老基金额是 t－1 年 12 月 31 日的 FDC 账户积累额。需要指出的是，继承所得并不会对养老金债务规模有影响，因为死亡者的养老金资本被所分配的继承所得抵销。

（四）保证养老金运行机理

一个人 25 岁以后在瑞典居住至少 40 年方可获得全额保证养老金。保证养老金的领取时间为国民 65 岁之后。2008 年，独身者和

---

① A. Sunden, "How Do Individual Accounts Work in the Swedish Pension," An Issue in Brief Center for Retirement Research at Boston College, 2004, 22.

非独身者可领取的保证养老金最大数额分别为每月 7278 瑞典克朗
（价格关联基数的 2.13 倍）和 6492 瑞典克朗（价格关联基数的
1.90 倍）。独身者的保证养老金的计算公式如下：

$$GP = 2.13pba - IP \quad (FDCP + NDCP \leqslant 1.26pba) \tag{4.33}$$

$$GP = 0.87pba - 0.48(IP - 1.26pba) \quad (FDCP + NDCP > 1.26pba) \tag{4.34}$$

在公式（4.33）和公式（4.34）中，GP 为保证养老金，pba
为价格关联基数，它每年根据消费者价格指数进行调整，2008 年
为 41000 瑞典克朗，IP 为参保者收入关联型养老金，包括 NDC、
FDC 以及旧制度下的 ATP 养老金。例如，如果单身者收入关联型
养老金之和为 2.26pba，那么根据上述公式，他可获得的保证养老
金和公共养老金总和分别为 0.39pba 和 2.65pba。上述公式中所反映
的收入关联型养老金和保证养老金之间的关系可产生 100% 和 52%
的激励参保者达到 1.26pba 和 1.26pba—2.13pba 养老金的边际效用。
2009 年保证养老金与收入关联型养老金的关系如图 4－8 所示。

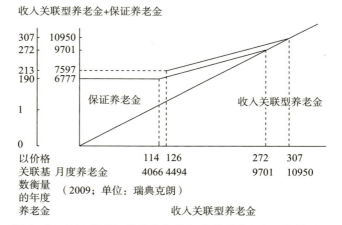

图 4－8 2009 年保证养老金与收入关联型养老金之间的关系
资料来源：Pensionsmyndigheten. Pensionssystemets Årsredovisning 2009, 2010。

此外，由于 1938 年以前出生的人并未向 NDC 和 FDC 制度供
款，因此他们仍然按旧制度的规定享受 ATP 养老金。1938—1953
年的参保者向养老金制度的供款期间包括旧制度向新制度的转型，

因此他们的养老金一部分来源于 ATP 制度，另一部分来源于 NDC 和 FDC 制度。1938 年和 1939 年出生的参保者分别领取他们 ATP 养老金的 80% 和 75%。1954 年以及以后出生的参保者则按新制度的规定享受养老金待遇。当参保者个人达到 65 岁之后，其 ATP 养老金待遇的调整规则与 NDC 制度一致，但 65 岁之前所领取的养老金调整规则仍为价格指数化①。

三　瑞典新公共养老金制度的改革效应

本部分从效率和公平两个维度考察瑞典新公共养老金制度的效应。其中，衡量效率的指标为财务稳定性、储蓄和劳动力供给，即衡量新公共养老金制度的财务稳定性、对储蓄和劳动力供给的影响；衡量公平的指标为再分配，即评价瑞典新公共养老金制度的再分配效果。

（一）财务稳定性效应

从上述分析可以看出，瑞典 NDC 制度的运行机制的突出特点是注重制度的精算性，这有力地保证了瑞典 NDC 制度的财务稳定性。继承所得提高了养老金供款的使用效率；管理费用的精算有利于把握制度的成本；平衡比率既是自动平衡机制激活与否的标准，又能发挥预警作用；自动平衡机制可在平衡比率小于 1 时自动激活，用平衡指数衡量的记账利率代替收入指数衡量的记账利率，推动 NDC 制度的资产和负债趋向平衡；年金除数为科学计算养老金奠定了基础，是瑞典 NDC 制度中不可或缺的组成部分。这都为维护养老金制度的财务稳定性和提高制度效率做出了巨大的贡献。同样，FDC 制度亦为准精算型制度，通过继承所得、年金除数等精算要素为实现制度的财务平衡奠定了基础。

但是，瑞典名义账户制的供款率固定，因此决定制度长期财

---

① 郭林：《瑞典公共养老金制度的改革与发展》，《学习时报》2014 年 5 月 26 日第 2 版。

务平衡的主要因素为计入名义个人账户的收益率，这意味着名义账户制计划将旧制度下由未来人口所承担的融资风险转移至当代人。当财务出现不平衡状况时，自动平衡机制会激活，但是这个过程并不区分暂时经济低迷所引起的财务不平衡与更加不乐观的经济和人口发展所引起的财务不平衡。因此，自动平衡机制很可能在没有必要发挥作用的时候被激活。

（二） 储蓄和劳动力供给效应

瑞典旧公共养老金制度的构成为基本养老金、ATP 制度，新公共养老金制度的构成为保证养老金、NDC 和 FDC。旧公共养老金制度可看作非精算型的现收现付制度。而新公共养老金制度的财务模式则可从两个角度分析：一是将其视为部分积累制；二是考虑到 FDC 制度仅占瑞典新公共养老金制度很小的比例，亦可将瑞典新公共养老金制度看作现收现付型计划。

从非精算型的现收现付制度向精算型的现收现付制或精算型基金积累制转变会对一国或一地区的储蓄和劳动力供给产生影响，分析过程如下。

假定所有的人被同一现收现付养老金制度覆盖，每天出生新的一代，且每代人口生命周期为两个期间。个人在第一个期间仅仅工作，其工资率为 w_t，劳动供给量为 f_t，向养老金制度的供款率为 j_t，养老金水平为 b_t。在上述假设条件下，制度的收益率 R 的计算公式如下：

$$1 + R = b_t \times w_t \times f_t \qquad (4.35)$$

将 n_t 定义 t 代的人数，如果养老金制度要实现财务平衡，需要公式 （4.36） 得以成立：

$$n_t \times b_t = j_{t+1} \times n_{t+1} \times w_{t+1} \times f_{t+1} \qquad (4.36)$$

则

$$b_t = (j_{t+1} \times n_{t+1} \times w_{t+1} \times f_{t+1}) / n_t \qquad (4.37)$$

将上式代入公式 （4.35），得到下式：

$$1 + R = (j_{t+1}/j_t) \times [(n_{t+1} \times w_{t+1} \times f_{t+1})/(n_t \times w_t \times f_t)]$$
$$= (j_{t+1}/j_t) \times (1 + G_{t+1}) \qquad (4.38)$$

可以看出，G_{t+1} 为工资收入增长率。如果供款率不变，那么收益率显然为 G_{t+1}[①]。下面可获得个人的预算约束如下式：

$$c_t^2 = [y_t(1-j) - c_t^1](1+R) + b_t \qquad (4.39)$$

其中，c_t^1 和 c_t^2 分别指 t 代个人在期间 1 和期间 2 的消费，y_t 为个人收入，R 为实际利率。从上述分析可知，瑞典旧公共养老金制度是一种重视养老金水平的非精算型现收现付制度[②]，结合公式（4.39），可得其劳动的有效边际税率为 j。如果养老金制度为重视供款率的准精算型制度[③]，则 b_t 等于 $(1 + G) jy_t$，代入公式（4.39）可得：

$$c_t^2 = \left[y_t \left(1 - j\frac{R-G}{1+R} - c_t^1 \right) \right](1+R) \qquad (4.40)$$

上式表明，准精算型现收现付制的有效劳动边际税率为 j（R - G）/（1 + R），其小于非精算型制度下的有效劳动边际税率。如果养老金制度为准精算型的基金积累制，那么 b_t 等于 $(1 + R) jy_t$，代入公式（4.39）得：

$$c_t^2 = (y_t - c_t^1)(1+R) \qquad (4.41)$$

从公式（4.41）可以看出，准精算型基金积累制的有效劳动边际税率为零。如果将瑞典新公共养老金制度看作部分积累制，其有效劳动边际税率大于零但小于准精算型现收现付制的有效劳动边际税率，即 j（R - G）/（1 + R），更小于非精算型现收现付制下的有效劳动边际税率。如果将瑞典新公共养老金制度看作现收现付型计划。此时，制度的有效边际税率为 j（R - G）/（1 + R），小于旧制度下的有效边际税率。

[①]　丁建定、郭林：《我国企业职工基本养老金调整机制：变迁、问题与优化》，《保险研究》2011 年第 9 期。

[②]　待遇确定型（DB）制度。

[③]　缴费确定型（DC）制度。

假定闲暇为一种普通商品，劳动边际税率的减少意味着闲暇的机会成本相对上升，所以劳动者倾向于工作，而放弃闲暇，即替代效应；从收入效应角度分析，有效劳动边际税率的减少使得劳动者感觉更加富裕，从而偏好闲暇。如果替代效应大于收入效应，那么劳动力供给则增加。因此，从理论层面分析，瑞典从非精算型现收现付制度向准精算型的现收现付制转换并不会对储蓄产生直接影响。但是，如果有效劳动力边际税率减少使得劳动力供给增加从而带来收入增加，那么储蓄可间接增加。

（三）再分配效应

瑞典新公共养老金制度存在若干再分配要素，这有利于提升制度的公平性。尽管瑞典 NDC 养老金制度缺乏传统现收现付制的再分配，但是，名义个人账户记账利率、自动平衡机制发挥作用期间的记账利率和养老金的指数化比率即调整率使得瑞典国民能够在一定程度上享受到国民经济发展的成果，有利于促进代际之间的公平性；继承所得体现了瑞典 NDC 与 FDC 养老金制度中同一年龄群组参保者之间的互助共济性。

尽管瑞典新公共养老金制度加强了缴费与养老金收益之间的联系，但是对于低收入参保者而言，这种联系由于保证养老金的作用而被淡化。保证养老金的筹资来源为一般性税收，体现了大范围的互助共济，提升了制度的公平性。从上述保证养老金与收入关联型养老金制度的关系可以得出，保证养老金的运行机制体现了养老金从高收入者向低收入者的转移。

20 世纪 90 年代，瑞典对其旧公共养老金制度的弊端进行了较为充分的探讨和较为有效的改革。在改革过程中，特定的人口背景、经济背景和政治背景既要求瑞典对其公共养老金制度进行大刀阔斧的改革，又是其新公共养老金制度保持科学性的重要依据。在瑞典新公共养老金制度中，处于主体地位的 NDC、处于补充地位的 FDC 以及处于基础地位的保证养老金既分别有序运行，又通过收入关联型制度与非收入关联型制度的联系实现了互动配合。从理论层面分析，瑞典新公共养老金制度在公平和效率两个维度上积极效应和消极效应并存。总体而言，瑞典新公共养老金制度能够实现财务平衡，并可保持一定水平的再分配，但对储蓄和劳动力供给的影响不明显。

四　意大利名义账户制养老金计划的建立与发展

（一）意大利养老金制度的改革历程

在 20 世纪 50 年代到 60 年代，意大利福利国家经历了一个膨胀阶段。但是，从 20 世纪 70 年代后半期开始，经济危机和财政压力迫使意大利压缩其福利支出。尽管如此，在 20 世纪 80 年代，意大利几乎没有采取措施压制包括养老金支出在内的社会福利支出增长。面对人口老龄化给养老金制度带来的压力，意大利仅仅采取了低效率的削减养老金支出的措施，并没有实施结构性的改革对养老金制度进行调整，这导致了经济危机的进一步加剧。意大利养老金支出占 GDP 的比重从 1960 年的 5.0% 上升到了 1992 年的 14.9%①。私人部门养老金制度的缴费率将从 1995 年的 44.0% 上升到 2025 年的 60.0%②。养老金制度的支出膨胀很可能导致意大利公共财政的全面失衡。此外，意大利养老金制度呈碎片化状况，各制度依自己规则运行，不利于劳动力在各个部门，尤其是在公共部门和私人部门之间的流动。

在 20 世纪 90 年代早期，《马斯特里赫特条约》要求通过改革经济和社会政策来恢复公共财政的活力。改革的国际压力与由腐败调查等引起的第一共和危机所带来的政治变动交织在一起。国内政治制度的急剧转型与国际经济发展状况要求政治家必须改变他们的策略，实施更加重要的社会政策改革。

---

① R. Bottazzi, T. Jappelli, M. Padula, "The Portfolio Effect of Pension Reforms: Evidence from Italy," *Journal of Pension Economics and Finance* 1 (2011).

② R. Magnani, "A General Equilibrium Evaluation of the Sustainability of the New Pension Reform in Italy," *Research in Economics* 65 (2011).

在 20 世纪 90 年代早期，新的养老金制度改革建议开始在国会进行探讨，这些措施的目标是通过提高退休年龄和削减养老金收益，恢复养老金制度的财务稳定性，优化养老金制度。意大利在 1992 年、1995 年、1997 年实施了三次重要的养老金制度改革。

在 1992 年，阿马托政府（1992—1993）对养老金制度实施了参量改革，抑制养老金支出的膨胀。这些措施包括：将获得养老金资格的最低缴费年限由 15 年提高为 20 年；男性退休年龄从 60 岁提高到 65 岁，女性退休年龄从 55 岁提高到 60 岁；计算养老金收入的工资标准由退休前 5 年平均工资调整为退休前 10 年的平均工资（对于新参加工作的劳动者而言，这一标准设定为参保者整个缴费期间的工资水平）；逐步提高能获得提前退休资格者的缴费年限至 36 年，适用这一标准的群体包括公务员，改革之前，他们仅需缴费 20 年就可提前退休。

尽管实施了上述改革，但公共财政危机、继续上扬的养老金支出额使得经济合作与发展组织、国际货币基金组织、欧盟等国际组织认为迪尼政府（1995—1996）应该采取进一步的改革措施，以促进养老金制度的发展。1995 年 5 月，第二次养老金制度改革获得批准。其措施如下：养老金计算公式由收入关联型转变为缴费关联型，并于 2013 年正式实施；引入弹性退休，年龄为 57—65 岁；开始领取特权养老金的年龄为 57 岁，于 2008 年开始正式实施；建立与收入相联系的生存年金；严格伤残年金和养老金的领取资格；提高缴费率，并通过强制性要求自雇者参加养老保险以扩大制度覆盖面。1995 年改革的最主要内容之一是养老金制度由 DB 向 DC 转换，即实施名义账户制，参保者个人名义账户所积累的资金在退休时转化为年金。其目的在于通过增强缴费与养老金待遇之间的联系来增强个人在养老金制度中的责任，稳定养老金支出占 GDP 的比重，缓解劳动力市场扭曲程度。名义账户制的缴费率规定为：雇员为 33%，自雇者为 20%。可以说，在较短的时间内，引入名义账户制是意大利养老金制度一项具有里程碑意义的改革。上述改革历程见表 4 - 11。

表 4-11　1992—1995 年意大利养老金制度改革

制度参量	1992 年之前		1992 年的改革措施		1995 年的改革措施
	私人部门	公共部门	私人部门	公共部门	所有雇员
退休年龄	男性：60 岁 女性：55 岁	65 岁	男性：65 岁 女性：60 岁	65 岁	57 岁 +5 年缴费 65 岁 +40 年缴费
最低缴费年限	15	15	20	—	—
获得特权养老金的缴费条件	满 35 年	满 20 年	满 35 年		废止
获幸存年金的缴费条件	满 5 年		满 5 年		满 5 年
计算养老金所基于的收入	最后 5 年的平均收入	最后 1 年的收入	终生平均收入		终生平均收入
收入上限	无	无	无		每年 68000 欧元
替代率	每年 2.00%	每年 2.33%—1.80%	每年 2.00%		与预期寿命呈负相关，生命周期缴费当前价值的 33%，其反映了名义 GDP 的增长率
收入下限	每年 4150 欧元	无	每年 4150 欧元	无	无
养老金指数化标准	名义工资增长率	名义工资增长率	零售价格增长率		零售价格增长率

资料来源：D. Franco, N. Sartor, "NDCs in Italy: Unsatisfactory Present, Uncertain Future," in R. Holzmann and E. Palmer, eds., *Pension Reform: Issues and Prospects for Non-financial Defined Contribution (NDC) Schemes* (Washington, D. C.: World Bank, 2006)。

　　但是从欧洲货币联盟角度分析，意大利政府财政预算仍面临很大压力。面对这种状况，中左橄榄树联盟执政后，实施了更为综合的养老金制度改革。中左橄榄树联盟执政分为三个阶段，第一个阶段为罗马诺·普罗迪（1996—1998）政府时期；第二个阶段为马西莫·达莱玛（1998—2000）政府时期；第三个阶段为朱利亚诺·阿马托（2000—2001）时期。1997 年，普罗迪政府通过了一项新的养老金制度改革法案，对获得特权养老金的缴费和年龄条件进行了更加严格的规定；减少了公共部门和私营部门雇员养老金制度的缴费和退休年龄差距；增加了自雇者的缴费水平；提高社会养老金和最低养老金的水平，提高对低收入退休者的税收扣除标准。

但是，仅仅稳定意大利养老金支出水平不足以改善意大利福利支出失衡的状况。在 20 世纪 90 年代晚期，尽管经历了上述三次改革，但是意大利仍然是养老金支出占 GDP 比重最高的经济合作与发展组织成员国之一，并且状况愈加恶化。不过无法否认的是，上述三次改革缓解了养老金支出膨胀的规模。如果没有这些改革，意大利养老金支出占 GDP 的比重将会在 2040 年达到顶峰，即 23.2%；而经过改革之后，上述指标将在 2031 年达到顶峰，即 15.9%[①]。此外，1992 年、1995 年和 1997 年的改革在制度的合法性方面取得了突破。但是，在改革过程中，无法避免地出现了政府退让所带来的社会和政治妥协。三次改革均得到了工会和雇主联盟的支持，与贝卢斯科尼政府（1994—1995）的改革受到工会的激烈反对形成鲜明对比。

2001 年 5 月 1 日，中右联盟以绝对优势获得了全国大选的胜利。从 2001 年开始（除了 2006—2008 年的新普罗迪政府时期），中右联盟政府统治意大利。2011 年 10 月，公民投票肯定了国会于 2001 年 3 月通过的制度改革。以 20 世纪 90 年代的法律为基础，此项改革实施了地方分权，中央政府和地方政府权力结构发生了很大的变化。政治改革带来了一系列的劳动力市场和养老金制度改革。

在 2001 年 10 月，政府发布的劳动力市场白皮书体现的并不是 20 世纪 90 年代所体现的集权思想，而是一种新形式的社会对话。在这种劳动力市场结构中，政府与社会主体（工会和企业）的分工一目了然。工会和企业的合作有利于政策设计和实施，但是社会组织之间的妥协不应被看作推行结构性改革的必须条件。

劳动力市场改革中所反映的新思路引起了左翼工会联盟即意

---

① A. Brugiavini, F. Peracchi, "Social Security Wealth and Retirement Decisions in Italy," *Labour* 13（S1）（2003）.

大利总工会的反对。2001 年发布的改革方案在 2003 年才获得通过（Law no. 30/2003），然而政府并没有努力修订关于劳动者地位的法案（第 18 号修订案），这一法案由于事关因不合理原因而遭受解雇的劳动者如何重新回到劳动力市场的问题而具有重要的意义。面对意大利总工会的反对，政府成功将其与其他工会联盟相分离，并在 2002 年签订了一个新的社会合约。但是随后意大利总工会对第 18 号修订案反对的增强和社会发展减少了工会的分化。不过，在 2009—2010 年，政府与社会组织之间的上述类似运动再次发生，这在改革政府与其他工会组织签署的集体协议结构的合约中可以看出。

劳动力市场的冲突不利于实施私营化的养老金制度（第二支柱）改革，也不利于对 20 世纪 90 年代改革形成的养老金制度实行压缩调整。但是，这并没有阻止政府和国会在 2004 年通过一项新的养老金制度改革，这项改革经过 3 年的政策制定过程才得以通过。改革法案的最后版本考虑到了工会组织、企业以及国会部分群体的诉求。对改革的社会共识在 2007 年被中左联盟政府所实施的一定改革加强了。这些改革消除了不同群体退休条件规定的一些不同。这些改革措施被认为对意大利养老金支出在短期和长期内均有显著积极影响。

（二）　意大利名义账户养老金制度改革的效应

意大利名义账户制度缺乏自动稳定机制，其养老金指数化规则是外生的，制度仅仅规定了一般性的条款，要求每 10 年根据人口状况对制度变量进行评估和设定，并没有规定改变变量的精确方法和精算公式。在 1995 年的改革中，意大利养老金制度的指数化规则由工资指数化变更为价格指数化。这固然有利于养老金支出的减少，但是十分不利于均衡缴费率的稳定。意大利初始养老金的计算公式如下式所示：

$$P_t = \beta c W_t \sum_{k=1}^{a} (1 + w)^{k-1} (1 + g)^{a-k} \qquad (4.42)$$

在公式（4.42）中，β 为转化系数，c 为缴费率，W_1 为缴费工资，a 为缴费年限，w 为参保者整个职业生涯年均收入增长率，g 为年均实际 GDP 增长率。转换系数由平均预期寿命和已经计入名义积累额的 1.5% 的收益率决定，其值浮动区间为 4.7%（57 岁退休者）—6.1%（65 岁退休者）[①]。

从公式（4.42）可以看出，预期寿命的提高会导致新养老金制度所提供的待遇降低，但是这个过程是一个长期过程，因为每 10 年对转化系数进行调整的规定创造了一个预期寿命提高所带来养老金水平降低过程的时滞。但总体而言，预期寿命的改变会对制度的财务均衡产生不利影响。可以说，意大利名义账户制比较脆弱，这不仅是因为其名义账户制设计不合理，更为重要的是其不利的人口和经济形势。判断名义账户养老金制度的运行状况需要紧密结合一个国家的具体国情。

与瑞典相比，意大利 NDC 计划的引入过于仓促，改革仅仅在中右翼政府下台后经过一个很短的准备阶段，而中右政府则主张实施参量改革。中左翼政府所实施的 NDC 养老金制度改革并未削减老年工人的旧制度权益，同时也保留了现收现付制度，这在一定程度上降低了工会对改革的反对。意大利养老金制度的 NDC 改革方案仅仅在内阁讨论之后的几个星期之内就通过了立法。改革部门并未发布关于养老金制度改革的方案选择，也没有详细分析 NDC 制度对劳动力市场的影响和养老金领取者将来的经济状况。

改革报告缺乏退休收入替代率降低程度的数据，转换系数事先确定 1.5% 的收益率，并实施了价格指数化规则。改革设定第一次调整转换系数的时间为 2005 年，长期且复杂的过渡安排显然不利于参保者养老权益的维护。更有甚者，计算转换系数的公式从未被公布，这为转换系数的调整带来了很大的问题。

1995 年及以后的改革事实说明，改革者并没有充分理解 NDC

---

① D. Franco, N. Sartor, "NDCs in Italy: Unsatisfactory Present, Uncertain Future," in R. Holzmann and E. Palmer, eds., *Pension Reform: Issues and Prospects for Non-financial Defined Contribution (NDC) Schemes* (Washington, D. C.: World Bank, 2006).

养老金制度的理念和运行机理。一些不合理的因素被引入名义账户的精算模型之中，实际和精算所得的制度缴费率的差距并不是NDC精算模型所应具备的。这种状况在随后的年度也并没有得到更正。2001 年 12 月，新进入劳动力市场雇员的缴费率降低了 3—5个百分点，但是其养老金收益未发生变化，这显然违背了精算原则。在 2004 年，男性的最低退休年龄变更为 65 岁，但是转换系数没有发生改变，这亦不符合精算原则。意大利 NDC 计划信息系统建设相当不完善，参保者尚不知其个人名义账户的积累额①。

总体而言，意大利的 NDC 养老金制度尚未处于完全可操作的境地，亦无法提供预期的微观经济效应，需要进行参量改革，对其规则进行调整，以实现 NDC 计划的可持续发展。对养老金制度改革进行充分探讨之后再确定改革方案，进而有效实施，才是一个理性选择。

从上述分析可以看出，瑞典和意大利均实施了名义账户制，但由于其制度实施的环境和条件不同，制度自身设计的优劣有别，两个国家 NDC 的实施效应大有差别。瑞典由于对 NDC 计划进行了较长时间的探讨，对 NDC 的理念和机制有了较高水平的认识，并做了较为充分的准备，且制度设计体现了准精算原则，符合理论层面的科学要求，其制度实施效果较为理想；而意大利引入 NDC计划较为仓促，缺乏充分的讨论和准备，且其制度设计缺乏科学的精算机制，不符合理论层面的要求，其制度效果较差。一个国家 NDC 计划的设计既要使制度本身具有科学性，又要与其具体国情相适应，还要做好充分的准备，方可实现制度的可持续发展，实现制度的目标。与其盲目引入新制度，不如参量改革旧制度。

① 　D. Franco, N. Sartor, "NDCs in Italy: Unsatisfactory Present, Uncertain Future," in R. Holzmann and E. Palmer, eds., *Pension Reform: Issues and Prospects for Non-financial Defined Contribution (NDC) Schemes* (Washington, D. C.: World Bank, 2006).

第五章　公共养老金个人账户
制度的抉择

——转型国家①的选择

一　转型国家公共养老金个人账户
制度改革的成因

在计划经济时代，转型国家养老金制度实施具有分配性的现收现付制度，当期参保者的养老金缴费进入国家预算，由国家预算安排资金支付当期退休者的养老金。转型国家养老金制度改革的原因包括人口、社会、经济和政治等方面。

平均人口预期寿命的延长与人口老龄化是推动转型国家公共养老金个人账户制改革的重要原因，如表5-1和表5-2所示。

从表5-1可以看出，波兰的男性和女性的平均预期寿命都呈上升趋势，而女性的预期寿命要高于男性。上述状况导致向养老金制度缴费的经济活动人口数量与退休者数量的比值不断下降，波兰在1995年的这一比值为2.17，2005年为2.09，而2015年为1.80②。

---

① 转型国家亦称转轨国家，是指苏联解体后形成的国家和东欧国家。

② Supreme Chamber of Inspection. Informacja o Wynikach Kontroli Realizacji Postanowien'o Organizacji i Funkcjonowaniu Funduszy Emerytalnych. The Supreme Chamber of Inspection Data. , 2002.

表 5 - 1　波兰人口按性别分平均预期寿命

单位：年

	男性		女性	
	1995—2000	2025—2035	1995—2000	2025—2035
世界	63.4	70.7	67.7	75.6
波兰	66.7	72.7	75.7	79.6

资料来源：Demographic Year Book 1999 GUS，Warsaw。

表 5 - 2　中东欧国家人口结构变迁情况

单位：%

国家	60 岁以上人口数占总人口数的比例		非经济活动人口数占经济活动人口数的比例	
	1998	2020	1992	1999
保加利亚	21	28	52	84
捷克	18	27	48	53
爱沙尼亚	19	25	50	62
匈牙利	19	28	48	78
拉脱维亚	20	25	36	75
立陶宛	18	21	49	78
波兰	16	22	42	71
罗马尼亚	16	—	28	58
斯洛伐克	18	26	39	56
斯洛文尼亚	15	22	35	57

资料来源：E. Fultz，M. Ruck，Pension Reform in Central and Eastern Europe：An Update on the Restructuring of National Pension Schemes in Selected Countries（ILO CEET Policy Paper No. 25，Budapest，International Labour Office，2001）。

社会方面的原因是努力建立一个公平的适用所有人群的养老金制度，在这个制度中，并不存在特权群体。在经济和财务方面，旧现收现付制运行效率低下，同时伴随着公共财政危机和预算赤字的不断增加。转型国家需要加强参保者将来所领取的养老金与其在工作期间缴费之间的联系；建立保证养老金支付流动性的机构责任；促进金融市场发展和经济发展，为长期个人养老金计划提供支持。

在社会主义时期，转型国家根据社会平等理念建立了相似的养老金制度，即现收现付制养老金制度，其融资来源为企业的缴费。当时的所有企业均为国有企业，养老金缴费并未与一般性国家预算相区别。尽管一些社会阶层可获得特权养老金，但是整个养老金制度的收益结构较为平缓，即养老金收入差别并不大。大部分国家规定男性退休年龄为 60 岁，女性退休年龄为 55 岁。

转型时期，这些国家旧公共养老金制度的融资来源为国企或私营企业的缴费。但是，20 世纪 90 年代初期向市场经济转变所带来的社会经济变迁给养老金制度带来了巨大压力。第一，大部分转型国家的 GDP 呈下降趋势；第二，经济转型带来了高失业率，而在计划经济时代，这些国家并不存在失业现象；第三，高失业率和提前退休使得经济活动人口数量减少，如表 5 - 2 所示；第四，私营企业的发展给旧的以平等为目标的旧养老金制度带来了压力。私营企业雇员的工资收入较高，他们对养老金供款和收益之间的低关联性不满；而矿工、军人部队等的特权养老金与社会经济转型步伐缺乏协调。改革的呼声与日俱增。

波兰旧养老金制度存在一系列的问题：财务机制不透明；界定养老金受益人的具体法律缺失；缺乏合理的基金筹集机制；缴费和养老金之间缺乏联系；国家预算向养老金制度的财政支持过多；获得养老金权益的标准不够严格；提前退休；特殊部门拥有水平较高的养老金制度；存在未向养老金制度缴费的非法雇员。

在转型国家养老金制度改革过程中，个人账户制度的模式选择与双重支付问题紧密相关。所谓双重支付指的是，在制度转型过程中，工作一代既要通过现收现付制负担当期退休者的养老金，又要通过基金制为他们自己供款。从理论上分析，在养老金制度私营化个人账户制度建立的过程中，转型国家并不存在双重支付的问题。因为这些国家的旧养老金制度的筹资来源仅仅为雇主，这使得第二支柱基金制度的建立较为容易，雇员会认为他们向养老金制度的缴费是为了自己以后获得更高的养老金收益。但是在实际改革历程中，很多转型国家的双重支付问题被创造出来。一些转型国家由于某些因素在实施基金个人账户制的同时，亦建立了名义账户制度，形成了两种个人账户制度并存的局面。

事实上，双重支付问题主要是一个道德公平问题：为什么我要通过旧制度照顾当期退休者的同时，从现在开始为自己将来获取养老金而缴费 20—30 年。此外，世界银行和国际货币基金组织以及各国政治力量在转型国家养老金个人账户制度改革过程中发挥了很大的作用。

二 转型国家公共养老金个人账户制度改革的历程

（一）波兰公共养老金制度的改革历程

在 1989 年之前，波兰经历了经济危机和高通胀，这给国家带来巨大的压力。1989 年，波兰放弃了社会主义制度，许多领域的经济改革迅速展开。在这一过程中，波兰采取了阵痛式改革，快速推行了市场经济改革，而非循序渐进的路径。其经济改革措施主要包括：私营化、关闭低效率的国营企业、自由价格制度、财政补贴削减、工资管制、平衡预算、取消国有企业的贷款优惠。这一系列的措施产生并加剧了失业、短期但程度较深的经济衰退、超高通胀率。正是在这样的经济背景下，转型政府面临实施养老金制度改革的重任。事实上，养老金制度改革只是波兰当时一揽子经济改革政策中的一部分。

在社会经济转型之前，波兰的公共养老金制度的融资来源只有雇主缴费。国家的政策鼓励提前退休，当女性达到 55 岁，且拥有至少 30 年的缴费时即可退休；男性达到 60 岁，且至少拥有 35 年的缴费时即可退休。

退休者可领取的养老金为一个劳动者基本薪水 3000 兹拉第（波兰货币）以内的 100% 加剩余部分的 55%。最低养老金不能低于国家最低平均月收入的 90%。退休者在 1982 年可获得指数化的养老金收益，但是，1983 年所领取的养老金并没有根据生活成本进行调整。在 1989 年，大约有 64% 的退休者属于这个群体①。然而，退休金未进行指数化的最老退休群体的养老金水平，使其面对贫困的侵袭时极具脆弱性。

在经济转型的初期，被解雇的雇员很多选取了提前退休。在经济不景气的背景下，这种策略给退休者和国家均带来了问题。其一，超高通胀率使得养老金领取者更加贫困；其二，失业带来了每个工作者所供养的老年人数量增加，这导致了政府公共养老金支出成倍增加，其占财政收入的比重从 1989 年的 6.6% 增加到 1999 年的 12.6%②。这种状况使得波兰养老金制度改革迫在眉睫。

当时，波兰养老金制度的改革具备如下目标：第一，为在转型中产生的最贫困退休者提供安全网，消除上述旧养老金与当前养老金之间的水平差距；第二，减少雇主的缴费负担，在 1994 年，波兰雇主向养老金制度的缴费率为雇员月总工资额的 48%；第三，减轻劳动力提早退出劳动力市场的刺激。

尽管贫困退休者的境况被 1990 年引入的根据年均国民收入增长率设定的季度指数化规则缓解，但大量的贫困并没有被消除。通过 1991 年的改革，最老与最贫困退休群体的生活水平提高了。改革提高了 80 岁及以上老年人的养老金水平，并建立了水平为国有企业平均工资 10% 的附加收益③。同时，1991 年的法案保留了特殊群体（军人、警察）的特权养老金。这使得这些大部分就业者为男性的特殊群体可获得高额退休收益，且退休年龄较低。可以看出，1990 年和 1991 年法案的主要作用在于提高了最贫困退休者群体的生活水平，由此形成退休者群体阶层，同时，性别不平等的特权养老金制度并没有被消除。

虽然上述措施增加了政府支出，但是其他一些措施却减少了

---

① Help Age International, *Report*: *Survey to Assess the Needs of the Elderly in Katowice and Warsaw* (London, 1993).

② A. M. Zajicek, T. M. Calasanti, E. K. Zajicek, "Pension Reforms and Old People in Poland: An Age, Class, and Gender Lens," *Journal of Aging Studies* 21 (2007).

③ A. M. Zajicek, T. M. Calasanti, E. K. Zajicek, "Pension Reforms and Old People in Poland: An Age, Class, and Gender Lens," *Journal of Aging Studies* 21 (2007).

政府支出。在 1991 年的改革法案中，计算养老金所基于的工资基数年限增加。如果仅仅选择有限年度的工资作为基数，那么所计算的养老金则偏高。因此，上述措施降低了某一年龄群组的养老金水平。此外，1991 年的法案引入了收入审查制度，退休者收入如果在国家平均工资的 60% 以下，则不会受到扣除；如果退休者收入在国家平均工资的 60%—120%，那么超过 60% 的部分会在一定程度上被扣除；如果退休者收入在国家平均工资的 120% 以上，那么 120% 以上的部分会被完全扣除[①]。

1997 年 9 月至 1999 年 12 月，波兰两个管理部门实施了用多样化方式促保障的养老金制度改革。1999 年养老金法案修订目的之一即推迟劳动者退出劳动力市场的时间，减少提前退休的发生，这主要体现在退休收入审查制度的修订方面。

1999 年改革所建立的养老金制度拥有四个方面的目标：第一，将养老金的财务收支制度化，减少政府财政性养老金支出；第二，加强养老金缴费和收益之间的联系，消除群体之间的不平等养老金收益；第三，鼓励参保者更长时间地参与劳动力市场，促进养老金缴费和收益的均衡，其思路在于，通过建立私营养老金账户，并将账户资金投资于资本市场，获得较高的投资收益；第四，通过降低雇主的养老金缴费负担与个人账户基金投资来拉动经济发展。

广义而言，波兰养老金制度改革采纳了世界银行所提出的三支柱模式。但是与世界银行所提出的第一支柱不同的是，波兰的现收现付制度采取了名义账户制。尽管在制度最终形成之前存在很多探讨，但是 NDC 的引入势在必行。与其他转型国家一样，波兰旧养老金制度在社会经济转型中面临不断增长的财务压力。但是，波兰亦面临两个独特的困难。

第一，在 20 世纪 90 年代，波兰政府所面临的财务压力要高于其他转型国家。1988—1993 年，波兰退休支出占 GDP 的比重从

---

① A. M. Zajicek, T. M. Calasanti, E. K. Zajicek, "Pension Reforms and Old People in Poland: An Age, Class, and Gender Lens," *Journal of Aging Studies* 21 (2007).

7.1% 增长到 15.0%①，要高于斯洛文尼亚、拉脱维亚、罗马尼亚等转型国家。波兰政府的自由主义阵痛疗法要求政府对养老金制度实施最低程度的干预。尽管波兰退休支出占 GDP 的比重最高，但是其社会保险预算赤字相对较低。如果政府继续保持对养老金制度的最低干预程度，那么制度的融资负担则落在了雇主的肩上，因为波兰社会保障预算赤字较低的主要原因就是雇主承担了较高的缴费率。到 20 世纪 90 年代初期，雇主的缴费水平为雇员工资的45.0%②，这是转型国家中的最高水平。

第二，20 世纪 90 年代，尽管波兰旧养老金制度面临巨大的财务压力，但其并未面临过于严峻的人口老龄化问题。直到 2010 年，波兰人口年龄结构都比较合理③。因此，其养老金制度所面临的问题是短期的，是由慷慨的养老金、提前退休、阵痛疗法所带来的失业等决定的。如果在 20 世纪 90 年代不进行改革，那么波兰养老金制度必然崩溃。正如玛瑞特和施瓦茨在 1994 年所指出的那样，当时的养老金制度在短期内不具备可持续性④；1995 年，因格洛特认为，包括养老金制度在内的社会保险制度已经给波兰的政治和经济稳定带来了威胁⑤。

20 世纪 90 年代，波兰养老金制度的财务问题是 20 世纪 80 年代晚期和 90 年代初期一系列不负责任的措施所导致的。波兰社会保险基金的财务稳定越发困难，企业缴费率在 1981 年为 25%，

---

① X. Maret, G. Schwartz, "Poland: Social Protection and the Pension System during the Transition," *International Social Security Review* 47 (2) (1994).

② A. Chlon, M. Gora, M. Rutkowski, *Shaping Pension Reform in Poland: Security through Diversity* (World Bank Social Protection Discussion Paper No. 9923, Washington, D. C.: World Bank, 1999).

③ M. Ksiezopolski, Social Security in Poland: The Challenge of the Transformation to a Market Economy, in J. Midgley & M. Tracy, eds., *Challenges to Social Security: An International Exploration*, (Santa Barbara, C. A.: Greenwood, 1996).

④ X. Maret, G. Schwartz, "Poland: Social Protection and the Pension System during the Transition," *International Social Security Review* 47 (2) (1994).

⑤ T. Inglot, "The Politics of Social Policy Reform in Post-communist Poland: Government Responses to the Social Insurance Crisis during 1989 – 1993," *Communist and Post-Communist Studies* 28 (1995).

1987—1989 年为 38%，1990 年为 45%。面对这种紧急状况，波兰
在世界银行的改革报告出版前就对其养老金制度进行了调整。根
据政府的市场经济改革方向，养老金制度改革措施主要表现为简
单的削减待遇水平，但是这一措施在 1994 年被波兰宪法法院宣布
停止。同时，增加雇主的负担和提高政府的补助水平也不能作为
缓解近期压力的有效措施。在这种状况下，将现收现付制的部分
负担从雇主转移给雇员成为一个较为有效的选择。从 20 世纪 90 年
代中期开始，这一改革思路成为波兰大部分官方文件的主题。在
20 世纪 90 年代晚期，波兰政府决定按照世界银行的思路对其养老
金制度进行改革，以获得世界银行的资助，同时将现收现付制度
的部分负担从雇主转移给雇员，如表 5 - 3 所示。从表中可看出，
保加利亚、捷克、罗马尼亚均将其现收现付制中的部分雇主负担
转移给了雇员。但是波兰的转移比例最大，这使得雇员通过较高
水平的缴费率为传统现收现付负担了较多的供款。在这种情况下，
制度转型中的双重支付问题被创造出来。

在制度转型过程中，波兰注重保护旧养老金收益获得者的利
益。强制性地要求 30 岁以下的参保者逐步进入新制度；30—50 岁
的参保者自愿决定是参加 NDC 计划，还是加入 NDC 与 FDC 结合
的制度；50 岁以上的参保者仍保留在旧制度中。同时，政府积极
通告新制度所能实现的养老金水平。

表 5 - 3　转型国家养老金制度的融资来源（1999 年）

单位:%

国家	支柱 1 - 雇主缴费率	支柱 1 - 雇员缴费率	支柱 2 - 雇员缴费率
保加利亚	34.7	1.0	0
捷克	19.5	6.5	0
爱莎尼亚	20.0	0	0
匈牙利	23.0	6.0	1.0
拉脱维亚	23.58	0	9.0
立陶宛	22.5	0	2.5
波兰	16.26	12.2	4.3

国家	支柱 1 - 雇主缴费率	支柱 1 - 雇员缴费率	支柱 2 - 雇员缴费率
罗马尼亚	23.0	5.5	0.0
斯洛伐克	21.6	0	5.9
斯洛文尼亚	15.5	0	0

注：表中数据表示占雇员工资的比例。所有改革国家的制度都包括第三支柱，但是其缴费是自愿的。

资料来源：E. Fultz, M. Ruck, Pension Reform in Central and Eastern Europe: An Update on the Restructuring of National Pension Schemes in Selected Countries (ILO CEET Policy Paper No. 25, Budapest, International Labour Office, 2001).

为了缓解制度转型给当期工作者所带来的负担，波兰决定将私营化养老金支柱的部分收入用以支付转制成本。这一措施使得雇员在第一支柱的缴费水平较低，从而有利于制度转型的顺利实施。同时将传统现收现付制即第一支柱改革为名义账户制度，这缓解了双重支付问题所带来的压力，加强了现收现付制缴费与待遇之间的联系。在典型的三支柱模式下，当期劳动者通过向现收现付制缴费以资助退休者的老年生活，他们同时知道，在人口老龄化背景下，其将来的老年生活主要靠自己的储蓄来支持，这会使得他们不愿意向第一支柱缴费。这反映了第一支柱与第二支柱、工作者和退休者两代人之间的断裂。而 NDC 计划的实施，有利于解决这种断裂问题。在波兰养老金制度改革初期，雇员的缴费率为其工资收入的 16%，一部分进入名义个人账户、一部分进入基金制的个人账户。参保者每年都能收到其两个账户积累额信息的信件。参保者会感觉到他们向第一支柱的缴费与他们未来的养老金紧密相连，增强了其向现收现付制度缴费的积极性。

1999 年的改革主要有两个方面的变化：第一，19.52% 的养老金缴费率在雇主和雇员之间分担；第二，新制度由两部分组成。新旧制度的差异主要是 DB 和 DC 之间的差别。1999 年 1 月已退休者或年龄达到 50 岁者继续参与 1991 年法案所确立的 DB 型养老金制度；在 1999 年 1 月 50 岁以下（即出生于 1948 年 12 月 31 日之后）的参保者从 DC 新制度领取养老金。在新制度中，缴费的一部分在名义账户中记账，资金由 ZUS（Social Insurance Institute）管理；剩余部分进入私营个人账户。在 1999 年，30—50 岁的参保者可在名义账户制与名义账户和基金制个人账户相结合的两种方案中做出参保选择。到 1999 年年底，他们就不能改变他们的选择了。30 岁以下的参保者必须参与名义账户制和基金制个人账户相结合的混合模式。此外，参保者可自愿建立第三个账户，其融资来源可为雇主或个人。高收入劳动者不仅可向强制性的两个账户供款，还可以向第三个自愿性账户缴费，提高其所享受的保障水平。

在 2009 年，基于性别的精算模型应用于调整 NDC 养老金收益。此外，波兰保证参保者至少能获得最低养老金。为了进一步减少养老金支出，波兰在 1999 年的改革法案中规定，最低养老金并不保证保持在平均工资的 35%，而是根据价格增长率加国民工资增长率的 20% 进行调整。最低养老金制度主要保障的是收入最低和雇佣历史短的参保者，尤其是教育水平低下的女性。2007 年的最低养老金水平为最低工资的 30%。到 2035 年，大约 17% 的退休者将会获得最低养老金；随后这一指标将会下降到 7%[①]。

总之，波兰 NDC 计划的实施与两个因素紧密相连。第一，波兰养老金制度改革需要实现短期和中期的可持续性，第一支柱 NDC 计划的实施解决了这一问题。波兰 NDC 计划覆盖了改革之时的所有工作者，这意味着改革之后每年新退休者的养老金收入会按照 NDC 的原则进行计算。波兰 NDC 计划的实施，有利于激励参保者长期停留在劳动力市场中，有利于降低现收现付制度的缴费率。据统计，改革初期，现收现付制度的总缴费率从 45% 降低到 28%，其中 16% 为雇主缴费，12% 为雇员缴费。NDC 计划的实施降低了养老金支出占 GDP 的比重，如表 5 - 4 所示。第二，波兰将现收现付制计划的部分负担转移给了雇员，导致了制度转型过程中双重支付的出现。

---

① A. Chlon-Dominczak, "The Polish Pension Reform of 1999," in E. Fultz, ed., *Pension Reform in Central and Eastern Europe — Vol. 1: Restructuring with Privatization* (*Case Studies of Hungary and Poland*) (Budapest: International Labour Office, 2002).

表 5 - 4 20 世纪 90 年代波兰和拉脱维亚的养老金指数

单位 : %

指数	国家	1991	1992	1993	1994	1995	1996	1997	1998	1999	2000
养老金领取者占劳动者的比例	拉脱维亚	46.4	51.0	55.2	61.2	63.7	65.1	64.0	63.2	63.4	—
	波兰	43.9	47.6	51.1	51.9	51.3	52.3	54.4	56.4	54.5	55.3
养老金支出占 GDP 的比重	拉脱维亚	—	—	9.6	9.8	10.2	10.6	10.4	11.2	12.3	—
	波兰	12.6	14.6	14.2	15.8	15.6	15.2	14.6	14.1	14.1	13.5

注：拉脱维亚于 1996 年实施名义账户制度，波兰于 1997 年实施名义账户制度的改革。

资料来源：拉脱维亚数据来源于 J. Schiff, N. Hobdari, A. Schimmelpfennig, R. Zytek, *Pension Reform in the Baltics*: *Issues and Prospects* (Occasional Paper No. 200, Washington, D. C.: International Monetary Fund, 2000)；波兰数据来自 P. Kurowski, Pension Reform and Private Funds in Poland: Goals and Facts, (Presentation Given at the Forum Discussion Pension Reform and Private Pension Funds in Poland: Any Lessons for Russia?, November 2002).

（二）匈牙利公共养老金制度的改革历程

在转型国家中，匈牙利与波兰具有相似之处。第一，匈牙利和波兰被认为是转型国家中民主化改革最为成功的国家；第二，两个国家开始经济体制改革的时间差别不大，且被认为是转型国家中经济改革最为成功的两个国家。在 20 世纪 90 年代早期，两个国家拥有相似的宏观经济形势。但是，在养老金制度改革方面，与波兰不同，匈牙利完全采取了世界银行所提倡的三支柱模式。

匈牙利养老金制度由于人口老龄化而缺乏长期可持续性。较之波兰，匈牙利的人口老龄化程度更加严重。同时，它亦面临不负责任的立法、失业、经济增长停滞等带来的短期和中期养老金压力。匈牙利政府为了解决长期可持续性问题，采取了基金个人账户制度，这与波兰一致。但是在解决中期养老金制度支付压力方面，匈牙利与波兰所采取的方法不同。在 1992 年，匈牙利引入

了基于工资增长率的指数化规则，1996 年提高了退休年龄。在
1990—1995 年，匈牙利养老金收益的实际价值减少了 25%[①]。这
些措施减少了养老金制度所面临的短期压力，养老金支出占 GDP
的比重降低了，现收现付的赤字在 20 世纪 90 年代早期和中期的水
平也在可接受范围之内。

此外，双重支付的问题在匈牙利并不明显。20 世纪 90 年代初
期实施的指数化规则降低了雇主的缴费水平，因此没必要将养老
金制度的缴费负担转移至参保者。1998 年，匈牙利要求雇员向现
收现付制度缴费，但缴费率仅为 6%，而波兰雇员所承担的现收现
付缴费水平为 12%；匈牙利基金制个人账户的缴费率仅仅为 1%，
而波兰的缴费率为 4%。可见，匈牙利养老金制度参保者个人的缴
费率要比波兰低很多。同时，匈牙利还规定，个人向现收现付制
的缴费在适当的时候可向基金制个人账户转移。由于个人的缴费
率很低，匈牙利的双重支付问题没有像波兰那么严重，因此匈牙
利没必要引入名义账户制度以利于基金制个人账户的运行。

（三）拉脱维亚公共养老金制度的改革历程

拉脱维亚是转型国家中最早进行养老金制度改革的国家，并
在 1995—2001 年实施了一系列的立法工作。拉脱维亚与波兰一致，
其养老金制度不仅有 NDC 部分，也有私营个人账户部分，但是两
个部分的具体方式与波兰却不同。波兰的 NDC 和 FDC 部分的改革
与发展不能割裂开来，而是一个整体，其 NDC 计划的引入有利于
FDC 部分的实施。但是拉脱维亚的 FDC 和 NDC 制度分离程度较为
明显。拉脱维亚于 1996 年实施了 NDC 养老金计划，当政府在 1998
年面临严峻的财政困境时，引入了基金制的个人账户计划。

与其他转型国家一样，拉脱维亚独立后，其社会保险制度面临
财务困境。社会保障支出占 GDP 的比重由 1985 年的 7% 上升到 1994
年的 14%，造成拉脱维亚养老金制度财务危机的主要原因是 20 世纪

---

① J. Kubicek, "Fund Pension System in Converging Economy," *Czech journal of economics and finance* 54 (2004).

90 年代早期的国民产出下降。在 1991—1993 年，拉脱维亚的经济呈双位数负增长，尤其在 1992 年，其经济缩水了 35%[①]。此外，缴费者占退休者人数比例的下降亦使得其养老金制度财务状况恶化。1991—1996 年，拉脱维亚退休者数量占工作者人数的比例从 46.4% 上升到 65.1%。

与波兰一样，拉脱维亚政府认为如果不对养老金制度改革，制度将会崩溃。社会经济环境的突变，以及 1993 年降低养老金指数化水平等削减费用措施的实施，使得即使经济恢复增长，拉脱维亚的养老金制度亦面临财务不可持续的问题。面对这种状况，拉脱维亚在 1995 年早期起草了养老金改革的法案，建议引入世界银行所建议的三支柱模式，但现收现付部分实施名义账户制。事实上，这个养老金制度改革法案是瑞典政府专家和世界银行专家合作的结果。NDC 体现了瑞典专家的思路，而第二和第三支柱则体现了世界银行专家的建议。但是，拉脱维亚国会否决了第二支柱，即基金制个人账户的实施。

拉脱维亚实施 NDC 制度的第一个原因是受瑞典专家的影响。拉脱维亚改革之时，世界银行的报告刚刚发布，缺乏广泛的接受性。当拉脱维亚国会探讨养老金制度改革方案之际，正是私人银行系统在拉脱维亚失去信任之时。1995 年，拉脱维亚经历了严重的银行危机，银行系统的资产损失了 40%[②]。很多人失去了他们的银行存款。甚至在拉脱维亚 1998 年引入私营养老金制度之时，很多国民对基金制度个人账户储蓄计划持反对态度。此外，与波兰一样，NDC 计划的引入是为了缓解养老金制度的短期财务压力。

拉脱维亚政府加速推进 NDC 制度的实施，一年后，新制度全面推行并覆盖了劳动力市场上的所有人。同时，制度的指数化水平要比开始高，对提前退休的惩罚使得参保者推迟他们的退休决定。表 5 - 4 反映了 NDC 计划的短期效益。可以看出，在新制度实

① S. Pollnerova, *Analysis of Recently Introduced NDC Systems* (Prague, Czech Republic: Research Institute for Labour and Social Affairs, 2002).

② A. Fleming, S. Talley, *The Latvian Banking Crisis: Lessons Learned* (World Bank Policy Research Working Paper No. 1590, Washington, D. C.: World Bank, 1996).

施的前两年，退休者人数占工作者人数的比例减少了，而养老金
支出占 GDP 的比重基本保持不变。

尽管制度在初期获得了财务方面的成功，但是拉脱维亚在
1997 年 10 月和 1998 年 3 月经历了两轮养老金支出增加，平均养
老金增长幅度为 15%。结果在 1998 年，社会保险预算赤字再次出
现。养老金制度再改革的呼声与日剧增，引入基金制个人账户计
划的探讨日益激烈。在这样的背景下，引入基金个人账户制度的
改革方案于 1998 年获得通过，于 2001 年开始实施。基金制个人账
户计划能在 1998 年通过，而在 1995 年被否决的原因有以下几点：
1998 年，拉脱维亚的银行系统再次运行良好，提升了民众的信心；
世界银行的养老金改革方案在转型国家中得到较为广泛的应用；
基金制个人账户计划的引入是循序渐进的，并得到了 NDC 计划的
配合。起初，从现收现付到基金个人账户转移的缴费率为 2%，到
2010 年达到 7%。参保者个人的缴费并没有变化，不同的是缴费去
向发生了变化。

（四）爱沙尼亚公共养老金制度的改革历程

爱沙尼亚与拉脱维亚有很大的相似之处。由于地理位置的原
因，它们都受到斯堪的纳维亚的政治影响；它们都希望加入欧盟，
因此，改革受到了欧洲机构尤其是国际金融机构的影响；它们都
面临建立市场经济体制的调整。

与拉脱维亚不同，爱沙尼亚的养老金制度在 20 世纪中期并未
面临严峻的财政压力，因此，并不存在采取快速改革缓解财政压
力的必要。第一，爱沙尼亚的转型期较短，在 1995 年，爱沙尼亚
经济已经连续强势增长 2 年，政府认为经济萧条阶段已经结束。第
二，爱沙尼亚政府在 20 世纪 90 年代早期就逐步提高了退休年龄，
这有利于对冲失业对养老金制度筹资所带来的消极影响。第三，
1993—1999 年的养老金收益计算是基于统一比例原则，这使得政
府可将收益保持在较低水平。在 1992—1998 年，爱沙尼亚的养老
金预算大部分时间呈盈余状态。事实上，爱沙尼亚养老金制度改
革的讨论并不是由财务问题引起的，而是由缴费与收益之间的关

联不够紧密而引发的。第四，爱沙尼亚政府所提倡的市场经济改革受到了广大民众的大力支持，它于 20 世纪 90 年代中期获得了最有可能加入欧盟的地位。正是由于政府市场经济政策的成功，爱沙尼亚并没有实施基金制个人账户计划的障碍。这与拉脱维亚银行系统危机使得民众对基金制个人账户计划的不信任形成鲜明对比。第五，爱沙尼亚养老金制度的改革受到了世界银行的影响，而并未像拉脱维亚那样受到瑞典的影响。因为在 20 世纪 90 年代中期，瑞典需要一个国家实验名义账户制，那时爱沙尼亚政府并未考虑进行养老金制度改革。而当他们考虑实施改革之时，世界银行的观点已经取得了一定程度的认同。

三　转型国家公共养老金个人账户制度改革的效应

（一）　波兰公共养老金制度改革的效应

1999 年 1 月 1 日，波兰新养老金制度正式实施，主要包括两个部分：一是名义账户制，它基于不可在金融市场上交易的准政府债券（与布坎南债券的思路一致），收益率为工资收入总额的增长率，缴费率为工资的 12.22%；二是实账积累的个人账户制，个人账户的资金需要在资本市场上投资运行，以获得投资收益，缴费率为工资的 7.3%。

上述两个账户的税收模式为 EET，即养老金缴费和投资收入是免税的，而领取养老金则是需要缴纳税收的。此外，制度所规定的最低退休年龄为男性 65 岁，女性 60 岁。

从宏观角度讲，养老金制度是将一定时期的国民产出在各代之间进行分配的机制。NDC 制度的主要作用是稳定国民产出用于当期退休者的比例；而 FDC 的作用在于缓解人口老龄化给养老金制度收入和支出所带来的波动。而从个人角度分析，养老金制度是一种生命周期收入再分配机制。

在波兰养老金制度改革的过程中，政府与社会公众长期以来对制度改革进行了较为充分的交流，制度改革对改革之时即将退休的老年人并无影响；宪法法院在养老金制度改革过程中发挥了很大的作用；旧制度发展的长期效果即破产预测展现在公众面前。由于上述原因，波兰公众对新制度并无过多批评。

新制度于 1999 年 1 月 1 日正式取代了旧制度，其覆盖范围为出生在 1948 年 12 月 31 日之后的所有人。在 1969 年 1 月 1 日之前出生的人可在两种模式中择一。这两种模式一种为 NDC 加 FDC，另一种为 NDC。他们需要在 1999 年 12 月 31 日之前做出最后的决定，如表 5 - 5 所示。

表 5 - 5 波兰新养老金制度

新制度 （适用于 1948 年 12 月 31 日之后出生的人）		旧制度 （适用于 1949 年 1 月 1 日之前出生的人）
1968 年 12 月 31 日之后出生的人群	1969 年 1 月 1 日之前出生的人群	继续保留在旧制度中，不能加入新制度
适用于新制度	适用新制度，缴费要么进入两个账户，要么仅进入 NDC 账户	

资料来源：A. Chlon-Dominczak, M. Gora, "The NDC System in Poland: Assessment after Five Years," in R. Holzmann and E. Palmer, eds. , *Pension Reform: Issuses and Prospects for Non-financial Defined Contribution (NDC) Schemes* (Washington, D. C.: World Bank, 2006)。

在波兰从现收现付制向部分积累制转轨的过程中，在 1999 年 1 月 1 日之前已经参加养老金制度的参保者可获得 NDC 账户的初期资本。这可以假定为，按照旧制度规则，让 1948 年 12 月 31 日之后出生的人退休，终止旧制度的实施。而 1999 年 1 月 1 日后，所有的人加入新制度。而从旧制度所获得的养老金权益通过初期资本的形式转移至新制度之中。这种方法有助于将制度转型过程中，"中人"在旧制度中养老金缴费处理的简单化。因为，波兰并没有个人向旧制度缴费的数据，在旧制度下，波兰社会保险机构仅仅统计达到退休年龄参保者的信息。这种方法也有利于平滑参保者在新旧制度中的转换，激励参保者不离开劳动力市场。对于

1969 年 1 月 1 日之后出生的人，无论是仅仅参与 NDC 计划，还是两个计划都参与，其所能接收到的初期资本并无差异。

初始资本的获得以计算 1999 年年底应计月度养老金额为基础，如下所示：

$$P_o = 24\% WI + (1.3\% T + 0.7\% N)B \tag{5.1}$$

在公式（5.1）中，P_o 为 1999 年年底应计月度养老金；T 为参保者缴费年限；N 为其他合格年限（如失业、服役和生育时间）；B 为个人评估基数；W 为 1998 年度第 2 个季度的月均工资收入总额；I 为调整指数，其值为

$$I = MIN\left(\sqrt{\frac{A_i - 18}{A_r - 18} \times \frac{C_i}{C_r}}, 1\right) \tag{5.2}$$

在公式（5.2）中，A_i 为 1998 年年底个人年龄，A_r 为退休年龄（男性为 65 岁，女性为 60 岁），C_i 为所有的应计年数，其值为 T + N 与 4/3T 中的较低值；C_r 为所需的应计年数（女性为 20 年，男性为 25 年）。

个人评估基数等于 1980 年之后连续 10 年通胀指数化的个人平均工资额。

计算初始资本 K_0 的公式如下：

$$K_o = P_o \times G_{62}^{1998} \tag{5.3}$$

在公式（5.3）中，G 代表预期寿命，其赋值为男女通用的 62 岁的生命表。在 1998 年，年龄为 62 岁国民的预期余命为 209 个月。初始资本转移至 NDC 计划的缴费计算公式如下：

$$P_o^r = \frac{K_o^r}{G_{age}^r} = P_o \times \prod_{i=1999}^{r}(1 + n_i) \times \frac{G^{1998}62}{G_{age}^r} \tag{5.4}$$

在公式（5.4）中，n_i 为 i 年的名义收益率；r 为退休年度；G_{age}^r 为退休年度的预期余命。这表明，参保者未来养老金的价值取决于 1999 年后的收益率与反映预期余命的 G 值。由于预期余命呈上升趋势，因此，上式中分母的值将会增大。

起初，波兰法律规定，计算初始资本进入名义账户的过程期

限为 5 年。但在这个时期内,有 1000 万工人的初始资本需要计算,工作量极其巨大,因此,这个过程不得不延期。

表 5 - 6 显示了波兰养老金制度若干变量的水平。在基本方案下,新养老金制度的替代率可由 2010 年的 48% 增长到 2050 年的75%;在乐观方案下,制度替代率可由 2010 年的 50% 增长到85%;在悲观方案下,制度替代率可由 2010 年的 47% 增长到 2050年的 73%。可见,在制度改革初期,波兰新养老金制度的替代率较低,但是随着制度的发展,替代率呈上升趋势,并于 2050 年达到较高的水平。

表 5 - 6　波兰养老金制度改革效应的预测

方案类型	2010	2020	2030	2040	2050
基本方案					
收入 *	8.2%	6.0%	4.1%	3.1%	2.3%
供款收入 *	8.0%	5.9%	4.1%	3.1%	2.3%
支出 *	9.9%	7.3%	5.0%	3.6%	2.7%
年度余额 *	- 1.7%	- 1.3%	- 0.9%	- 0.5%	- 0.4%
参保人数(百万)	14.9	15.5	15.2	14.3	12.6
退休者人数(百万)	7.1	7.9	8.5	8.9	9.5
制度赡养率	0.48	0.51	0.56	0.62	0.75
乐观方案					
收入 *	7.3%	5.1%	3.2%	2.3%	1.7%
供款收入 *	7.1%	5.0%	3.2%	2.3%	1.7%
支出 *	9.7%	6.9%	4.6%	3.3%	2.4%
年度余额 *	- 2.4%	- 1.8%	- 1.4%	- 1.0%	- 0.9%
参保人数(百万)	14.2	15.2	14.8	13.9	12.2
退休者人数(百万)	7.1	8.0	8.7	9.6	10.4
制度赡养率	0.50	0.53	0.59	0.69	0.85
悲观方案					
收入 *	8.7%	6.8%	5.3%	4.4%	3.6%
供款收入 *	8.4%	6.8%	5.2%	4.3%	3.6%

方案类型	2010	2020	2030	2040	2050
支出*	9.9%	7.5%	5.5%	4.3%	3.4%
年度余额*	-1.3%	-0.7%	-0.2%	0.1%	0.2%
参保人数（百万）	15.2	15.9	15.4	14.5	12.7
退休者人数（百万）	7.1	7.8	8.4	8.8	9.3
制度赡养率	0.47	0.49	0.54	0.61	0.73

注：* 表示占当年 GDP 的比例。

资料来源：T. Mazur, *Long-term Social Security Actuarial Projections in Poland: Model Description* (A Note Prepared for the Attention of the Aging Working Group of the Economic Policy Committee, Warsaw, 2004)。

但是，NDC 和 FDC 相结合的混合型制度在运行中出现了一些问题。第一，由于一部分供款计入了 FDC 账户，因此 ZUS（Zaklad Ubezpieczen Spolecznych, Social Insurance Institution）必须获得更多的政府财政补助才能履行其当前的责任。在 2003 年，政府补助了 ZUS 预算的 28%，其中 10% 用于抵销进入 FDC 账户的资金。从减少政府财政性养老金支出角度分析，改革并不是成功的。2002 年的数据显示，波兰退休者数量仍在增加，养老金领取者大约占总人口的 1/4，同时，失业率很高，2004 年为 19.5%。DC 模式将供款和收益紧密联系起来，养老金收入的高低与职业类别本质上并无太大联系，这对消除计划经济时期所遗留的职业之间不平等具有很大作用。但是，新制度将再分配要素消除，而阶层和性别之间的养老金收入不平等被创造出来①。

根据波兰新养老金制度的规定，雇员需为 NDC 计划融资做贡献，这降低了雇主的供款负担。为养老金制度融资的征税有税基上限，这意味着高收入阶层不必以他们的全部收入为基础进行养老金供款，会有更多的资源为未来投资。

波兰的社会经济转型造就了一批经济精英：投资于非正式经

---

① A. Chlon-Dominczak, M. Gora, "The NDC System in Poland: Assessment after Five Years," in R. Holzmann and E. Palmer, eds., *Pension Reform: Issuses and Prospects for Non-financial Defined Contribution (NDC) Schemes* (Washington, D. C. : World Bank, 2006).

济的商人；实权人物，他们在转型前的最后时期和转型的第一年将其所拥有的政治权利转化为经济资本；受雇于私营部门的专业技术人才。这些精英主要由受过良好教育的中年男性组成。例如，在 1994 年，仅有 20 名女性位列波兰经济词典的前 150 名之内；在 1999 年，有超过一半的波兰最富有的 50 人处于中年时期，仅有 2 位女性位列最富有的 100 名波兰人范围之内。由于新制度的供款与待遇紧密相连，女性的收入较男性低，她们可能会推迟退休，以保证退休期的生活水平。但是，超过 60 岁的老年女性会感到雇主和希望得到她们工作的年轻人所给予她们的退休压力。很多女性在 60 岁退休是由于两个相互关联的原因：第一，在波兰雇佣法律下，反歧视的政策只与当前的雇佣状态相关；第二，新社会救助制度规定，女性只能在 60 岁之前获得失业年金。这意味着，尽管退休不是强制性的，但是如果一个女性在 60 岁之后失业，她将无法获得失业补助金，很可能难以再找到工作，因为雇主可拒绝雇佣她而不违法。缺乏成文的反老年歧视和反性别歧视的法令使得老年参保者的就业存在困难。

新养老金制度会提高性别之间的养老金差异，其原因在于以下几点：第一，新养老金制度计算公式体现了男女在收入之间的差别；第二，女性要花费大量的时间来照顾儿童或者家庭病人，在这段时间，女性的养老金供款是基于最低工资收入进行的；第三，较早的退休年龄意味着女性的退休收入较低；第四，较之男性，女性面临长期失业的风险，这使得她们向新养老金制度供款的水平较低，并导致其养老金水平较低。此外，养老金计算基于平均预期寿命，而女性的平均预期寿命往往高于男性，这亦使得女性养老金收入较低。从上述分析可看出，与男性相比，女性的养老金收入往往较低，尤其是收入最低的女性群体，他们的老年生活会更加脆弱。

当考察波兰 FDC 个人账户制度时，上述不利因素会恶化。女性和非技术男性工人等低收入者仅有十分有限的资金进行投资，且缺乏投资知识，他们是经济下滑时期最脆弱的群体。而高技术男性工人、专业人才和富有商人等精英阶层受到新制度退休浪潮消极影响的程度较轻。私营养老基金的建立，有利于股票市场的发展，因为可用于投资的养老基金占总供款的 37.40% 。在 2003年，私人投资基金的名义收益率为 10.9%[1]。但由于资本市场固有的周期波动性以及波兰资本市场的不健全，这一收益率水平是不够稳定的。此外，如果考虑到 FDC 运行过程中的费用，上述收益率会大打折扣。从 2004 年 1 月开始，波兰基金制个人账户计划的先期费用占供款额的 7.0%，管理费用占总资产的 0.54%，另外还有收益费用、佣金费用等[2]。因此，波兰 FDC 基金运行与投资的效率仍需提高。

总而言之，波兰新公共养老金制度在一定程度上实现了制度改革的预期目标，如提供一定水平的替代率，但降低财政性养老金支出水平、消除不同群体之间养老金收益的不公平等目标并未如愿实现。制度转型所带来的双重支付问题，使得财政性养老金支出在转型期内无法真正减少。波兰新养老金制度的待遇水平在阶层、性别和年龄群组之间存在不公平性，消除劳动力市场上的年龄和性别歧视，优化阶层、性别和年龄群组之间的收入分配结构是消除这种养老金收入不平等的关键所在[3]。

（二）拉脱维亚公共养老金制度改革的效应

拉脱维亚养老金制度改革法案于 1995 年获得通过，新的养老金制度由两部分构成：一是 NDC 养老金计划，于 1996 年 1 月 1 日起正式实施；二是基金制的个人账户计划，于 2001 年 7 月 1 日开始实施。名义账户制度覆盖了 15 岁以上所有在拉脱维亚工作的国民。参保者在旧制度中所获得的养老金权益于 1996 年 1 月 1 日开

---

① M. Zukowski, "Social Insurance in Poland", in S. Golinowska, eds. , *Social Report, Poland* 2005 (Warsaw, 2005).

② A. Dobronogov, M. Murthi, "Administrative Fees and Costs of Mandatory Private Pensions in Transition Economies," *Journal of Pension Economics and Finance* 4 (1) (2005).

③ 王红兵、郭林：《20 世纪 90 年代以来波兰养老金制度改革评析》，《河南社会科学》2012 年第 4 期。

始转移至新制度中。初始资本 IC 的计算公式为：

$$IC = 个人缴费收入 × 个人缴费年限 × 0.20 \qquad (5.5)$$

NDC 计划的初始缴费率为 20%，收益率为缴费工资总额增长率，参保者可在退休最低年龄之后的任何年度领取养老金，亦可边工作边领取养老金。在改革初期，养老金待遇的指数规则并不是根据缴费工资总额增长率建立，而是实行价格指数化。这是由于改革之初很多退休者是根据旧养老金制度领取慷慨的养老金，这使得改革初期财务压力较大。随着制度的发展，退休待遇的指数化规则趋向于缴费工资收入总额增长率机制。

2001 年 7 月，年龄在 30 岁以下的人群必须加入基金个人账户制度，而 30—49 岁的人群，可自愿选择是否参加基金制个人账户计划。基金制个人账户计划的缴费率状况为，2001—2006 年为 2%，2007 年为 4%，2008 年为 8%，2009 年为 9%，2010 年为 10%。随着基金制缴费率的不断提升，NDC 的缴费率不断下降，二者缴费率合计为 20%。2003 年年底，私营经理人开始运作个人账户，负责其市场化操作。退休时，参保者可选择签订年金合同来领取其 FDC 养老金；也可将其个人账户积累额转移至 NDC 储备基金，按照 NDC 计划的规则，基于其 FDC 的积累额来领取养老金。制度实施之初，自愿参与率水平较低，但是随着上述措施的实施，自愿参保率由 2002 年年底的 8% 提高到 2003 年年底的 28%。到 2035 年，有自愿参加 FDC 养老金制度资格的参保者将会全部退休，届时，FDC 转变为完全强制性的制度①。

拉脱维亚名义账户制度并不具备瑞典名义账户制度的自动平衡机制，而其同时在 2001 年引入了基金制的个人账户制度。制度由原来的现收现付制转化为部分积累制，这必然伴随着双重支付和转制成本的出现。拉脱维亚规定，转制成本的支付需要用 NDC

---

① E. Palmer, S. Stabina, I. Svensson, I. Vanovska, "NDC Stratrgy in Latvia: Implementation and Prospects for the Future," in R. Holzmann and E. Palmer, eds., *Pension Reform: Issues and Prospects for Non-financial Defined Contribution (NDC) Schemes* (Washington, D. C.: World Bank, 2006).

和 FDC 制度外的资金。当转制成本支付完毕，制度达到均衡，NDC 的养老金债务将主要由 NDC 制度的缴费支付。尽管面对人口老龄化状况和不利的经济形势，拉脱维亚的养老金制度能够保持财务稳定性，但其需要建立储备基金，以保证 20 世纪 80 年代出生之人的 NDC 养老金支付。

如果 FDC 计划的缴费率为 10%、NDC 的缴费率为 10%，2045—2065 年，用以养老金支付的额外税收收入将会被征收。从目前看，拉脱维亚人口状况严峻，低生育率、低死亡率以及向其他国家的移民，会使得拉脱维亚人口数到 2075 年减少 50%。拉脱维亚劳动力人数年均减少 0.5%—0.7%[①]，这不利于现收现付制的运行。尽管 FDC 制度在一定时期很可能引起通货膨胀，但 FDC 加 NDC 制度可作为拉脱维亚的次优选择。此外，拉脱维亚 NDC 制度还存在一些技术性问题，如对怎样处置养老金账户遗产尚未做出明确规定；缺乏储备基金等。这些因素将不利于拉脱维亚名义账户制度的可持续发展。

综上所述，面对旧待遇确定型的现收现付养老金制度的危机，转型国家的改革目标模式并非完全相同，这是不同国家所面临的具体政治、经济和人口等环境有异的必然结果。针对人口老龄化严峻程度、不同的经济状况，以及养老金制度机制自身的运行状况，笔者所选取的几个转型国家采取了不同的改革路径，建立了不同的制度模式，其制度效应也不尽相同。

---

① E. Palmer, S. Stabina, I. Svensson, I. Vanovska, "NDC Stratrgy in Latvia: Implementation and Prospects for the Future," in R. Holzmann and E. Palmer, eds., *Pension Reform: Issuses and Prospects for Non-financial Defined Contribution (NDC) Schemes* (Washington, D. C.: World Bank, 2006).

第六章 公共养老金个人账户制度的发展规律与基本理论

一 公共养老金个人账户制度的实施条件

(一) 转制成本的有效解决是实施基金制个人账户计划的首要条件

在从传统现收现付制向基金制转轨的过程中，转制成本的消化是一个关键问题，事关基金制个人账户计划的成败。在养老金制度建立之初，大部分国家采取了 DB 型的现收现付制度，第一代领取养老金者无须供款即可获得养老金。如果向基金制个人账户计划转型，第一代退休者的收益则由转型期内的各代工作者承担。消化转制成本的资金来源有三个渠道：一是养老金参保者的直接供款；二是政府发行债券筹资或直接通过一般性税收收入支付转轨成本；三是政府增发货币来支付转制成本，这等于向当期劳动者收取了隐形税收。不管采用哪种方式，支付转轨成本的资金均由转轨期内的经济活动人口来承担，这意味着参保者不仅要为自己将来的养老向养老金制度供款，还要在一定程度上向当期退休者支付养老金，从而产生了双重支付问题。在典型的三层次模式①下，劳动者通过向现收现付制供款或上述其他方式来资助当期退

---

① 典型三层次模式由世界银行于 1994 年提出，其结构如下：第一层次为 DB 型的现收现付制度；第二层次为基金积累制的个人账户计划；第三层次为自愿性个人养老储蓄计划。

休者的养老金，同时他们知道，在人口老龄化背景下，其将来的退休生活在相当程度上要靠自己的储蓄来支持，这会使得他们不愿意向第一层次供款。这反映了第一层次与第二层次、工作者和退休者两代人之间的断裂。如何解决这种断裂是基金制个人账户制度能否有效实施的基本条件之一。

（二）有效的资本市场是实施基金制个人账户计划的核心条件

很多人以能够促进资本市场发展为由主张实施基金个人账户制度。但是，应该看到，即使上述理由能够成立，基金制度的实施首先需要一个国家的资本市场具备基本的要素和监管机制。这些基本的市场要素包括足够的金融衍生工具、资本市场的统一性而非碎片化、具备足够投资知识的参保者等。完善的监管机制要求尊重资本运行的市场机制，而非政策性的干预。在发展中国家，资本市场的发展现状往往并不符合上述条件。即使发达国家也不能做到资本市场完全符合上述条件。例如，新加坡资本市场碎片化导致中央公积金的投资收益较低。笔者在瑞典隆德地区随机调查了 30 名养老金制度参保者，他们当中仅有 4 名对其个人账户基金进行投资，其余均由公共清算中心（PPM）按缺省投资收益机制为其个人账户基金投资。

政府是公共养老金个人账户制度的最后责任者，因此，当这项制度面临危机时，政府不会坐视不理，这会使得养老基金投资造成违背市场机制的后果。因为以安全性为首要原则进行投资的养老基金可利用政府干预来绑架资本市场的市场机制，以确保其收益率达到一定水平，尤其当资本市场状况不佳或在金融危机时期，这种绑架行为极易发生。这种情况在政策性较强的发展中国家的资本市场中是不可避免的。伴随着这种绑架行为的发生，养老基金的投资就会进一步加强发展中国家资本市场的政策性，增强资本市场化过程中政府干预的路径依赖。此外，如果资本市场因为缺乏基本要素或监管机制不健全而有效性不足，那么，养老基金投资的管理费用水平则会较高，反之亦然。较高的管理费用会削弱养老基金的投资收益率，即会使得实际投资收益率较低，不利于参保者养老权益的保障。

（三） 实施个人账户制度的其他关键条件

其一，科学的精算机制是实施个人账户计划的关键要素。DC型养老金制度将供款与养老金收入紧密联系起来，增强了参保者个人在养老金制度中的责任。无论是名义账户制，还是基金个人账户制，缴费和养老金收入的联系需要养老金精算制度来支撑。例如，在瑞典公共养老金制度体系中，不仅处于主体地位的名义账户制度精算要素较为完备，而且处于补充地位的基金个人账户制度从筹资到支付的各个环节均体现了精算思想，包括继承所得、年金除数等一系列的精算要素。发展中国家的政府往往缺乏精算理念，养老金制度缺乏足够的精算要素。如果没有精算理念和精算机制，DC型制度的发展恐怕会受到不利影响。

其二，完善的信息系统是实施个人账户制度不可忽视的要素。DC型的养老金制度需要建立完备准确的缴费和待遇支付以及收益等信息档案，因此，需要完善的信息系统加以支撑。瑞典在1994年即通过了实施新公共养老金制度体系的法案，但是经过一个较长的准备期，才于1999年正式实施新的制度。准备期中的一项重要工作就是建立支持制度可持续运行的信息系统。

其三，合理的就业政策是名义账户制养老金计划有效实施的关键经济要素。由于名义账户制往往实施弹性退休年龄制度，一个国家需要提供有利于老年人就业的环境。如果在实施名义账户制国家的劳动力市场中，老年人就业困难，弹性退休年龄制恐怕会流于形式，名义账户制度激励劳动者就业积极性的功用必会大打折扣。

（四） 与制度缴费率相关的若干经济指标

无论是NDC计划，还是FDC制度，其养老责任结构以劳动者和社会经济组织（主要指企业，下同）为重点。因此，一个国家个人账户养老金制度的规模与其国民产出分配结构、总税率（企

业税收总额占其利润的比例，下同）、贫富差距状况密切相关。假
设一个国家实施覆盖全民的一元 NDC 或 FDC，抑或二者相结合的
养老金制度，经过初次分配（假定不包括社会保障方面的纳税或
缴费）和再分配（假设仅包括对非物质生产部门劳动者收入的再
分配）后，一个国家的国内生产总值在政府、社会经济组织和劳
动者（包括物质生产领域的劳动者和其他需要通过政府实施的再
分配来获得收入的劳动者）之间进行分配。在其他条件一定的前
提下，如果政府在这个分配结构中占有较大比例，那么个人账户
制的实施规模不应过大，即向个人账户的供款占工资收入的比例
不应该过高，否则会加重社会经济组织和劳动者的负担，不利于
企业竞争力的提高和保障参保者个人在工作期的生活质量；在其
他条件一定的前提下，如果劳动者和社会经济组织的收入在这个
分配结构中所占比例较高，那么向 DC 型个人账户制的供款占工资
收入的比例可以处于较高的水平。总之，社会经济组织和劳动者
向个人账户制度供款的规模应该与一个国家的国民产出分配结构
相适应，否则会产生负面效应。

如果该国的贫富差距较大，这意味着对养老保障需求并不是
很强烈的高收入阶层占有了较多的社会财富，而最需要养老保障
的低收入阶层甚至中等收入阶层向养老金制度供款的能力则受到
一定程度的限制。因此，在其他经济变量不变的前提下，一国贫
富差距越大，参保者适用的个人账户供款率则应越低，反之亦然。
如果该国的总税率（不包括养老金制度的供款率）较高，则说明
企业的税收负担较重，向养老金制度供款的压力较大。因此，在
其他经济变量一定的前提下，一国企业的总税率越高，则企业适
用的个人账户供款率则应越低，反之亦然。

智利、新加坡、意大利、波兰和瑞典的养老金制度体系主体
要么为 NDC 或 FDC 制度，要么为二者相结合的制度。下面以这几
个国家为对象展开分析，考察国家的政府税收收入（除大部分社
会保障供款收入、滞纳金收入等之外）占 GDP 的比重，如表 6 - 1
所示。表 6 - 2 为各国的收入分配结构，衡量了各国的贫富差距状
况，表 6 - 3 为各国总税率，表 6 - 4 显示了各国的供款率状况。

表 6 - 1　政府税收收入占 GDP 的比重

单位:%

年度	智利	新加坡	意大利	波兰	瑞典
2001	16.6	15.3	22.8	16.0	21.3
2002	16.8	13.3	22.1	17.0	20.4
2003	16.3	13.0	22.1	17.0	20.7
2004	17.0	12.2	21.6	15.7	21.3
2005	18.7	11.8	21.2	16.7	22.6
2006	20.6	12.1	22.7	17.4	23.3
2007	21.4	13.1	23.0	18.3	22.4
2008	19.7	13.8	22.5	18.3	21.6
2009	15.3	13.8	23.0	16.4	21.5

资料来源: 根据 WDI 数据整理计算所得。

表 6 - 2　各国收入分配结构

单位:%

国家	最贫困的20%人群所占有的收入份额	第二个20%人群所占有的收入份额	第三个20%人群所占有的收入份额	第四个20%人群所占有的收入份额	最富有的20%人群所占有的收入份额	最贫困的10%人群所占有的收入份额	最富有的10%人群所占有的收入份额
智利	8.6	15.5	20.0	24.7	30.9	3.1	16.5
新加坡	5.0	9.4	14.6	22.0	49.0	1.9	32.8
意大利	6.5	12.0	16.8	22.8	42.0	2.3	26.8
波兰	7.6	12.0	16.3	22.0	42.2	3.2	27.2
瑞典	9.1	14.0	17.6	22.7	36.6	3.6	22.2

注: 1. 由于四舍五入, 各个群体所占有的收入份额并不完全等于 100%。

2. 智利的数据年度为 2009 年, 新加坡的数据年度为 1998 年, 意大利和瑞典的数据年度为 2000 年, 波兰的数据年度为 2008 年。

资料来源: 根据 WDI 数据整理计算所得。

表 6 - 3　各国总税率

单位:%

年度	智利	新加坡	意大利	波兰	瑞典
2005	25.7	27.7	77.5	40.9	54.9

年度	智利	新加坡	意大利	波兰	瑞典
2006	25.6	23.8	76.2	40.9	54.9
2007	25.6	23.2	76.2	41.0	54.5
2008	25.6	27.9	73.3	44.1	54.5
2009	25.3	27.8	68.4	42.5	54.6
2010	25.0	25.4	68.6	42.3	54.6

资料来源：根据 WDI 数据整理计算所得。

表 6 - 4　各国养老金制度的供款结构

单位：%

国家	主体制度	雇员缴费	雇主缴费	合计
新加坡	基金个人账户制	20	14.5	34.5
智利	基金个人账户制	10	无	10
意大利	名义账户制	—	—	33
波兰	名义账户制与基金个人账户制相结合	16.5	16.26	32.76
瑞典	名义账户制与基金个人账户制相结合	7	10.21	17.21

注：表中意大利的数据为公共部门和私营部门雇员所适用的供款率，自雇者的供款率为 20%。

从表 6 -1、表 6 - 2、表 6 - 3、表 6 - 4 可以得出如下几点。第一，智利政府税收收入占 GDP 的比重为 18.0% 左右，此指标于 2007 年达到考察期间的最高值，然后呈逐年下降趋势，到 2009 年为 15.3%，且其收入分配结构较为合理，贫富分化并不严重，总税率亦不高。同时，其基金个人账户制度的供款率不高，仅需个人供款。这与智利政府所提倡的新自由主义发展理念一致，在这种理念支配下，政府要尽可能少地干预养老金制度。第二，新加坡政府税收收入占 GDP 的比重较之智利更低，但其收入分配结构较为不合理，且总税率水平较低，这与新加坡政府所提倡的经济发展注重个人责任的理念是分不开的。其制度供款率貌似较高，但是表中数据为综合社会保障计划的供款率，并非仅养老方面的供款率。第三，意大利的各个指标都较高，政府税收收入在 GDP 中所占比重较高，但是养老金制度所需的国民和企业的供款率亦很高，这为意大利养老金制度运行出现问题带来必然性。第四，波兰各个方面的指标较为均衡，这与其制度转型中较为有效的改革是分不开的。第五，瑞典政府税收收入占 GDP 的比重较高，但呈下降趋势，其收入分配结构较为合理，总税率要远远低于意大利的水平，可以说其贫富差距状况与养老金制度供款率水平是基本一致的①。

二　公共养老金个人账户制度的运行机制

（一）现收现付制（PAYG）与基金制（FUND）

根据养老金经济学，从个人角度而言，养老金制度的主要经济功能是平滑消费和抵御长寿风险。通过向养老金制度供款，个人在当期的消费小于其产出，以保证在其退休或不再生产时能够有资源进行消费。个人转移消费的可行办法只能是用当前的产出交换未来产出的要求权。有两种方式可实现上述目标：第一，每个星期或每月将当期的工资储蓄起来，在退休时用这笔资金同从事生产的年轻一代进行交换，获得生活所需的物品；第二，可以通过代际之间的合同，获得在退休时得到其他人生产的产品的承诺。第一种方式即为基金积累制；第二种方式即为现收现付制度②。

基金积累制的养老金支出全部来自所积累的资金，这部分资金需要投资于金融工具以获得投资收益，因此，这类养老金制度面对着资本市场的风险。现收现付制养老金的来源并非基金积累，而是当期工作者的供款。现收现付制的收益率为工资收入总额的增长率。因此，两种财务模式均面临风险：基金制度的风险为资

①　郭林：《公共养老金个人账户制度实施条件研究》，《当代经济科学》2012 年第 5 期。

②　N. Barr, *The Economics of the Welfare State*（Fourth Edition）（Oxford：Oxford University Press, 2004）.

本市场的风险和波动性，现收现付制的风险为低经济增长率。而部分积累制既从所积累的资金中支付养老金，又依靠当期劳动者的供款向退休者支付养老金①。在从现收现付制度向基金积累制度转轨的过程中，会出现双重支付问题，即既要建立基金，又要通过当期劳动者的供款向退休者支付养老金。

从参保者角度看，现收现付制和基金积累制仅仅是要求将来产出的不同财务机制。因此，养老金制度健康运行的关键点在于参保者退休期间的产出水平和他们所要求的产出水平。实质上，养老金领取者所关心的并不是金钱，而是消费，例如养老服务等②。所以养老金制度的本质功能是在经济活动人口和退休者之间分配一个国家一定时期的总产出。由此可以得出：第一，现收现付制和基金制在产出下降的情况下都会受到沉重打击；第二，将来的产出是不确定的，因此所有的养老金制度都是不确定的。

在其他条件一定的情况下，如果生产效率提高使社会总产品的增加量小于人口老龄化使社会总产品的减少量，那么，国民产出必然下降。这会使得现收现付制度的融资基础即工资收入总额减少。如上所述，工资收入总额增长率为现收现付制度的收益率，而它极易在人口老龄化的影响下出现负值。人口老龄化对基金制度的影响会比较微妙，会使得商品市场或资本市场上的供给与需求不平衡。因此，解决人口老龄化问题的首要在于采取一系列的措施来促进经济的增长，而现收现付制与基金制的模式之争是第二位的③。

（二）待遇确定型（DB）与缴费确定型（DC）

不管是基金制度，还是现收现付制度均可以设计为缴费确定

① N. Barr, *The Economics of the Welfare State* (Fourth Edition) (Oxford: Oxford University Press, 2004).
② N. Barr, *The Economics of the Welfare State* (Fourth Edition) (Oxford: Oxford University Press, 2004).
③ N. Barr, *The Economics of the Welfare State* (Fourth Edition) (Oxford: Oxford University Press, 2004).

型或待遇确定型的模式。在 DB 制度中，养老金的计算是基于参保者最后的或者更长时期甚至整个工作期的工资收入的一定比例来计算的。供款和养老金收入之间有一定联系。DB 制度可设计为基金模式、部分积累模式或者现收现付模式。在一个典型的 DB 型基金制度中，按照一定制度规定，参保者的积累是一定的，参保者的供款水平不断被调整以适应要求。因此，养老基金投资的风险就落在了参保者肩上。在 DB 型现收现付制度下，补偿人口年龄结构和产出水平下降的责任亦落在了参保者身上。在 DC 型制度下，参保者的供款是固定的，而养老金收入则由参保者所积累的资产所决定。待遇领取方式既可定期提取，亦可购买年金。DC 型养老金制度的资金运行模式往往是个人账户制度①。

（三）基金个人账户制（FDC）与名义账户制（NDC）

FDC 是指基金制的 DC 型养老金计划，而 NDC 指的是现收现付的 DC 型养老金计划。在 NDC 制度中，供款率是固定的，其个人账户的名义积累额随着供款额的增加和记账利率的调整不断增加，而不必投资于资本市场以获得投资收益。在参保者退休时其名义积累额根据其预期余命进行发放。这使得参保者供款和养老金收入之间存在一个精算关系。参保者的名义积累额计算公式如下所示：

$$NW_k = q\left(\sum_{t=e}^{x} w_{t,k}\right)\prod_{j=t+1}^{x+1}(1+\lambda_j)(1+z_j) \qquad (6.1)$$

在公式（6.1）中，q 为供款率，w 为工资额，$(1+\lambda_j)$ $(1+z_j)$ 为收益率，等于工资收入总额的增长率，λ 为劳动生产率增长率，z 为劳动力数量增长率，e 为劳动者进入劳动力市场的时间，x 为劳动者退出劳动力市场的时间。退休第一年的养老金额计算公式如下：

① N. Barr, *The Economics of the Welfare State* (Fourth Edition) (Oxford: Oxford University Press, 2004).

$$b_{k,x+1} = NW_k/\eta \qquad\qquad (6.2)$$

其中，b 为养老金收入，η 为年金除数，由预期余命等因素决定。随后年度的养老金额为：

$$b_{k,x+i} = b_{k,x+i-1}(1 + \lambda_{x+i-1})(1 + z_{x+i-1}) \quad i = 2, \ldots, D \qquad (6.2a)$$

在公式（6.2a）中，D 为死亡年度决定的 i 值。除了收益率外，公式（6.1）至公式（6.2a）亦可描述 FDC 制度。如果将（$1 + \lambda$）（$1 + z$）更换为（$1 + r$），那么上述公式即为 FDC 制度的运行方式，其中，r 为养老基金的投资收益率。FDC 和 NDC 养老金计划的运行机理如图 6-1 和图 6-2 所示。

收入→养老金供款 = 养老金信用

养老金信用 + 投资收益 = 养老金账户实账积累额

（养老金账户实账积累额/年金除数）×（1 + 调整率）= 养老金额

图 6-1 FDC 养老金计划运行机理

资料来源：作者制作。

收入→养老金供款 = 养老金信用

养老金信用 + 收益 = 养老金账户名义积累额

（养老金账户名义积累额/年金除数）×（1 + 调整率）= 养老金额

图 6-2 NDC 养老金计划运行机理

资料来源：作者制作。

总而言之，由于均为 DC 制度，名义账户制和基金制个人账户计划具有一定的相似性，但亦由于财务模式的不同而具有较大差别性，前者的收益率为工资收入总额增长率，而后者的收益率为投资收益率。正是由于这一关键差别，FDC 和 NDC 制度的功能和局限有所不同。

三 公共养老金个人账户制度的
功能与局限

在个人账户制度下，每个参保者将来所能领取的养老金主要由其个人账户的积累（或名义）额决定，强调了参保者个人对自己养老负责的理念，缺乏社会统筹模式下的低收入者和高收入者之间的再分配。公共养老金个人账户制度往往是 DC 型制度，因此，它强调缴费与养老金待遇之间的联系，有利于激励劳动者的劳动积极性，延长其在劳动力市场的停留时间。而 DB 型养老金制度往往依据退休前一年或前几年的平均工资来确定，这对收入曲线较为陡峭的人群有利，而这部分人群往往终生的收入较高，从而产生了不利于低收入者的逆向收入再分配，违背了养老金制度设计的初衷。而个人账户制度通过 DC 型的待遇给付模式避免了这种问题的发生。

从宏观角度讲，养老金制度是将一定时期的国民产出在各代之间进行分配的机制。从个人角度分析，养老金制度是一种生命周期收入再分配机制。个人账户制度的主要作用在于将参保者的缴费和待遇紧密联系，提高利用养老资源的效率。面对人口老龄化的危机，传统的现收现付制度财务无以为继，实施 NDC 制度在制度的财务稳定性方面意义重大。但是，当人口老龄化程度较为严重，同时劳动生产率的提高不足以弥补人口老龄化给 NDC 制度带来的压力之时，NDC 制度所提供的养老金难以实现目标替代率。因此，名义个人账户往往与公共储备基金相结合来共同构成 NDC 制度。FDC 与 NDC 的主要差别是财务模式不同，前者属于基金积累制，而后者属于现收现付制。

（一）现收现付制与基金制功能与局限的比较分析

事实上，面对人口老龄化，在现收现付制和基金制之间做出选择是十分困难的。阿隆法则认为，当基金制投资收益率 r 大于现收现付制度的收益率，即人口增长率（生物回报率）m 和平均工资增长率 g 之和时，基金制度就是可取的；反之，如果人口增长率与平均工资增长率之和大于投资收益率，那么现收现付制的养老金计划就是可取的①。

各个国家基金投资的实际收益率是不一样的。瑞士养老基金的年均投资收益率在 20 世纪 70—80 年代仅为 1.5%，比同期工资增长率低 1.7 个百分点。在 20 世纪 60—90 年代，新加坡中央公积金的收益率也较低，年均仅为 2.0%。而同期，实际工资增长率超过了 4.0%②。如果养老基金来自强制性的缴费，那么政府必须严格监控养老基金部门，以确保这些基金的安全。较为严格的监管和向政府债券等安全度较高的工具投资往往无法带来高额投资收益率。

即使满足阿隆法则，考虑到基金制度的效率，也不能肯定得出基金制度优于现收现付制的结论。在代际之间实现消费的帕累托效率问题方面，无法肯定一个办法优于另一个办法。阿隆考虑的是制度外的工资和收益率变量，所以，其结论在小型开放的经济中更加适用。一方面，阿隆的分析并没有考虑部分积累制即混合型制度和参量改革，如改变制度缴费率等状况；另一方面，阿隆的分析是一种静态分析，并没有考虑整个制度转型中的成本和代际之间的分配矛盾。事实是，一个国家的养老金制度往往具有多层次，人们从不同的层次获得养老金。

在从现收现付制到基金积累制转轨的过程中，不可能在使其他任何一代不受损的情况下，补偿因放弃使第一代人获益的现收现付制而产生的差额③。养老金制度不同融资方式的选择不应该仅仅依照效率标准，更应该重点考虑代际之间的再分配。

因此，在人口老龄化背景下，世界上并没有任何使得各代人

① H. Aaron, "The Social Insurance Paradox," *Canadian Journal of Economics and Political Science* 32 (1966).

② D. Vittas, *The Argentine Pension Reform and Its Relevance for Eastern Europe* (World Bank Policy Working Paper No. 1819, 1997).

③ F. Breyer, "The Political Economy of Intergenerational Redistribution," *European Journal of Political Economy* 10 (1994).

都不受损失的养老金制度改革。有人认为，如果实施合适的养老
金制度改革，那么年轻一代和中年一代会获益，而老年人不会受
损，这是一种曲解。事实上，任何优良的养老金制度改革都无法
消除代际之间的矛盾。

现收现付制度的财务平衡由以下公式决定：

$$swN = pD \tag{6.3}$$

其中 s 为缴费率，w 为平均工资，N 为经济活动人数，p 为平
均养老金水平，D 为退休人数。在这些变量的共同作用下，现收现
付制度可以达到财务平衡。PAYG 制度的待遇支付方式可为 DB
型，亦可为 DC 型。DB 型的 PAYG 制度强调公平，这种公平主要
体现在代内富裕者和贫困者之间的公平，但在代际之间富裕与贫
困阶层的公平方面，它表现得并不是十分明显，因为参保者整个
职业生涯内的收入与其寿命紧密相连。现收现付制的再分配性很
可能是累退性的，而不是累进的。DC 型现收现付制强调效率，因
为它将参保者的缴费和未来领取的养老金紧密联系起来。参保者
的养老金权益与其参保状况、工作年限和收入紧密相关。

不管是基金制度，还是现收现付制度，都面对着风险。在人
口老龄化面前，现收现付制度会更加脆弱。随着人口老龄化的加
剧，该制度不得不采取削减财务赤字的政策。而基金制度很容易
受到资本市场风险的影响。养老基金很可能由于资本市场的周期
性波动或经济危机而破产，政府不得不承担最终的责任。

相对于基金制度而言，现收现付制更容易受到政治风险的影
响。但应该看到，即使在基金制度下，政府也很可能改变养老金
制度运行的环境，进而对基金制度实施影响，亦可能出现未来的
左翼政府挑战私营养老金制度的状况，或对中等收入阶层征收其
他税收。私营养老金储备的不断增加，而参保者个人对其的控制
能力很有限，这会促使政府对这些资源收税，就如同对酒精、石
油和香烟等需求弹性低的商品征收直接税一样，而个人避免这类
税收的可能性极低。

此外，两种制度模式之间的选择，还受到具体国家历史发展

的影响。在美国，法制比较健全，同时资本市场发展较为完善，人们更加倾向于基金积累制度也就不足为奇了。而在中欧地区，很多国家经历了战争、货币政策的改革以及政治体制的更迭，人们往往更加信任现收现付制度。

世界上没有十全十美的养老金制度，无论是基金制还是现收现付制，无论是 DB 制度还是 DC 制度，都无法避免投机、道德风险和交易费用等问题。这些问题会影响所有类型的合同，而这在养老金合同中表现得尤为明显。

（二）　从现收现付制到基金制的转轨分析

很多发达国家的养老金支出占 GDP 的比重在 10%—15%，因此，转制成本并不为零。所以，不能简单地应用阿隆法则在现收现付制度和基金制度之间做出选择。基金制度提倡者低估了转制成本的影响。在新人和老人之间会出现"失去的一代"，他们会面临双重支付的压力，即不仅为自己未来的养老金进行积累，还要为当前退休者支付养老金。一些学者主张通过发行债券（如智利通过发行认可债券来消化转轨成本）来化解"失去的一代"所面临的双重支付压力。但是，这会导致一些人面对再次支付转制成本的问题。正如巴罗所指出的那样，政府债务迟早会通过征收高额税收来抵消。因此，"失去的一代"会在生命周期增加他们财富的论点是不合理的[1]。

在此，我们设定转制成本的消化将通过发行认可债券的方式来融资，发行总额为 D，这意味着会增加当期政府的债务。政府所支付的转制成本将会注入私营养老基金并进行投资。那么，在制度进行转型之时，新增加的储蓄资本 S 正好等于债务 D：

$$D = S \tag{6.4}$$

在随后的年度，D 按债券的利率 r_1 进行增加，而 S 按照投资收

---

[1]　R. J. Barro, "Are Government Bonds Net Wealth?" *Journal of Political Economy* 82 (6) (1974).

益率 r_2 的标准增加，如果二者相等，那么下式则成立：

$$D(1 + r_1)^n = S(1 + r_2)^n \qquad (6.5)$$

从公式（6.5）可以看出，对发行认可债券能够增加总财富的观点需作进一步分析。一些乐观者认为 r_2 会大于 r_1，但是，这种设想十分值得商榷。大量的养老基金积累会带来自由资本的大幅增加，这会导致利率的下降。政府赤字超出预期水平会引起金融市场的恐慌，这要求认可债券的收益率要达到一个较高的水平。当 r_1 等于 r_2 时，债券的平均收益率与投资收益率会互相抵消。

一些学者认为，基金制度能够在同样的缴费率情况下，比现收现付制度提供更多的养老金。上述观点是在静态模式的假设前提下得出的，完全忽视了人们将会不得不通过缴纳高税收来支付认可债券，这会导致同期消费的减少或通货膨胀率的上升[①]，而后者会带来养老基金价值的下降。

隐性债务和显性债务的计算误导了人们的思维。应该注意的是，隐性债务的计算是在基于一定假定，且认为传统 PAYG 制度的各参数不变情况下得出的。但是，制度参数会不断地根据具体状况进行调整。而从现收现付制度向基金制度的激进改革中，隐性债务会显性化，其带来的消极影响会更大。

从现收现付制度向基金制度转轨的成本巨大。如果将来退休者的养老金水平与现在一致，同时中人未来的养老金至少有一部分来自 PAYG 制度，那么捷克的转轨成本会是其年均 GDP 的 1.5—2 倍。维持 PAYG 制度财务稳定的增加税收忽视了整个经济的运行，如逃税漏税、失业和劳动力市场扭曲等情况，最后经济增长和工资增加将会放缓甚至停滞。养老金制度转型中所使用的转轨债券会产生同样的效果。因为，它们终会通过高税收来补偿[②]。无论如何，新人和中人无法回避他们在养老金制度改革中的责任。

---

① 税收水平的提高往往使得纳税人通过税负转嫁（主要是前转）来将其税收负担转移给消费者，从而使得物价上涨，通货膨胀水平上升。

② S. K. Chand, A. Jaeger, *Aging Populations and Public Pension Schemes*（IMF Occasional Paper No. 147, Washington, D. C. 1996）.

他们要么在当前，要么在未来通过高税收来支付转轨成本。认为他们既可摆脱转轨成本的责任，又可获得高额养老金的观点是荒谬的。事实上，任何养老金制度都无法解决养老金制度改革中的这种代际矛盾。

养老金制度改革的目标是实现帕累托改进的观点是站不住脚的。帕累托改进的特点是，在其他群体不变坏的前提下，至少有一个群体的状况变好。但是在制度转型中，这种条件很难实现，因为在人口老龄化背景下，各代的状况都无法避免地相对变坏①。与当前退休者相比，制度转型会降低将来退休者的生活质量。如果当前的中人和新人想保持他们将来的退休生活质量不下降，他们不得不限制今天的消费。如果人们仅是优化他们在工作阶段和退休阶段的消费，并不会增加其财富。当然，并不排除个别人能够谨慎储蓄足够的资金来确保他们退休之后的生活水平能够超过上一代。但是，总体来看，整代人将不得不付出某种代价来推动养老金制度的转型②。

（三）　现收现付制与基金制对储蓄影响的比较分析

人口老龄化很可能导致储蓄水平降低、资本储备减少、经济增长放缓甚至倒退、劳动力市场活跃度下降等不利的宏观经济后果。不管是现收现付制，还是基金积累制度，都将面对这种状况。人口老龄化所带来的经济负担在很大程度上独立于养老金制度的形式。

尽管在一些仿真研究中，基金制度对储蓄水平有积极影响，但是现实往往并非如此。很多支持基金制的学者认为，基金制度必然大幅增加一个国家的储蓄，例如，在智利即是如此。但是，养老金制度私人储蓄的增加很可能被其他自愿性储蓄所抵销。事实上，现收现付养老金制度对储蓄的影响是具有很大争议性的话题。费尔德斯坦认为，传统的现收现付制度对私人储蓄和经济增

---

① R. Holzmann, *Pension Reform in Central and Eastern Europe-Necessity*, *Approaches*, *and Open Questions* (Europa-Institut Saarbruecken Research Paper 9701, 1997).

② 郭林：《公共养老金个人账户制度研究》，《社会科学研究》2013 年第 3 期。

长有消极作用。与之相反，他宣称，基金制度对储蓄水平增加和经济增长有积极作用①。在一个拥有代际转移的动态家庭模型中，现收现付养老金制度对储蓄的影响是中性的。强制性的现收现付制度并不创造任何社会财富，它仅仅对自愿性的私人储蓄进行分配②。

如果在养老金制度私营化过程中，由政府债券融资支付转制成本，那么基金制度并不会对一个国家的储蓄水平带来任何影响。基金制度私人储蓄的增加会被公共储蓄的减少而抵销。国家储蓄的增加只可能发生在养老金制度的转型成本至少部分由政府所增加的收入或储蓄所支付的情况下。如果养老金制度改革伴随着总储蓄水平的增加，这不是由养老金制度模式所引起的，而是由于预算强化带来的。因此，引入基金制度增加储蓄的效果并不是积极的。

养老金制度私营化会对经济增长有积极影响的论断是值得商榷的。如果养老金制度的改革伴随着预算的优化和加强，上述论断则可能是正确的。但是，养老金制度转型的预算非中性很难证明养老金制度改革与经济增长之间的联系。养老金制度改革应该是预算中性的，无论是显性的，还是隐性的。

四　公共养老金个人账户与社会统筹的关系

从理论层面分析，社会统筹养老金制度既可以采用现收现付制，也可以应用基金积累制度。但是，从各国实践看，社会统筹养老金制度往往采取的是 DB 型的现收现付制度。此外，一般性税收收入支持的基本养老金亦可被看作统筹层次为全国统筹的社会统筹的机制。它与个人账户制度可被看作一国养老保障体系的两

---

① M. S. Feldstein, "Social Security, Induced Retirement, and Aggregate Capital Accumulation," *Journal of Political Economy* 80（5）（1974）.

② R. Barro, *The Impact of Social Security on Private Savings?*（Washington: American Enterprise Institute, 1978）.

个最重要的层次。

较之个人账户制度，DB 型现收现付制度有助于通过收入再分配发挥社会保障互助共济的功用，且其制度建立的成本较低，但其缴费与待遇之间的联系不够紧密使得其收入再分配具有一定的累退性。这种累退性主要表现在，传统现收现付制度往往依据最后几年工资收入水平确定养老金水平，这有利于生命收入增长曲线陡峭的参保者，而这部分参保者大部分是拥有高学历和高技能的高收入者。

由于在养老金制度建立之初的老年抚养比较低，各国一般采取现收现付制的模式。但是随着人口老龄化趋势的出现，由于老年抚养比的上升，为维持养老金水平不降低，传统的现收现付制度需要不断提高其供款率，或延迟退休年龄，才能实现制度的财务平衡，但是供款率和退休年龄又无法无限度的提升，因此，其财务稳定性受到了严峻挑战。事实上，如果劳动生产率的提高带来的国民产出增加能够抵消或者超过人口老龄化给国民产出带来的消极影响，传统的现收现付制并不需要提高供款率或退休年龄就能实现财务平衡，但是其毕竟存在一定收入再分配累退的缺点。在这种情况下，DC 型制度在一些国家开始出现，弥补了传统现收现付制度的缺憾，但是缺乏较为有力的收入再分配。在养老保障制度体系的改革过程中，这些国家又建立了一般性税收收入支持的基本养老金，以增强制度的再分配性。这样，若干国家建立了NDC、FDC 等专门供款型养老金制度与一般性税收收入支持的基本养老金机制相配合的养老金制度体系。一国社会统筹类养老金制度应与个人账户养老金制度协调发展，其内涵如下所述。

第一，在基金制个人账户与传统现收现付的社会统筹机制关系方面，有的国家用个人账户基金支付当期退休者的养老金，以缓解社会统筹基金的支付压力，如波兰。在一定程度上，这有利于保障当期退休者的养老权益，但是，会使得基金制个人账户流于形式。严格来讲，社会统筹基金与个人账户基金应该分账运行，不应混账管理，否则会给基金运行带来混乱，如在中国。一个国家如果具备实施基金制个人账户的基本条件，并实施了该制度，那么社会统筹部分和个人账户部分应该严格划清界限，而不能随意挪用个人账户基金来补偿社会统筹养老金的支付。如果一个国家并不具备实施基金制个人账户的基本条件而盲目实施了这一计划，那么面对巨大的投资压力，社会统筹部分挪用个人账户部分的资金是实现资金保值的变相手段，这会使得原来设想的基金制个人账户计划陷入一种畸态，造成整个养老金制度体系的紊乱。因此，一个国家在进行养老金制度改革之前，要审慎考察其所具备的基本条件，在具备这些条件的状况下，方能进行从现收现付制向基金制度转型的改革。

第二，现收现付的社会统筹制度与个人账户制度协调发展的另一重要内涵是，要建立互相协调的基本养老金调整机制。这种协调并非指两种制度的养老金调整机制完全一样，而主要体现为两种制度按照自身的运行机理来实现养老金的合理调整。从理论层面分析，现收现付制应该按照其收益率即工资收入总额增长率进行调整，以使得退休者能与当期工作者充分共享国民经济的发展成果；而基金制度要么通过传统保险，要么通过继续投资资本市场来实现养老金调整①。

五　公共养老金个人账户制度的
基本理论

个人账户制度尤其是 FDC 的实施需要一定的条件。其中一些条件是必需的，如果一个国家在建立个人账户制度之前并未具备这些条件，即使强行推行个人账户制度也不会更加有利于这些条件的完备，反而会使得这类条件更加恶劣，从而对个人账户制度的可持续发展造成阻碍。此类条件之所以具备上述特点，是因为要么缺乏这些条件会使得个人账户制度发生异化，要么这些条件

---

① 在各国实践中，为了保障国民养老权益，很多国家亦通过一般性税收支出来向基金制个人账户养老金调整提供财政支持，有的国家将养老金调整变量内置于精算公式，应看到，基金制个人账户养老金支付的最后责任者仍为政府，其财力来源仍为一般性税收收入。

会与基金制度出现互损的状况。例如，转轨成本的有效解决和具备基本条件的资本市场对于 FDC 而言，即为此类条件。一个国家至少应在建立基金个人账户制度时，对如何有效消化转轨成本做出合理的安排，否则会在制度的实施过程中出现制度发生异化的状况；如果一个国家资本市场缺乏基本的金融工具和监管机制，那么，强行推行基金制个人账户则会由于养老基金投资对资本市场的绑架使得资本的市场化程度越发低下，FDC 运行的资本市场环境更加畸形，从而不利于基金制度的可持续发展。

其中一些条件是可以随着制度的建立和发展逐步建立并完善的。这些条件之所以具备上述特征是因为它们尽管会使得个人账户制度不够完善，但不至于发生异化，且个人账户制度的发展会加快完备这些条件的步伐。例如精算机制、信息系统和就业政策等。一个国家养老金制度如果不具备完善的精算机制和信息系统，在 FDC 和 NDC 发展过程中，对精算机制和信息系统的需求会促使政府采取有力措施积极建立并完善制度的精算机制和信息系统。如果一个国家的就业市场存在不利于老年人就业的状况，在 NDC 制度的实施过程中，政府可积极优化劳动力市场就业环境，以配合 NDC 的弹性退休年龄制度，改善老年人的就业状况。

FDC 与 NDC 均有助于增强养老金制度供款与待遇之间的联系，它们之间的差别主要是基金制与现收现付制之间的区别。面对人口老龄化所带来的制度外压力，基金制和现收现付制都会面临一定的风险。FDC 和 NDC 制度仅仅是两种分配当期国民产出的机制，它们都会受到人口老龄化可能带来的国民产出下降的冲击。认为基金制度有助于储蓄增加和经济发展的观点是站不住脚的。应该看到，基金制度优于现收现付制度的论断，很多时候是政治家为了推动制度转型而过于强调的方面，他们把握了舆论的导向，故意忽略了现收现付制度的可取之处与基金制的弊端。从现收现付制度向基金制度的转型并不存在代际受益的帕累托改进，必然有一代甚至几代人通过缴纳高额税收来弥补现收现付制度第一代获益者的无供款收益。

FDC 和 NDC 制度本身均较为缺乏再分配性，而传统的 DB 型现收现付制度由于再分配的累退性需要进行改革。为了保证养老金制度体系的再分配性以有利于社会公平，在供款型养老金制度之外建立一般性税收收入支持的基本养老金制度不失为一个明智的选择。在供款型养老金制度的选择方面，应考察具体国家是否具备上述条件，如果缺乏具备基本要素和监管机制较为健全的资本市场，或转轨成本无法有效消化，则不能建立 FDC 制度。

但应该看到，在一定条件下，基金制度可作为一个辅助因素与其他主要因素一起促进经济的发展。但这些条件要求是非常严苛的，不仅包括上述实施条件，还应考察一国整个市场经济的运行状况。在发展中国家，市场经济的建设尚不完善，认为实施了基金制即能促进经济发展的观点显然是荒谬的。如果一个国家确实具备了完善的市场机制，且各市场要素的传导较为通畅有效，并有必要依靠基金制来推动储蓄增加和经济增长，那么可考虑实施基金制度，但是这一观点的前提是，基金制度首先能够有效发挥其社会保障功用。养老金制度的首要目标是保障国民养老权益，如果将促进经济发展作为养老金制度的首要目标，无疑是舍本逐末。应该认识到，我们可以从理论层面分析 FDC 和 NDC 的功能与局限，但应审慎论及两种制度对比之下的优劣，因为制度的优劣需要结合不同国家的具体国情，基金制个人账户计划在一些国家运行较为良好，但同样的制度在另一些国家就是非理性选择。

如上所述，NDC 与 FDC 主要是一种在劳动者和退休者之间分配当期国民产出的工具，它们是保障国民养老权益的基本方面。在人口老龄化背景下，要切实做到保障国民老年生活，根本手段是采取有力措施，促进经济发展，做大国民经济蛋糕。人口老龄化给经济发展带来的负面影响主要是通过减少劳动力数量，进而减少一定时期的社会总产品数量来实现。在人口老龄化趋势下，如果劳动生产率降低，或提高的程度对社会总产品增加的影响小于人口老龄化的影响，上述负面影响必然出现。因此，一国只有努力提高劳动生产率，使其增加的社会总产品数量超过因人口老龄化而减少的数量，增加国民产出，为养老金制度的运行奠定坚实的基础，才能有效保障国民的老年生活。

第七章　中国公共养老金个人账户制度的完善

一　中国公共养老金个人账户制度的改革思路

2011 年，国务院启动了城镇居民社会养老保险制度（以下简称"城居保"）的试点工作，并加快了新型农村社会养老保险（以下简称"新农保"）的试点进度。到 2012 年，以企业职工基本养老保险制度（以下亦简称"职保"）、新农保、城居保等为主要内容的我国养老保障制度体系实现了制度层面的全覆盖，具有十分重要的意义。考虑到企业职工基本养老保险制度是我国养老保险体系的核心部分，下文主要以其个人账户制度作为分析对象。

在从传统现收现付制向部分积累制转轨的过程中，由于对转制成本消化未做出妥善安排以及社会统筹和个人账户"混账"管理等原因，中国职保个人账户资金被用于支付当期退休者的养老金并出现了"空账"问题。尽管政府努力做实个人账户，但到 2011 年，"空账"率仍高达 90% 左右①。总体而言，职保个人账户仍处于"空账"状态。

中国当年引入基金制个人账户的理由主要有两个。一是为了应对人口老龄化的挑战。在人口老龄化背景下，传统现收现付制的财务可持续性差，会给政府带来巨大的财政负担。然而，面对

---

① 根据人力资源和社会保障部于 2012 年发布的《2011 年度人力资源和社会保障事业发展统计公报》及其他相关数据整理计算所得。

人口老龄化的冲击，基金制个人账户计划亦存在较大风险，如商品市场和资本市场的供需失衡。在其他条件不变时，当人口老龄化对经济增长消极影响的绝对量大于生产效率提高对经济增长积极影响的绝对量时，无论是传统现收现付制还是基金制，都会面临缺乏可持续性的风险。从宏观层面看，养老金制度自身并不能应对人口老龄化的挑战，但它是国民养老的基本保证，而依靠各种政策带来的经济增长才是化解人口老龄化风险的根本手段。因此，能够应对人口老龄化的挑战并非做实个人账户、实施基金制的充分理由。

二是中国实施基金制个人账户能够带来经济增长。持此观点者往往认为，基金制个人账户推动经济增长的路径主要有两条。第一，基金制能够带来较高的储蓄率，引起投资增加，进而实现经济增长。但是，基金制并不一定带来储蓄率提高，即使储蓄率提高也不一定引起投资增加与经济增长。考虑到中国的储蓄率已经很高①，即使基金制个人账户能够提高储蓄水平，也不能成为实施基金制个人账户的有力论据。因此，第一条路径不能成为中国做实个人账户、实施基金制的充分理由。第二，在基金制下，养老基金投资能够促进中国资本市场的发展，进而推动产出增加。但是，如上所述，只有在资本市场具备基本市场要素和监管机制的条件下，养老基金投资才会推动资本市场的进一步发展。在中国政策性资本市场中，由政府实施的养老基金投资，会扭曲上述基金制促进资本市场发展的路径，出现上文所述的养老基金投资绑架资本市场的状况。因此，第二条路径亦非做实个人账户、实施基金制的充分理由。

中国做实职保个人账户面对无法回避的融资挑战和投资瓶颈。一方面，尽管到 2011 年年底，中国企业职工基本养老保险基金累计结余 18500.41 亿元，但由于统筹层次较低，一些地区的结余无法用于填补另一些地区的养老金缺口，这使得上述结余资金在短期内无法用于弥补空账。当前，做实个人账户的资金来源主要为

---

① 根据 WDI 数据，2006—2009 年，中国毛储蓄额占 GDP 的比例分别为 52%、52%、53% 和 54%。

政府财政收入。2007—2009 年，个人账户的空账规模占当年财政收入的比重分别为 20.26%、18.59% 和 18.10%。可见，做实个人账户的融资挑战极其严峻。另一方面，已做实个人账户的基金投资收益率极低。根据审计署披露，到 2008 年，个人账户基金的年均收益率不到 2%，而 2001—2008 年，中国年均通货膨胀率为 2.29%，这意味着已做实的个人账户基金尚不能实现保值，何谈增值。造成收益率低下的主要原因是个人账户基金的投资主要局限于国内银行存款等低风险和低收益的工具①。如果增大向国际资本市场的投资规模，那么个人账户基金则无法避免国际资本市场周期性波动带来的风险，况且从国际经验看，一国的养老基金大部分往往投资于国内资本市场；如果提高投资于高风险和高收益工具的比例，那么中国的政策性资本市场就会给养老基金的运行带来巨大风险。养老金制度应该是一个能为参保者提供具有安全性和稳定性退休收入的制度，而不是一个充满不确定性、赢家和输家并存的制度。

从以上分析可以看出，由于不符合中国国情，做实个人账户、实施基金制效率较为低下。针对中国企业职工基本养老保险个人账户的"空账"问题，一些学者主张实施名义账户制度，代表性观点如下：中国缺乏个人账户基金投资所需的金融市场条件，建议借鉴瑞典经验，近期内实施名义账户制，而非基金制的个人账户计划；"记账式大账户"模式是改革中国企业职工基本养老保险制度的上策；按照转型名义账户制的思路来设计中国的养老保险比较可行，不仅能平滑转轨成本、建立起激励和监督机制，而且有利于劳动力的流动。

单纯从实现个人账户制度的自身财务可持续出发，我国个人账户貌似应该改革为名义账户制。但是中国养老保险制度模式的选择应格外注意如下几点。

---

① 审计署发布的《2012 年第 34 号公告：全国社会保障资金审计结果》显示：包括已做实个人账户基金在内的社会保险基金结余形态为活期存款、定期存款和其他形式，分别占 38.44%、58.01% 和 3.55%。

第一，改革不能违背制度构建的初衷，且要有全局眼光。纵观世界各典型国家社会保障制度的发展历史与现状，基本养老保险制度的核心任务是用社会化的能够给予国民安全预期的制度，来应对易使得国民陷入不稳定状态的养老风险。互助共济是实现上述核心任务的主要机制，且其有助于产生相应的政治认同与社会团结效应。

当前，大部分国家的养老保险体系是多层次的。作为其中的第一层次，公共性的基本养老保险是整个养老保险体系的稳定基石；第二层次的企业或职业年金以及第三层次的人寿保险等主要采取完全积累式的个人账户制。

前述主张实行"大账户"或"全账户"的观点主要是从减轻政府近期负担和激励个人利己取向出发，在基本养老保险制度中扩大个人账户的规模至主体位置。智利个人账户制度约30年的运行实践充分说明，全账户制或大账户制是不可能成功的。首先，其制度覆盖率不尽如人意。1989—2009年，智利基本养老保险每年12月的月度覆盖率平均仅为50.4%，年度覆盖率平均值为65.5%。可见，尽管制度是强制推行的，但全账户并未带来高水平的参保率，这表明个人账户具有激励参保功能的观点在制度现实中没有得到充分印证。其次，个人账户融资功效在智利个人账户制度中亦没有得到很好的体现。在1981—1990年、1991—2000年、2001—2010年、2011—2014年，智利养老保险基金投资的平均收益率分别为12.63%、9.24%、6.74%、3.63%，呈明显递减趋势。如果扣除所有管理费用，智利上述各年度区间的收益率会更低。面对这种状况，智利政府被迫重建互助共济性的公共养老金，包括社会救助养老金和最低养老金两个部分，覆盖约60%的家庭[1]。

如前所述，瑞典养老保险体系包括名义账户制度、基金个人账户制度、保证养老金制度三部分，其中，前两项制度的待遇等于总资产除以余命。主张名义账户者认为，瑞典的养老金制度对

---

[1] 郑功成：《基本养老保险不宜采用大账户》，中国社会保障学会《民生专报》2015年第1期。

参保人具有很强的激励性，减轻了政府的财政负担。但如果充分考虑到瑞典改革的国情背景，情况并非如此。在 20 世纪 90 年代，瑞典重构基本养老保险制度之时，原来的养老金制度因为绝对公平和过于慷慨而缺乏激励，在人口老龄化背景下，使得政府财政压力逐年增大。同时，瑞典对基本养老保险实行名义账户制度改革并未动摇其福利国家的根基，因其拥有十分优厚的各类保障措施，如全民免费医疗，覆盖老年人、儿童、残疾人等的福利措施。

瑞典名义账户的财务自动平衡机制的作用发挥是以牺牲养老保险制度的正向功能为代价。其一，将参保者缴费与其未来的养老金待遇紧密相连，使得名义账户制收入再分配和促进社会公平的功能很弱。其二，自动平衡机制作用发挥使得养老金替代率下降趋势明显。如 2012 年，瑞典养老金替代率为 57%，较改革之前下降了 8 个百分点；据预测，2020 年会下降至 49%，这给社会公众带来很大的不安全感。其三，自动平衡机制的运行使得瑞典养老金的增长率波动幅度很大。2010 年，因养老金制度整体收不抵支，瑞典启动了自动平衡机制，仅当年的养老金增长率即从 2009 年的 4.6% 下降到 -3%，2011 年进一步下降至 -4.3%；2012 年因自动平衡机制暂停运行，养老金增长率回升到 3.6%，波幅明显很大，无法给国民稳定安全预期。综上，瑞典以名义账户制为主体、自动平衡机制为核心杠杆的制度在完成基本养老保险核心任务方面表现不佳。

瑞典的经验表明，名义账户制及其自动平衡机制能够减轻政府即期负担，但这并不意味着其可以减轻政府的长远负担和养老金支付的长期压力。应该看到，瑞典缓冲基金数额巨大，这是化解人口老龄化背景下养老金支付压力的重要基础，而名义账户本身因是现收现付制，所以不是以减轻下一代负担为目的的储蓄。更应看到，名义账户制度不仅没有完成基本养老保险天然之核心任务，更通过损害公益性来迎合利己主义取向。因以精算平衡为核心工具，名义账户的参保者个体必然重一己之得失，有能力者会选择更具激励性的理财方式，而无能力者则更多注重眼前短期利益。如果缺乏强制推行，便不可能有理想的覆盖率，但这种强行实施难免会消解集体认同和公益责任。综上，如果基本养老保险以名义账户为主体，那么国民能够获得的短期好处有限，长远利益损失也难以估量；而且，如若同时再加上其他老年福利制度不太健全，国民面对养老风险时就会十分脆弱①。

第二，借鉴改革经验要注重历史长度。智利和瑞典等国家的个人账户制度运行时间不长，却已露先天之不足。中国养老保险个人账户制度的改革不能对此视而不见，学者更不能仅根据自身价值取向进行片面夸张的国际借鉴，谨防得出非理性的结论。

与世界上少数在基本养老保险制度中引入个人账户机制的国家相比，德国的社会养老保险制度更具参考价值，因其自 1889 年建立以来，已经持续发展了 120 余年。在这一过程中，德国也曾尝试采取部分积累制，但在金融危机期间遭遇了养老基金大幅贬值之后，又将基本养老保险制度定位为现收现付制。这意味着，部分积累制并非德国应对人口老龄化的有效工具。德国养老保险制度实现长期可持续的主要措施有以下几点：其一，坚持基本养老保险的互助共济的现收现付机制，适当降低其替代率，维护这一制度所发挥的社会团结和政治认同功能；其二，大力发展第二、第三层次的养老金，在一定程度上保证整个养老保险体系的替代率。2011 年，德国基本养老基金结余 45 亿欧元。针对这种状况，德国对养老保险制度进行了组合改革：从 2012 年起将养老保险费率从 19.9% 降至 19.6%，并提高养老金待遇；同时，从 2012 年 1 月 1 日起到 2029 年，逐渐将退休年龄从 65 岁延迟到 67 岁。德国养老保险实现可持续发展的经验主要在于：整个养老保险体系坚持政府、企业和国民个人责任共担，基本养老保险坚持互助共济，注重发展多层次的养老金制度体系，通过参量改革调整筹资和待遇结构，是可以在维护基本养老保险正向功能的条件下，从容应对人口老龄化压力的。

当前，与德国相比，我国有着更年轻的人口年龄结构，退休

---

① 郑功成：《基本养老保险不宜采用大账户》，中国社会保障学会《民生专报》2015 年第 1 期。

年龄和基本养老保险覆盖率弹性空间更大，现有基本养老金制度滚存结余了数万亿元的基金积累，还有不断增长的战略储备基金，更有丰厚的国有资产和全部的土地财富。然而，面对高龄化、退休年龄与基本养老保险覆盖率无弹性、现收现付制为主体、私有制无可供全民共享的公共财富等状况，德国很少有人担心养老金制度的崩溃，因为互助共济性的基本养老保险制度发挥了增进国家认同、促进社会团结、凝聚福利共识、提供稳定安全预期的重要作用。反观我国，在各种条件都优于德国的情况下，基本养老保险反而面临信任危机。其主要原因在于当前制度设计不合理、舆论导向有问题。如果在我国基本养老保险中实行大账户，甚至全账户，只不过是在牺牲基本养老保险各项正向功能的同时，用将来的更大的新问题回避当前可以用参量改革化解的已有问题，这显然是不够理性的①。

"十三五"规划纲要指出，要"完善职工养老保险个人账户制度"，理性的对策是，对基本养老保险而言，要缩小个人账户规模，增强互助共济性，实现其社会团结和政治认同等正向功能；降低目标替代率，这既可降低政府直接显性财政责任，又能为纯个人账户的第二、第三层次的养老金留出发展空间。同时，要加快实现基本养老保险的全国统筹，发展企业年金、职业年金和商业人寿保险等其他层次的养老保险机制，促进整个养老保险体系的责任分担机制更趋理性，从而推动养老金制度的可持续发展。

二　中国养老基金投资运行机制的优化

"十三五"规划纲要指出，要"拓宽社会保险基金投资渠道，加强风险管理，提高投资回报率"。养老基金是中国社会保险基金的最主要组成部分，事关国民养老权益的切实维护。鉴于社会统筹结余基金和已做实个人账户基金为中国养老基金的主体，此处

---

① 郑功成：《基本养老保险不宜采取大账户》，中国社会保障学会《民生专报》2015 年第 1 期。

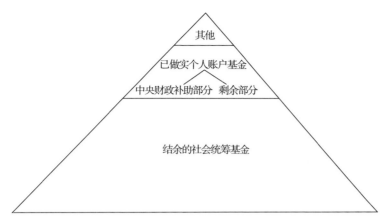

图 7 - 1　中国养老基金结构图

主要以企业职工基本养老保险基金①作为分析对象。养老基金入市是指将养老基金投资范围扩展至债券、基金、股票等具有较高风险和较高收益的工具，而不仅局限于低风险、低收益的银行存款和国债等工具。因此，养老基金投资是比养老基金入市更为宽泛的一个概念，后者是前者的外延之一。

　　事实上，以 2006 年的 9 个省、自治区、直辖市② 103 亿元养老金个人账户被中央财政补助金委托全国社保基金理事会投资运营为标志，中国养老基金开始入市。2012 年 3 月，经国务院批准，全国社会保障基金理事会受广东省政府委托，投资运营广东企业职工基本养老保险结存资金 1000 亿元，这标志着社会统筹结余基金首次入市，中国养老基金的投资进入了一个新的发展阶段。

　　中国养老基金的投资现状不尽如人意。到 2009 年年底，22.00%已做实个人账户资金由 9 个省（自治区、直辖市）委托给全国社会保障基金理事会运行。2001—2011 年，全国社会保障基金实现了年均 8.41%的高额投资收益率。全国社会保障基金理事会基金年度报

---

① 　企业职工基本养老保险基金包括企业职工基本养老保险社会统筹结余基金和已做实的个人账户基金。

② 　9 个省、自治区、直辖市包括天津市、山西省、吉林省、黑龙江省、山东省、河南省、湖北省、湖南省和新疆维吾尔自治区。

告（2014 年度）显示，广东委托的 1000 亿元资金，在首个委托期满（至 2014 年年末）时的投资收益为 55.58 亿元，收益率约为 5.56%，亦取得了较为不错的成绩。但是这些数据的精准度需要商榷。笔者认为，此高额投资收益率的成因包括两点。一是该数据并未完全扣除全国社会保障基金投资过程中的管理费用。事实上，在对社会保障基金进行投资的典型国家（如智利、瑞典）中，管理费用是侵蚀基金投资收益率的关键因素。二是全国社会保障基金投资对资本市场的绑架。很多人以能够促进资本市场发展为由主张养老基金高水平入市。但是，更应该强调的是，社会保障基金的投资首先需要一个国家的资本市场具备基本的要素和监管机制，因为从国际经验看，大部分国家的社会保障基金主要投资于国内。到 2010 年，全国社会保障基金境外投资资产占总资产的比例仅为 6.9%。

在中国资本市场尤其是股票市场整体不景气的情况下，全国社会保障基金的投资收益率可以说是一枝独秀，傲视群雄，这不得不引人深思。出现这种状况的主要原因之一是在中国政策性资本市场中，全国社会保障基金的投资在一定程度上绑架了资本市场，这必然影响中国资本的市场化进程。

剩余个人账户资金部分（大约占已做实个人账户资金额的 78%）和职保社会统筹基金主要由各地方政府进行管理，多数地区将其存入银行或购买国债，这导致该部分资金的收益率水平低下。根据审计署披露，到 2008 年，养老基金的年均收益率不到 2%，而 2001—2008 年，中国年均通货膨胀率为 2.29%，这意味着养老基金尚不能实现保值，何谈增值。

中国养老基金入市须缓行。从上文分析可以看出，在 2012 年 3 月广东省委托全国社保基金理事会对其部分养老基金进行投资运营之前，中国养老基金实际上已经进行了一定投资，只不过其投资主要局限于国内银行存款和国债等低风险和低收益的工具，这是造成其投资收益率低下的主要原因。从实现基金保值增值角度看，养老基金入市是必要的，但是应谨慎考虑其可行性。

中国缺乏发达国家那样专业的基金投资人才和投资机构，即使我们拥有世界一流的专业人才和机构，资本市场的政策性也会使得养老基金投资受到消极影响。假设养老基金大规模和高水平入市，在中国政策性资本市场的背景下，如果利用非市场性的干预实现了养老基金的高额增值，也就是说养老基金投资绑架了资本市场，那么，中国资本的市场化进程必然受阻。而资本市场是中国社会主义市场经济体系的核心组成部分之一，其市场化进程的不顺必然阻碍社会主义市场经济体系的整体建成。作为中国经济发展的目标，社会主义市场经济制度的发展不应受到任何不利因素的影响。如果因为养老基金投资的高额收益率而阻碍社会主义市场经济的进程，显然是得不偿失的。我们应该将养老基金入市的问题放在我国整个经济制度框架内考虑，而不能仅考虑养老基金的需求。反过来讲，中国资本市场化的异化显然无法为养老基金投资的可持续发展提供保障。总之，在资本市场的政策性没有根本改观的条件下，养老基金较大规模和较高水平入市会导致其作茧自缚，无法可持续发展。

2015年，国务院印发了《基本养老保险基金投资管理办法》，规定了企业职工、机关事业单位工作人员和城乡居民养老结余基金的投资运营方法，设定了养老基金委托人、受托机构、托管机构、投资管理机构的管理机制，特别限定养老基金仅能在境内投资，并明确了养老基金投资于各类工具的比例。中国基本养老保险基金的投资运营需要注意以下两点。

第一，要注重发挥全国社会保障基金理事会的作用。虽然全国社会保障基金的高额投资收益率的精确度有待商榷，但是经过十来年的实践，其毕竟积累了一定的经验。在人口老龄化背景下，储备一定资金，以备人口老龄化高峰之时所需是十分必要的，全国社会保障基金就是基于这个目的建立的。故从基金功能角度来看，基本养老保险基金与全国社会保障基金协同投资运营具有可行性。

第二，对基本养老保险基金的运营要防止投资过度"碎片化"所导致的投资成本增加。此外，要逐步建立规范的监管制度，努力避免基本养老保险基金投资绑架资本市场状况的出现。应重视资本市场的发展，逐步完善资本市场基本要素，最终建成市场机制良好的资本运行机制，为基本养老保险基金的投资提供良好的市场环境。在资本市场发展的过程中，基本养老保险基金的运营应该根据中国资本市场的具体发展状况来选择理性的投资工具和投资组合，循序渐进地提高养老基金入市的水平。

三 中国基本养老金调整机制的完善

在我国，调整基本养老金所需资金由企业职工基本养老保险基金或中央财政承担。按照上述改革思路，以社会统筹为主体的基本养老金财务机制为现收现付制度。养老金调整比例应与现收现付养老金计划的收益率一致。下面应用叠代模型对现收现付养老金制度的收益率即养老金调整比例进行理论分析。

假定所有的人被同一现收现付养老金制度覆盖，每天出生新的一代，且每代人口生命周期为两个期间。个人在第一个期间仅仅工作，其工资率为 w_t，劳动供给量为 f_t，向养老金制度的缴费率为 j_t，养老金水平为 b_t。在上述假设条件下，制度的收益率 R 即养老金调整比例的计算公式如下所示：

$$1 + R = b_t / (j_t \times W_t \times f_t) \tag{7.1}$$

将 n_t 定义 t 代的人数，如果养老金制度要实现财务平衡，需要下式得以成立。

$$n_t \times b_t = j_{t+1} \times n_{t+1} \times w_{t+1} \times f_{t+1} \tag{7.2}$$

则

$$b_t = (j_{t+1} \times n_{t+1} \times w_{t+1} \times f_{t+1}) / n_t \tag{7.3}$$

将公式（7.3）代入公式（7.1），得到养老金制度的收益率为：

$$1 + R = (j_{t+1}/j_t) \times [(n_{t+1} \times w_{t+1} \times f_{t+1})/(n_t \times w_t \times f_t)]$$
$$= (j_{t+1}/j_t) \times (1 + G_{t+1}) \tag{7.4}$$

可以看出，G_{t+1} 为名义工资收入总额增长率。如果缴费率不变，那么收益率即养老金调整比例显然为 G_{t+1}。G_{t+1} 由两部分组成：通货膨胀率和实际工资收入总额增长率。如果养老金调整比例小于通货膨胀率，那么它会使当期退休者的生活质量下降；如果养老金调整比例等于通货膨胀率，那么它能保障当期退休者的生活质量不下降；如果养老金调整比例大于通货膨胀率且小于名义工资收入总额增长率，那么它可使当期退休者生活质量不下降，并能在一定程度上和同期劳动者共享经济发展成果；如果养老金调整比例等于名义工资收入总额增长率即通货膨胀率和实际工资收入总额增长率之和，那么它既能保证退休者生活质量不下降，又能实现当期退休者和劳动者共享经济发展成果的目标。在现实中，考虑到调整养老金的融资压力，很多国家确定的养老金调整比例往往并非 G_{t+1}，而是通过综合考察工资收入增长率和通货膨胀率等因素所得。

（一）中国企业职工基本养老金调整机制的变迁

1995 年，国务院发布了《关于深化企业职工养老保险制度改革的通知》，对基本养老金调整机制规定如下：基本养老金可按当地职工上一年度平均工资增长率的一定比例进行调整，具体办法在国家政策指导下由省、自治区、直辖市人民政府确定。2001 年，针对部分地区擅自提高基本养老金水平所带来的损害国家政策权威性和统一性、不利于基本养老金按时足额发放和各地区盲目攀比等问题，国务院办公厅颁布了《关于各地不得自行提高企业基本养老金待遇水平的通知》，明确规定：今后，企业基本养老金待遇水平的调整，由劳动保障部和财政部根据实际情况，参照城市居民生活费用价格指数和在职职工工资增长情况提出调整总体方案，报国务院批准后统一组织实施；各地区制定的具体实施方案，报劳动保障部、财政部审批后执行。国务院 2005 年颁布的《关于完善企业职工基本养老保险制度的决定》指出，要建立基本养老金正常调整机制。根据职工工资和物价变动等情况，国务院适时调整企业退休人员基本养老金水平，调整幅度为省、自治区、直辖市当地企业在岗职工平均工资年增长率的一定比例。各地根据本地实际情况提出具体调整方案，报劳动保障部、财政部审批后实施。可以看出，上述关于企业职工基本养老保险制度的重要法规和规章均对基本养老金调整机制做出了规定，为我国开展基本养老金调整奠定了坚实的基础。在现实执行中，我国基本养老金调整遵循普遍调整与特殊调整相结合的原则。2001—2011年，普遍调整与特殊调整的具体内容经历了一个变迁过程。

第一，普遍调整的变迁方面。普遍调整的变迁内容如表7-1所示。可以看出，在调整时间方面，2001年、2002年、2004—2007年的调整时间均为当年的7月1日，而从2008年到2011年，调整时间是当年的1月1日；在调整基数方面，2001年和2002年的调整基数为上一年12月企业退休人员基本养老金，而2005—2011年，调整基数为上一年企业退休人员月人均基本养老金；在调整比例方面，2001年、2002年、2004—2007年的基本养老金调整比例以占上一年企业在岗职工名义平均工资增长率的比例为标准，分别为不超过60%、50%左右、45%左右、60%左右、100%左右和70%左右，而2008—2011年的调整比例直接规定为10%左右。

表7-1 我国企业职工基本养老金普遍调整方案的变迁

年度	调整时间	调整范围	调整基数	调整比率
2001	当年7月1日	上一年12月31日前已按规定办理退休手续的企业退休人员	上一年12月企业退休人员基本养老金	不超过60%
2002				50%左右
2004			—	45%左右
2005			上一年企业退休人员月人均基本养老金	60%左右
2006				100%左右
2007				70%左右
2008	当年1月1日			10%左右
2009				
2010				
2011				

注：1. 2001年、2002年、2004—2007年的调整比例为占上一年企业在岗职工平均工资增长率的比例。

2. 劳动和社会保障部与财政部颁布的《关于从2004年7月1日起增加企业退休人员基本养老金的通知》未对调整基数做出明确规定，由各地区根据本地实际情况和企业职工基本养老保险基金承受能力制定。

资料来源：根据人力资源和社会保障部（劳动和社会保障部）与财政部颁布的历年调整企业退休人员基本养老金的通知整理。

第二，特殊调整的变迁方面。特殊调整的变迁主要体现为对实施基本养老金高水平调整或专门调整的特殊群体范围的变化。2001 年的特殊调整规定基本养老金的调整要向基本养老金偏低的退休人员倾斜；2002 年则规定要在普遍调整的基础上，对退休早、基本养老金偏低的老干部、老工人、军队转业干部等人员适当提高调整水平；2004 年的特殊调整规定要继续向退休早、养老金偏低的人员适当倾斜调整基本养老金；2005—2007 年的特殊调整对象在 2004 年的基础上，增加了具有高级职称的退休科技人员；2008 年继续扩大特殊调整的覆盖范围，在 2005—2007 年所规定的特殊调整对象的基础上，增加了专门调整的内容，规定对基本养老金偏低的企业退休军转干部，继续按照中办发〔2003〕29 号规定予以倾斜；2009—2010 年的特殊调整对象在 2008 年的基础上，增加了艰苦边远地区的企业退休人员。

此外，各调整基本养老金的通知发布日期呈现逐步固定的变迁过程。在 2007 年及之前，关于基本养老金调整的通知没有固定日期。例如，《关于 2001 年调整企业退休人员基本养老金的通知》颁发于 2002 年 1 月 14 日，《关于 2002 年调整企业退休人员基本养老金的通知》颁发于 2002 年 8 月 16 日，而《关于从 2004 年 7 月 1 日起增加企业退休人员基本养老金的通知》颁发于 2004 年 9 月 30 日，《关于调整企业退休人员基本养老金的通知》颁发于 2006 年 6 月 16 日，该文件对 2005—2007 年养老金的调整方案做出了规定。2008—2011 年的基本养老金调整通知则分别颁发于上一年度的 12 月份，颁布日期较为固定。

（二）中国企业职工基本养老金调整机制变迁中的问题

第一，调整时间和调整基数的非同步变迁。我国基本养老金的调整时间从 2008 年开始发生了变化，而调整基数则是在 2005 年进行了改变，调整时间和调整基数呈非同步变迁的特点。这一特点对 2005—2007 年调整基数的合理性产生了不利的影响。由于仅仅将上一年 12 月企业退休人员基本养老金作为当年下半年和第二年上半年养老金调整的基数，2002 年的调整基数为 2001 年增长后的养老金，这有利于保证企业退休者的养老权益。而在 2005—2007 年，调整基数为上年企业退休人员月人均基本养老金，2005 年下半年和 2006 年上半年、2006 年下半年和 2007 年上半年、2007 年下半年的调整基数分别为 2004 年、2005 年、2006 年调整前的养老金与调整后的养老金的均值，这无疑损害了调整基数精算的科学性，降低了调整基数，降低了企业退休人员生活质量。而 2008 年的情况则比较特殊，一方面，上半年的调整基数不再是 2006 年调整前后的基数均值，而是 2007 年调整前后的基数均值，这在一定程度上弥补了 2005—2007 年调整基数的下降；另一方面，下半年的调整基数与调整年度变化前的情况一致，又在一定程度上降低了调整基数的应有值。2008 年基数调整的净效应取决于上半年增加调整基数与下半年减少调整基数的绝对差值。从 2009 年开始，调整基数为上年度的调整后的人均养老金，调整方案得到优化，但是，以前年度调整方案的不合理所带来的调整基数下降并未得到充分弥补。

第二，调整比例确定方法的蜕化。在调整比例方面，2001 年、2002 年、2004—2007 年的调整方法将名义平均工资增长率纳入基本养老金调整机制之内，有利于促进退休者基本养老金水平与经济活动人口生活水平一致提高。以名义平均工资增长率的一定比例作为调整标准，既体现了在我国人口老龄化背景下，名义平均工资增长率要高于名义工资收入总额的增长率，又考虑到了通货膨胀因素，具有一定合理性。但是，上述调整比例确定机制在确定占上一年企业在职职工名义平均工资增长率的比例时，缺乏制度性的精算规则而凸显随意和粗放，导致所确定的调整比例偏离合理水平。2008—2015 年的调整比例直接规定为 10% 左右。严格来讲，这种方法粗放有余，而精算不足，因为它并没有将工资增长率、通货膨胀率等养老金调整因素考虑在内，既违背了养老金调整的现收现付规律，也不符合 2005 年颁布的《关于完善企业职工基本养老保险制度的决定》中对基本养老金调整机制的规定。可以说，相对于以前的调整方案来说，2008 年及以后的基本养老金调整机制出现了一定程度的蜕化。

第三，特殊调整覆盖范围缺乏公平性。目前，我国特殊调整的覆盖范围包括具有高级职称的企业退休科技人员，新中国成立前的老工人，1953年年底以前参加工作的人员，原工商业者等退休早、基本养老金相对偏低的人员，艰苦边远地区的企业退休人员，基本养老金偏低的企业退休军转干部。从上述特殊调整的变迁可以看出，我国基本养老金特殊调整经历了一个覆盖范围逐步扩大的过程，体现了对弱势退休人员的保障和具有特殊贡献人群的重点关注，具有重要的意义。然而，特殊调整将对象中的弱势群体重点界定在特殊群体，即退休早、基本养老金相对偏低的新中国成立前的老工人，1953年年底以前参加工作的人员，原工商业者和养老金偏低的企业退休军转干部，而忽视了基本养老金偏低的一般人员。诚然，上述特殊群体为我国经济社会发展做出了较为突出的贡献，理应重点加大其基本养老金调整力度，但这不应成为忽视基本养老金偏低的一般退休者的理由。

此外，2007年及以前的调整基本养老金通知的发布时间不固定意味着确定调整比例所基于的数据无固定周期，这使得基本养老金的调整具有不应有的波动性。2008年及以后各年基本养老金调整文件的发布大概在每年的12月份，但是这几年的调整比例均为10%左右，缺乏精算性。

（三）中国企业职工基本养老金调整机制的优化

2010年，全国人大常委会第十七次会议通过的《中华人民共和国社会保险法》规定：国家建立基本养老金正常调整机制。因此，构建我国科学的基本养老金调整机制刻不容缓。我们应该在尊重现收现付制养老金调整理论的基础上，充分考虑到我国具体国情，遵循精算原则、公平原则和程序化原则，积极构建科学的基本养老金调整机制。

第一，建立科学的基本养老金调整精算公式。科学的精算公式有利于增强基本养老金调整机制的准确性。在精算公式中，调整基数可设定为上年企业退休人员月人均基本养老金。调整比例的确定是精算公式中的重点。

在一定时期内，我国企业职工基本养老保险制度的缴费率具有稳定性。在理论上，基本养老金调整比例应为当期劳动者名义工资收入总额增长率。但是，以职工名义平均工资增长率作为确定调整比例的主要因素并不违背养老金调整机制理论，因为它与名义工资收入总额增长率紧密相关。同时，考虑到我国严峻的人口老龄化趋势和基本养老金支付压力较大等状况，将职工名义平均工资增长率作为确定调整比例的主要因素具有以下优势。其一，由于在人口老龄化背景下，名义平均工资收入的增长率要高于名义工资收入总额的增长率，将其作为确定调整比例的主要因素有利于实现退休者的养老金水平与当期劳动人口生活水平的同步增长。其二，在基本养老金支付面临较大压力的情况下，可在考察通货膨胀率等因素的基础上，将名义平均工资收入增长率的一定比例作为精算调整比例，这彰显了在调整机制中应用名义平均工资收入增长率这一精算变量的灵活性。因此，建议在综合分析通货膨胀率和基本养老金支付压力等因素的基础上，将名义平均工资增长率的一定比例作为确定我国基本养老金调整的基本比例，如公式（7.5）所示。

$$R_1 = R_a \times r \tag{7.5}$$

在公式（7.5）中，R_1 为我国基本养老金调整的基本比例，R_a 为平均工资增长率，r 为由通货膨胀率和基本养老金支付压力等因素所决定的权重。R_a 和 r 的赋值有两种方法：一是赋值为基本养老金调整年度之前若干年的平均值，如根据调整年度之前 1 年或 3 年的名义平均工资增长率、通货膨胀率和基本养老金支出等因素的平均水平来决定 R_a 和 r 的取值；二是根据调整年度各变量的预测值进行赋值。不管是采用上述哪种方法，赋值规则一经选定，在一定时期内应该是固定的。

调整时间和调整基数的非同步变化等导致我国养老金水平偏低，但是如果将养老金水平一步到位拉升至合理水平会面临巨大的资金压力。因此，使我国养老金合理化的过程应该循序渐进。在此，建议建立基本养老金调整附加比例，努力将养老金拉至合理水平，当养老金达到合理水平后，附加比例取值为 0。基本比例和附加比例之和即为我国基本养老金调整比例，如公式（7.6）所示。

$$R_c = R_1 + R_2 \qquad\qquad (7.6)$$

在公式（7.6）中，R_c 为我国基本养老金调整比例，R_1 为基本比例，R_2 为附加比例。需要指出的是，上述 R_a、r 和 R_2 的赋值并非一成不变，应根据我国经济状况进行适当调整。

第二，理性界定特殊调整的覆盖范围。为了保证特殊调整的公平性，对基本养老金偏低的弱势企业退休人员应该一视同仁，采用一致的特殊调整标准对其基本养老金进行调整，这有利于有效保障他们的养老权益。同时，要为具有特殊贡献的退休群体建立特殊调整标准，这既是对他们为我国经济和社会发展所做贡献的肯定，又可激励国民经济效率的提高。上述两个特殊调整标准是并行的。如果某一退休群体既属于基本养老金偏低的弱势企业退休人员，又是具有特殊贡献的群体，那么他们的基本养老金应该进行双重调整。首先用弱势群体特殊调整机制将其养老金水平拉至一般退休人员的水平附近，然后用特殊贡献群体特殊调整机制将其养老金水平调至特殊贡献群体的养老金水平附近。

第三，制定规范的基本养老金调整程序。基本养老金调整机制精算公式应该固定化，不应随意变动。基本养老金调整机制的调整通知发布的时间应该固定化，以保证调整机制的精算过程基于固定周期的经济数据，增强精算的准确性和连续性。应以科学的基本养老金调整精算公式为基础，将基本养老金调整作为一项制度性的工作，突出其精算化而非人为化，促进其程序化而非随意化，为准确有效地确保广大企业退休人员的养老权益创造条件。

作为我国企业职工基本养老保险制度的重要组成部分，基本养老金调整机制是实现"老有所养"目标与构建和谐社会的关键要素之一。针对基本养老金调整机制变迁过程中形成的问题，我们既要构建科学的精算公式，以保证基本养老金调整的效率；又要理性界定特殊调整的覆盖范围，以提高基本养老金调整的公平性；还要建立规范的调整程序，以确保基本养老金调整的制度化。公平和效率兼顾的程序化基本养老金调整机制可为切实保障企业退休人员的老年生活提供有力支撑①。

---

① 丁建定、郭林：《我国企业职工基本养老金调整机制：变迁、问题与优化》，《保险研究》2011 年第 9 期。

结　语

养老金制度的目标应该是在努力不对经济发展带来负面影响的同时，切实保障国民的养老权益，而不是将养老金制度首先作为促进经济发展的因素，而后才视其为对国民养老权益的保障。尽管养老金制度属于经济制度的范畴，但其不应成为一国国民经济的附庸品，因为它更应该是一种具有稳定性的社会制度。当然，新加坡中央公积金制度的主要功能之一是为促进经济发展服务，但是，其通过税收优惠和就业保障等措施为家庭保障发挥作用奠定了基础，也就是说，其整个养老保障制度体系是以保证国民老年生活为首要目标的。

一个国家任何一项制度的建立和发展都需要具备一定的基本条件，其运行方式和效应会受到该国社会经济环境的形塑，个人账户制也不例外，新加坡中央公积金制度、拉美各国的基金积累个人账户制、瑞典的名义账户制等莫不如是。建立个人账户制度所需的基本条件与其运行机理是紧密相关的，如基金制个人账户资金的投资收益机制需要较为完善的资本市场与之相对应，个人账户制缴费与收益之间的紧密联系需要精算机制的支持。如果一个国家缺乏上文中所述条件或者制度自身设计不合理，其个人账户制度的实施效应必然大打折扣，甚至适得其反。应该看到，个人账户制度往往是一国养老金制度体系中的一部分，与其他部分共同发挥养老保障的功能。因此，对一国养老金制度的考察应该有整体眼光，否则会出现管窥弊端。个人账户制度的发展应该与其他部分的养老金制度协调发展，尤其是基金制个人账户计划要与现收现付的社会统筹制度相协调。如果制度建立的初衷是将基金个人账户制度与社会统筹制度作为两项制度分立运行，那么它们的资金流运动不应出现交叉，否则基金个人账户制度会发生异化，如在中国。

在政策实践中，具备基本条件且实施了个人账户制度的国家，其制度运行较为良好，如瑞典；而亦存在一些并未具备基本条件，却强行建立个人账户制度的国家。对于后者而言，其个人账户制度的完善存在两种路径：一是如果所缺失的条件并不会随着制度发展而陷入更加不利于建立的境地，可以通过逐步完善所缺失的条件来促进个人账户制度的科学发展，精算机制、信息系统和就业政策等往往属于这类条件；二是如果所缺失的条件往往会因为个人账户制的畸态发展而陷入更加难以建立的困境，那么可以通过个人账户制度的转型来促进个人账户制度的有效发展，如资本市场是基金制个人账户计划实施所需具备的条件。基金制固然在一定条件下有利于资本市场的发展，但这需要以资本市场具备基本要素为前提条件，否则基金制的实施会压制资本市场的发展，正如前文所述的个人账户基金投资绑架资本市场的状况。

由于大部分国家的旧养老金制度往往是现收现付模式，转轨成本的化解成为一个国家实施基金制个人账户计划的关键因素之一。在养老金制度建立之初，大部分国家采取了待遇确定型的现收现付制度，第一代领取养老金者无须供款即可获得养老金。制度实施一定时间后，如果向基金制个人账户计划转型，转制成本就会产生，其主要体现为制度转型时已退休者需从旧养老金制度领取的养老金额和已向旧制度供款参保者的养老权益额之和。一般而言，消化转制成本的资金可来源于三个渠道：一是养老金参保者的直接缴费或纳税；二是通过政府发行债券筹资抑或直接用一般性税收支付转轨成本；三是政府增发货币支付转制成本，这等于向当期劳动者征收了隐性税收。不管采用哪种方式，支付转轨成本的资金均由转轨期内的经济活动人口来承担。这意味着参保者不仅要为自己将来的养老来向养老金制度供款，还要在一定程度上向同期退休者支付养老金，从而产生了双重支付问题。从效率角度分析，从现收现付制到基金积累制转轨，不可能在使任何一代都不受损的情况下来补偿制度转轨成本，即无法实现帕累托最优。

面对人口老龄化的挑战，FDC 和 NDC 均会受到不利影响，因为人口老龄化所带来的经济负担在很大程度上独立于养老金制度的形式。FDC 与 NDC 本质上主要是一种在劳动者和退休者之间分配当期国民产出的机制。认为 FDC 制度能促进一国经济发展的论断是十分值得商榷的。基金制度充其量可作为一个辅助因素对一国经济发挥促进作用。同时，这种辅助作用的发挥需要极其严苛的条件，它要求一国具备完善的市场经济制度，并且市场传导机制高效运行。

面对中国的社会经济条件，尤其是资本市场政策性较强的现状，同时考虑到基本养老保险的本源功能，建议对基本养老保险，要缩小个人账户规模，增强互助共济性，实现其社会团结和政治认同等正向功能；降低目标替代率，这既可降低政府直接的显性财政责任，又能为纯个人账户的第二、第三层次的养老金留出发展空间。同时，要加快实现基本养老保险的全国统筹，发展企业年金、职业年金和商业人寿保险等其他层次的养老保险机制，促进整个养老保险体系的责任分担机制更趋理性，从而推动养老金制度的可持续发展。

参考文献

中文著作

丁建定：《西方国家社会保障制度史》，高等教育出版社，2010。

丁建定：《社会福利思想》，华中科技大学出版社，2009。

丁建定：《瑞典社会保障制度的发展》，中国劳动社会保障出版社，2004。

封进：《人口转变、社会保障与经济发展》，上海人民出版社，2005。

国家统计局：《中国统计年鉴（1998—2008）》，中国统计出版社，1998—2008。

劳动和社会保障部社会保险事业管理中心：《养老保险精算理论与实务》，中国劳动社会保障出版社，2008。

李恒琦、张运刚：《社会保险精算》，西南财经大学出版社，2009。

李绍光：《养老基金制度与资本市场》，中国发展出版社，1998。

刘昌平：《养老金制度变迁的经济学分析》，中国社会科学出版社，2008。

刘子兰：《养老金制度和养老基金管理》，经济科学出版社，2005。

穆怀中：《国民财富与社会保障收入再分配》，中国劳动社会保障出版社，2003。

穆怀中：《养老金调整指数研究》，中国劳动社会保障出版社，2009。

宋世斌、申曙光：《社会保险精算》，中国劳动社会保障出版社，2007。

王贵生：《社会保险精算》，中国劳动社会保障出版社，2008。

王晓军：《中国养老金制度及其精算评价》，经济科学出版社，2000。

王晓军：《社会保险精算原理与实务》，中国人民大学出版社，2009。

袁志刚：《养老保险经济学》，上海人民出版社，2005。

郑功成：《中国社会保障制度变迁与评估》，中国人民大学出版社，2002。

郑功成：《中国社会保障改革与发展战略（总论卷）》，人民出版社，2011。

郑功成：《中国社会保障改革与发展战略（养老保险卷）》，人民出版社，2011。

中国经济改革研究基金会、中国经济体制改革研究会联合专家组：《中国社会养老保险体制改革》，上海远东出版社，2006。

劳动保障部法制司、劳动保障部社会保险研究所、博时基金管理有限公司编《中国养老保险基金测算与管理》，经济科学出版社，2001。

中国保监会：《养老保险国别研究及对中国的启示》，中国财政经济出版社，2006。

周志凯：《养老金个人账户制度研究》，人民出版社，2009。

埃里克·弗鲁博顿、鲁道夫·芮切特：《新制度经济学——一个交易费用分析范式》，江建强、罗长远译，上海人民出版社，2006。

丹尼尔·W. 布罗姆利：《经济利益与经济制度——公共政策的理论基础》，上海人民出版社，2006。

道格拉斯·C. 诺斯：《制度、制度变迁与经济绩效》，杭行译，上海人民出版社，2008。

弗里德曼：《资本主义与自由》，张瑞玉译，商务印书馆，1986。

Henry J. Aaron：《退休经济学》，汪泽英、耿树艳译，中国劳动社会保障出版社，2008。

胡安·阿里斯蒂亚：《AFP：三个字的革命》，中央编译出版社，2001。

霍布豪斯：《自由主义》，商务印书馆，1996。

卡特琳·米尔丝：《社会保障经济学》，郑秉文译，法律出版社，2003。

考斯塔·艾斯平－安德森：《福利资本主义的三个世界》，郑秉文译，法律出版社，2003。

罗伯特·霍尔茨曼、爱德华·帕尔默主编《名义账户制的理论与实践——社会保障改革新思想》，郑秉文等译，中国劳动社会保障出版社，2009。

马克思：《1844 年经济学哲学手稿》，人民出版社，2000。

马歇尔·N. 卡特、威廉·G. 西普曼：《信守承诺——美国养老社会保险改革思路》，李珍等译，中国劳动社会保障出版社，2003。

梅纳尔：《制度、契约与组织：从新制度经济学角度的透视》，经济科学出版社，2003。

Neil Gilbert、Paul Terrel：《社会福利政策导论》，黄晨曦等译，华东理工大学出版社，2003。

尼古拉斯·巴尔：《福利国家经济学》，郑秉文、穆怀中等译，中国劳动社会保障出版社，2003。

汤普森：《老而弥智：养老保险经济学》，孙树菡等译，中国劳动社会保障出版社，2003。

中文论文

鲍淡如：《名义账户无助于长远发展》，《中国社会保障》2015 年第 2 期。

封进：《中国养老保险体系改革的福利经济学分析》，《经济科学》2000 年第 1 期。

封进：《公平与效率的交替和协调——中国养老保险制度的再分配效应》，《世界经济文汇》2004 年第 1 期。

郭席四、陈伟诚：《分账制下基本养老保险个人账户基金投资研究》，《中国软科学》2005 年第 10 期。

何立新、封进、佐藤宏：《养老保险改革对家庭储蓄率的影响：中国的经验证据》，《经济研究》2008 年第 10 期。

蒋云赟：《养老保险个人账户调整对我国财政体系代际平衡状

况的影响》,《经济理论与经济管理》2007 年第 12 期。

李珍、王海东:《基本养老保险个人账户收益率与替代率关系定量分析》,《公共管理学报》2009 年第 10 期。

李珍:《关于社会养老保险私有化的反思》,《中国人民大学学报》2010 年第 2 期。

李绍光:《养老保险改革应妥善处理好两个关系》,《中国社会保障》2004 年第 2 期。

鲁全:《养老金制度模式选择论——兼论名义账户改革在中国的不可行性》,《中国人民大学学报》2015 年第 3 期。

彭浩然、申曙光:《强制性个人账户养老金计发办法改革对替代率影响的实证研究》,《当代财经》2007 年第 3 期。

彭浩然、陈华、展凯:《我国养老保险个人账户"空账"规模变化趋势分析》,《统计研究》2008 年第 6 期。

丘苑华、高建伟:《个人账户中养老金给付精算模型及其应用》,《北京航空航天大学学报》2002 年第 3 期。

申曙光、孟醒:《社会养老保险模式:名义账户制与部分积累制》,《行政管理改革》2014 年第 10 期。

宋世斌、冯羽、彭俊:《养老保险个人账户调整的分析》,《宏观经济研究》2006 年第 7 期。

孙祁祥:《空账与转轨成本——中国养老保险体制改革的效应分析》,《经济研究》2001 年第 5 期。

唐运舒:《"做实做小"个人账户对个人养老金水平的影响》,《统计研究》2007 年第 5 期。

王慎十、张晓龙:《做实个人账户的实践与思考》,《中国社会保障》2004 年第 2 期。

王信:《基金制养老保险的建立与资本市场的发展》,《国际经济评论》2001 年第 11 期。

王延中、王俊霞:《中国养老保险制度中的个人账户问题》,《社会保障研究》(京)2012 年第 2 期。

杨俊:《全面认识名义账户制度》,《人民日报》2015 年 3 月 2 日第 19 版。

易纲、李凯：《中国社会保障体制改革》，《比较》2007 年第 2 期。

袁志刚：《中国养老保险体系选择的经济学分析》，《经济研究》2001 年第 5 期。

袁志刚、宋铮：《人口年龄结构、养老保险结构与最优储蓄率》，《经济研究》2000 年第 11 期。

郑秉文：《"名义账户"制：我国养老保障制度的一个理性选择》，《管理世界》2003 年第 8 期。

郑秉文：《从做实账户到名义账户——可持续性与激励性》，《开发研究》2015 年第 3 期。

郑晓珊：《基本养老保险个人账户"实账"省思——谈〈中国养老金发展报告 2011〉的核心之困》，《法学》2012 年第 4 期。

约翰·B. 威廉姆森：《中国养老保险制度改革：从 FDC 层次向 NDC 层次转换》，《经济社会体制比较》2004 年第 3 期。

英文著作类

A. Barrientos, *Pension Reform in Latin America* (Aldershot: Ashegate, 1998).

D. Blake, *Pension Economics* (England: John Wiley & Sons Ltd., 2006).

E. James, *How can China Solve its Old-Age Security Problem? The Interaction Between Pension, State Enterprise and Financial Market Reform* (The United Kingdom: Cambridge Univerity Press, 2002).

Help Age International, *Report: Survey to Assess the Needs of the Elderly in Katowice and Warsaw* (London: Help Age International, 1993).

J. Kuri, F. Montoro, *Mexican Pension Funds: Coming to a Crossroad* (New York, N. Y. : Morgan Stanley, 2003).

L. James, W. Feng, *One Quarter of Humanity: Malthusian Mytholoty and Chinese Realities* (Cambridge, M. A. : Harvard University Press, 1999).

M. Carmelo, *Reassembling Social Security: A Survey of Pension and*

Health Care Reforms in Latin America (Oxford: Oxford University Press, 2008).

M. G. Asher, *Social Adequacy and Equity of the Social Security Arrangement in Singapore* (Singapore: Time Academic Press, 1991).

N. Barr, *The Economics of the Welfare State (Fourth Edition)* (Oxford: Oxford University Press, 2004).

N. Barr, *Pensions: Challenges and Choices: What Next?* (The First Report of the Pensions Commission, London: TSO, 2004).

P. Diamond, *Social Security Reform* (Oxford: Oxford University Press, 2002).

R. Barro, *The Impact of Social Security on Private Savings?* (Washington: American Enterprise Institute, 1978).

R. Disney, *Can We Afford to Grow Older?* (Cambridge, M. A. : MIT press, 1996).

R. Holzmann, E. Palmer, eds. , *Pension Reform: Issues and Prospects for Non-financial Defined Contribution (NDC) Schemes* (Washington, D. C. : World Bank Press, 2006).

Salomon Smith Barney, *Private Pensions in Latin America* (New York, N. Y. : Salomon Smith Barney, 2002).

Social Insurance Institution, *Statistical Yearbook of Social Insurance 2006 – 2008 (Poland)* (Warsaw, 2009).

The World Bank, *Averting the Old Age Crisis: Policies to Protect the Old and Promote Growth* (Oxford University Press, 1994).

William Beveridge, *Social Insurance and Allied Services* (London: HMSO, 1995).

英文论文

A. B. Atkinson, "Is the Welfare State Necessarily an Obstacle to Economic Growth?," *European Review* 39 (1995).

A. Barrientos, "Pension Reform, Personal Pensions and Gender Differences in Pension Coverage," *World Development* 26 (1) (1998).

A. Brugiavini, F. Peracchi, "Social Security Wealth and Retirement Decisions in Italy," *Labour* 17 (S) (2003).

A. C. Stahlberg, M. C. Birman, A. Kruse, A. Sunden, "Retirement Income Security for Men and Women," *International Social Security Association Technical Report* 23 (2004).

A. Chlon, "The Polish Pension Reform of 1999," in E. Fultz, ed., *Pension Reform in Central and Eastern Europe — Vol. 1: Restructuring with Privatization (Case Studies of Hungary and Poland)* (Budapest: International Labour Office, 2002).

A. Chlon, M. Gora, M. Rutkowski, *Shaping Pension Reform in Poland: Security Through Diversity* (World Bank Social Protection Discussion Paper No. 9923, Washington, D. C.: World Bank, 1999).

A. Dobronogov, M. Murthi, "Administrative Fees and Costs of Mandatory Private Pensions in Transition Economies," *Journal of Pension Economics and Finance* 4 (1) (2005).

A. Fleming, S. Talley, the Latvian Banking Crisis: Lessons Learned (World Bank Policy Research Working Paper No. 1590, Washington, D. C.: World Bank, 1996).

A. Hussain, "Demographic Transition in China and Its Implications," *World Development* 30 (10) (2002).

A. Iglesias, R. J. Palacios, Managing Public Pension Reserves Part 1: Evidence from the International Experience, *Social Protection Discussion Paper Series* No. 0003, (2000).

A. J. Auerbach, R. Lee, "Welfare and Generational Equity in Sustainable Unfunded Pension Systems," *Journal of Public Economics* 95 (2011).

A. Kruse, The Effects of the Swedish Design on Efficiency and Distribution (presented at the 53rd International Alantic Economic Conference, 2002).

A. Lindbeck, M. Persson, "The Gains from Pension Reform," *The Journal of Economic Literature* 1 (2003).

A. M. Zajicek, T. M. Calasanti, E. K. Zajicek, "Pension Reforms and Old People in Poland: An Age, Class, and Gender Lens," *Journal of Aging Studies* 21 (2007).

A. Monorchio, "Reform Pension System," *International Journal of Public Administration* 23 (2000).

A. Sunden, "How Will Sweden's New Pension System Work?" *An Issue in Brief Center for Retirement Research at Boston College* 3 (2000).

A. Sunden, "How Do Individual Accounts Work in the Swedish Pension," *An Issue in Brief Center for Retirement Research at Boston College* 22 (2004).

B. Chiarini, "The Composition of Union Membership: The Role of Pensioners in Italy," *British Journal of Industrial Relations* 37 (4) (1999).

B. Leven, "Distributional Effects of Poland's Transtition: The Status of Pensioners," *Comparative Economic Studies* 38 (4) (1996).

B. Robert J., "Are Government Bonds Net Wealth?" *Journal of Political Economy* 6 (1974).

B. S. K. Koh, O. S. Mitchell, T. Tanuwidjaja, J. Fong, "Investment Patterns in Singapore's Central Provident Fund System," *Journal of Pension Economics and Finance* 7 (1) (2008).

C. Copeland, Individual Account Retirement Plan: An Analysis of the 2007 Survey of Consumer Finances, with Market Adjustments to June 2009, *ebri. org Issue Brief* 333 (2009).

C. Gillion, J. Turner, D. Latulippe, *Social Security Pensions: Development and Reform* (Geneva: International Labour Office, 2000).

Chile, Law No. 20. 255 of 11 Mar, 2008 on Pension Reform (Published in the Official Gazette of 17 Mar, 2008).

Chile, Presidential Message No. 558 - 354 of 15 December 2006 to the Chamber of Deputies Proposing a Bill to Improve the Pension System (2006).

C. Mesa-Lago, "Myth and Reality of Pension Reform: The Latin

American Evidence," *World Development* 30 (8) (2002).

C. N. Teulings, "How to Share Our Risks Efficiently? Principles for Optimal Social Insurance and Pension Provision," *De Economist* 1 (2010).

C. Nyland, R. Smyth and C. H. Zhu, What Determines the Extent to Which Employers will Comply with Their Social Security Obligations? Evidence from Chinese Firm Level Data (Working Paper14/05, 2005).

D. Franco, "Italy: A Never-Ending Pension Reform," in M. Feldstein, H. Siebert, eds., *In Coping with the Pension Crisis—Where Does Europe Stand?* (Chicago University Press, 2002).

D. Harold, "Toward a Thory of Property Rights," *American Economic Review* 57 (1967).

D. McCarthy, O. S. Mitchell, J. Piggott, "Asset Rich and Cash Poor: Retirement Provision and Housing Policy in Singapore," *Journal of Pension Economics and Finance* 1 (3) (2002).

D. Rechard, *OECD Public Pension Programs in Crisis: An Evaluation of the Reform Options* (Social Protection Discussion Paper No. 9921, Washington, D. C. : World Bank, 1999).

D. Stanko, Performance Evaluation of Public Pension Funds: The Reformed Pension System in Poland (Discussion Paper of the Pension Institute, Birkbeck College, University of London, 2003, June).

D. Vittas, Pension Funds and Capital Markets (The World Bank Note No. 71, 1996).

D. Vittas, The Argentine Pension Reform and Its Relevance for Eastern Europe (World Bank Policy Working Paper No. 1819, 1997).

E. Andersen, Towards the Good Society, Once Again? (Presented at the International Research Conference on Social security in a Long Life Society, Antwerp, 5 – 7 May, Geneva, International Social Security Association, 2003).

E. Baldacci, D. Tuzi, "Demographic Trends and Pension System in Italy: An Assessment of 1990s Reforms," *LABOUR* 17 (2003).

E. Calvo, H. B. Williamson, "Old-Age Pension Reform and Modernization Pathways: Lessons for China from Latin America," *Journal of Aging Studies* 22 (2008).

E. Fultz, M. Ruck, Pension Reform in Central and Eastern Europe: An Update on the Restructuring of National Pension Schemes in Selected Countries (ILO CEET Policy Paper No. 25, Budapest: International Labour Office, 2001).

E. James, S. James, D. Vittas, Administrative Costs and the Organizaiton of Individual Retirement Account Systems: A Comparative Perspective (World Bank Working Paper, 2001).

E. Morley-Fletcher, "An Overview of Welfare Reform in Italy," *LABOUR* 12 (1) (1998).

E. Palmer, Individual Decisions and Aggregate Stability in a NDC PAYG Account Scheme (http://www. rfv. se/english, 1999).

E. Palmer, The Swedish Pension Reform Model-Framework and Issues (Social Protection Paper No. 0012, Washington: The World Bank, 2000).

E. Palmer, "Swedish Pension Reform: How It Evolved and What Does It Mean for the Future?", in Feldstein M. , H. Siebert, eds. , *Social Security Pension Reform in Europe* (Chicago: University of Chicago Press, 2002).

E. Schokkaert, "Social Justice and the Reform of Europe's Pension Reform," *Journal of European Social Policy* 13 (3) 2003.

E. Wadensjo, Part-time Pensions and Part-Time Work in Sweden (IZA Paper DP No. 2273, 2006).

E. Whitehouse, Administrative Charges for Funded Pensions: An International Comparison and Assessment (Social Protection Discussion Paper Series No. 0016, 2000).

E. Whitehouse, The Tax Treatment of Funded Pensions (Social Protection Discussion Paper Series No. 14173, 2009).

F. Breyer, "On the Intergenerational Pareto Efficiency of Pay-as-You-Go Financed Pension System," *Journal of Institutional and Theoretical Economics* 4 (1989).

F. Breyer, "The Political Economy of Intergenerational Redistribution," *European Journal of Political Economy* 10 (1994).

F. Breyer, B. Craig, "Voting on Social Security: Evidence from OECD Countries," *European Journal of Economy* 13 (1997).

F. Cai, J. Giles, X. Meng, "How Well Do Children Insure Parents Against Low Retirement Income? An Analysis Using Survey Data from Urban China," *Journal of Public Economics* 90 (2006).

F. Modigliani, A. Sterling, "Determinants of Private Saving with Special Reference to the Role of Social Security-Cross-Country Tests," in F. Modigliani, R. Hemming, eds. , *The Determinants of National Saving and Wealth* (London Macmillan, 1983).

F. Salditt, P. Whiteford, W. Adema, Pension Reform in China: Progress and Prospects (OECD Social, Employment and Migration Working Papers 53, 2007).

G. Bonoli, "Two World of Pension Reform in Western Europe," *Comparative Politics* 35 (4) 2003.

G. Burtless, "What Do We Know about the Risk of Individual Account Pensions? Evidence from Industrial Countries," *The American Economic Review* 93 (2) 2003.

G. Caselli, F. Peracchi, E. Barbi, R. M. Lipsi, "Differential Mortality and the Design of the Italian System of Public Pensions," *LABOUR* 17 (S) (2003).

G. Tabellini, "A Positive Theory of Social Security," *Scandinavian Journal of Economics* 3 (2000).

H. Aaron, "The Social Insurance Paradox," *Canadian Journal of Economic and Politic Science* 32 (1966).

H. Gurgul, P. Majdosz, "Interfund Linkage Analysis: The Case of The Polish Pension Fund Sector," *Economic Systems Research* 18 (1)

(2006).

H. Wagener, "The Welfare State in Transition Economies and Accession to the EU," *West European Politics* 25 (2) 2002.

I. Guardiancich, "Welfare State Retrenchment in Centual and Eastern Europe: The Case of Pension Reform in Poland and Slovenia," *Managing Global Transitions* 2 (1) (2004).

I. Visco, "Welfare System, Aging and Work: An OECD Perspective," *Quarterly Review* 53 (2000).

J. B. Williamson, "Assesing the Pension Reform Potential of a Notional Defined Contribution Pillar," *International Social Security Review* 57 (1) (2004).

J. B. Williamson, "Security Reform: Does Partial Privatization Make Sense for China?" *Journal of Aging Studies* 19 (2005).

J. E. Devesa-Carpio, C. Vidal-Melia, The Reformed Pension Systems in Latin America (World Bank Social Protection Discussion Paper Series, No. 0209, Washington, D. C.: World Bank, 2002).

J. E. Roldos, Pension Reform, Investment Restrictions and Capital Markets (IMF Policy Discussion Paper, 2004).

J. G. Andersen, C. A. Larsen, Pension Politics and Policy in Denmark and Sweden: Path Dependencies, Policy, and Policy Outcome (XV World Congress of Sociology, Brisbane, 2002).

J. G. Gravelle., "Do Individual Retirement Accounts Increase Savings?" *The Journal of Economic Perspectives* 5 (2) (1991).

J. Kubicek, "Fund Pension System in Converging Economy," *Czech Journal of Economics and Finance* 54 (2004).

J. Palme, "Features of the Swedish Pension Reform," *The Japanese Journal of Social Security Policy* 4 (2005).

J. Schiff, N. Hobdari, A. Schimmelpfennig, R. Zytek, Pension Reform in the Baltics: Issues and Prospects (IMF Occasional Paper No. 200, Washington, D. C.: International Monetary Fund, 2000).

J. Selen, A. C. Stahlberg, "Why Sweden's Pension Reform was Able to be Successfully Inplemented," *European Journal of Political Economy* 23 (2007).

J. Tuner, Individual Accounts for Social Security Reform: International Perspectives on the U. S. Debate (W. E. Upjohn Institute for Employment Research Kalamazoo, Michigan, 2006).

K. G. Scherman, The Swedish Pension Reform (Issues in Social Protection Discussion Paper 7, 1999).

K. G. Scherman, "The Swesdish Pension Reform: A Good Model for Other Countries?," *NFT* 4 (2003).

K. H. P. Aleksandrowicz, *Reforming European Pension Systems for Active Ageing* (UNESCO, 2008).

K. Nakajima, T. Sasaki, "Unfunded Pension Liabilities and Stock Returns," *Pacific-Basin Finance Journal* 18 (2010).

K. Smetters, "Controlling the Cost Minimum Benefit Guarantees in Public Pension Conversions," *Journal of Pension Economics and Finance* 1 (2002).

K. Stroinski, Poland: The Reform of the Pension System (IEA Economic Affairs, 1998, March).

L. Fox, E. Palmer, Latvian Pension Reform (Social Protection Discussion Paper Series No. 9922, 1999).

L. H. Thompson, Adiministering Individual Accounts in Social Security: The Role of Values and Objectives in Shaping Options (The Urban Institute, 1999).

L. Inglese, "Early Retirement in Italy: Recent Trends", *LABOUR* 17 (S) (2003).

L. J. Kotlikoff, "Social Security and Equilibrium Capital Intensity," *Quarterly Journal of Economics* 2 (1979).

L. J. Kotlikoff, "Testing the Theory and Social Security and Life Cycle Accumulation," *American Economic Review* 69 (1979).

L. J. Kotlikoff, K. Smetters, J. Walliser, "Privatizing Social Security Comparing the Options," *Review of Economic Dynamics* 2 (3)

(1999).

L. Low, "Ensuring a Moral and Social Economy in Singapore", *International Journal of Social Ecnomics* 26 (7/8/9) (1999).

L. Low, "How Singapore's Central Provident Fund Fares in Social Security and Social Policy," *Social Policy & Society* 3 (2004).

L. Rohter, "Chile's Candidates Agree to Agree on Pension Woes," *The New York Times* 1 – 16 (2006).

M. Belloni, R. Alessie, "The Importance of Financial Incentives on Retirement Choice: New Evidence for Italy," *Labour Economics* 16 (2009).

M. Gora, E. Palmer, Shifting Perspectives in Pensions (IZA Discussion Paper Series, 2004).

Ministry of Welfare Latvia, The State Social Insurance System in Latvia: Financial Analysis (Riga: Ministry of Welfare of Latvia, 2003).

Ministry of Finance. *Update of Sweden's Convergence Programme*, 2005.

M. Knell, "How Automatic Adjustment Factors Affect the Internal Rate of Return of PAYG Pension Systems," *Journal of Pension Economics and Finance* 9 (1) (2010).

M. Ksiezopolski, "Social Security in Poland: The Challenge of the Transformation to a Market Economy," in J. Midgley, M. Tracy, eds., *Challenges to Social Security: An International Exploration* (Santa Barbara, C. A.: Greenwood, 1996).

M. Matijascic, S. J. Kay, "Social Security at the Crossroads: Toward Effective Pension Reform in Latin America," *International Social Security Review* 59 (1) (2006).

M. Roszkiewicz, "Attitudes Towards Saving in Polish Society during Transformation," *Social Indicators Research* 78 (2006).

M. S. Feldstein, "Social Security, Induced Retirement and Aggregate Capital Accumulation," *Journal of Political Economy* 82 (1974).

M. S. Feldstein, "Social Security and Private Savings: International Evidence in an Extended Life-cycle Model," in M. Feldstein, R. Inman, Eds. , *The Economics of Public Services* (Macmillan, 1977).

M. S. Feldstein, "Social Security and Private Saving," *Journal of Political Economy* 3 (1982).

M. S. Feldstein, A. Samwick, "Social Security Rules and Marginal Tax Rates," *National Tax Journal* 45 (1992).

M. S. Feldstein, Social Security and Saving: New Time Series Evidence (NBER Working Paper No. 5054, March, Cambridge, M. A. : National Bureau of Economic Research, 1995).

M. S. Feldstein, "Social Security Pension Reform in China," *China Economic Review* 10 (1999).

M. S. Feldstein, J. Liebman, Social Security, (NBER Working paper 8451, 2001).

M. Sherraden, "From Research to Policy: Lessons from Individual Development Accounts," *The Journal of Consumer Affairs* 34 (2) (2000).

M. Soto, "Chilean Pension Reform: The Good, the Bad, and the in Between," *An Issue in Brief Center for Retirement Research at Boston College* 31 (2005).

M. W. Frazier, "After Pension Reform: Navigating the 'Third Rail' in China," *Studies in Comparative International Development* 39 (2) (2004).

N. Barr, "Social Insurance as an Efficiency Device," *Journal of Public Policy* 9 (1) (1989).

N. Barr, *Reforming Pensions: Myths, Truths, and Policy Choices* (IMF Working Paper WP/00/139, Washington: IMF, 2000).

N. Barr, "Reforming Pensions: Myths, Truths, and Policy Choices," *International Social Security Review* 55 (2) (2002).

N. Barr, "Turner Gets It Right on Pensions," *Prospect* 1 (2006).

N. Barr, P. Diamond, Reforming Pensions (CESIFO Working Paper No. 2523, 2009).

O. Castellino, E. Fornero, "Social Security in Italy: Towards a

Mixed System?" *Journal of Aging & Social Policy* 14 (1) (2002).

O. I. Armeanu, "The Battle over Privileges and Pension Reform: Evidence from Legislative Roll Call Analysis in Poland," *Europe-Asia Studies* 62 (2010).

O. Settergren, "Financial and Inter-generational Balance? An Introduction to How the Swedish Pension System Manages Conflicting Ambitions," *Scandinavian Insurance Quarterly* 2 (2003).

O. Settergren, The Automatic Balance Mechanism of the Swedish Pension System: A Non-technical Introduction (Working Papers in Social Insurance, 2001).

P. A. Samuelson, "Optimum Social Security in a Life-Cycle Growth Model," *International Economic Review* 16 (3) 1975.

P. A. Samuelson, "An Exact Consumption—Loan Model of Interest With or Without the Social Contrivance of Money," *The Journal of Political Economy* 6 (1958).

P. Diamond, "A Framework for Social Security Analysis," *Journal of Public Economics* 8 (1977).

P. Diamond, J. Hausman, "Individual Retirement and Savings Behavior," *Journal of Public Economics* 23 (1984).

P. Diamond, "National Debt in a Neoclassical Growth Model," *The American Economic Review* 5 (1996).

P. Hidalgo, E. Manzur, S. Olavarrieta, P. Farias, "Customer Retention and Price Matching: The AFPs Case," *Journal of Business Research* 61 (2008).

P. K. Hong, "The Saving Approach to Financing Long-term Care in Singapore," *Journal of Aging & Social Policy* 13 (2001).

P. Korczak, A. Tavakkol, "Institutional Investors and the Information Content of Earnings Announcements: The Case of Poland," *Economic Systems* 28 (2004).

P. Kurowski, Pension Reform and Private Funds in Poland: Goals and Facts (presentation given at the forum "Discussion Pension Reform and Private Pension Funds in Poland: Any Lessons for Russia?" organized by the Independent Institute for Social Policy, 2002)

P. Letzner, O. Tippelmann, "A German Perspective of the New Swedish Public Pension System," *NFT* 4 (2004).

P. R. Orszag, J. E. Stiglitz, "Rethinking Pension Reform: Ten Myths about Social Security System," in R. Holzmann, J. E. Stiglitz, eds., *New Ideas about Old Age Security* (Washington, D. C.: World Bank, 2001).

P. R. Graziano, "Choosing Welfare or Losing Social Citizenship? Citizens' Free Choice in Rencent Italian Welfare State Reforms," *Social Policy & Administration* 43 (6) 2009.

R. A. Cerda, "The Chilean Pension Reform: A Model to Follow?" *Journal of Policy Modeling* 30 (2008).

R. Bottazzi, T. Jappelli, M. Padula, "The Portfolio Effect of Pension Reforms: Evidence from Italy," *Journal of Pension Economics and Finance* 1 (2011).

R. E. Haindl, "Chilean Pension Reform and Its Impact on Saving", in R. Grosse, ed., *Generation Saving for Latin American Development* (Boulder, C. O.: Lynne Rienner, 1997).

R. Holzmann, *Pension Reform in Central and Eastern Europe - Necessity, Approaches, and Open Questions* (Europa-Institut Saarbruecken Research Paper 9701, 1997).

R. Holzmann, "Toward a Pan-European Pension Reform Approach: The Promises and Perspectives of Unfunded Individual Account Systems," *NFT* 1 (2007).

R. Madrid, "The Politics and Economics of Pension Privatization in Latin America," *Latin American Research Review* 37 (2) (2002).

R. Madrid, "Ideas, Economic Pressures, and Pension Privatization," *Latin American Politics and Society* 47 (2) (2005).

R. Magnani, "A General Equilibrium Evaluation of the Sustainability of the New Pension Reform in Italy," *Research in Economics* 65

(2011).

S. Berstein, A. Micco, Turnover and Regulation: The Chilean Pension Fund Industry (Central Bank of Chile Working Papers No. 180, 2002).

S. Berstein, G. Larrain, F. Pino, E. Moron, "Chilean Pension Reform: Coverage Facts and Policy Alternatives," *Economia* 6 (2) (2006).

S. Berstein, R. Chumacero, "Quantifying the Costs of Investment Limits for Chilean Pension Funds," *Fiscal Stusies* 27 (1) (2006).

S. H. Leckie, "Pension Reform in China," *Pensions* 8 (2) (2003).

S. K. Chand, A. Jaege, Aging Populations and Public Pension Schemes (IMF Occasional Paper no. 147. Washington, D. C. , 1996).

S. M. Brooks, Interdependent and Domestic Foundations of Policy Change: The Diffusion of Pension Privatization Arount the World (prepared presentation at the Annual Convention of the International Studies Association, Montreal, 2004, 3, 19).

Social Insurance Agency, The Swedish Pension System Annual Report 2003, *Stockholm: Social Insurance Agency*, 2004.

Social Insurance Agency, The Swedish Pension System Annual Report 2004, *Stockholm: Social Insurance Agency*, 2005.

S. Pollnerova, Analysis of Recently Introduced NDC Systems (Prague, Czech Republic: Research Institute for Labour and Social Affairs, 2002).

Superintendency of Pension Fund Management Company, *Statistical Bulletin* (Santiago, Chile, 1997 – 2001).

S. Valdes-Prieto, The 2008 Chilean Reform to First-Pillar Pensions (CESIFO Working Paper No. 2520, 2009, 1).

S. Valdes-Prieto, "The Financial Stability of Notional Account Pensions," *The Scandinavian Journal of Economics* 102 (3) (2000).

Swedish National Social Insurance Board, The Swedish Pension System Annual Report 2001 (Stockholm: Swedish National Social Insurance Board, 2001).

Swedish Social Insurance Agency (SSIA), Premium Pension Authority and National Pension Funds (The Orange Report: Annual Report of The Swedish Pension System 2008, 2009).

T. Inglot, "The Politics of Social Policy Reform in Post-communist Poland: Government Responses to the Social Insurance Crisis during 1989 – 1993," *Communist and Post-Communist Studies* 28 (1995).

V. W. Ruttan, Y. Hayami, "Toward a Theory of Induced Institutional Innovation," *Journal of Development Studies* 20 (1984).

W. H. Fisher, C. Keuschnigg, "Pension Reform and Labor Market Incentives," *Jounal of Population Economics* 23 (2010).

W. K. M. Lee, "Income Protection and the Elderly: An Examination of Social Security Policy in Singapore," *Journal of Cross-Cultural Gerontology* 13 (1998).

W. K. M. Lee, "Segmented Labor Market and Gender Inequalities in Singapore," in S-k. Lau, M. K. Lim, P. S. Wan, S. L. Wong, eds. , *Inequalities and Development: Social Stratification in Chinese Societies* (Hong Kong: The Chinese University of Hong Kong, Institute for Asia-Pacific Studies, 1995).

X. Maret, G. Schwartz, "Poland: Social Protection and the Pension System during the Transition," *International Social Security Review* 47 (2) (1994).

Y. C. L. Lim, "Social Welfare," in K. S. Sandu, P. Wheatley, eds. , *Management of Success: The Moulding of Modern Singapore* (Singapore: Institute of Southeast Asia Studies, 1990).

图书在版编目（CIP）数据

公共养老金个人账户制度嬗变研究／郭林著. -- 北

京：社会科学文献出版社，2016.7

（华中科技大学社会学文库. 青年学者系列）

ISBN 978 - 7 - 5097 - 9041 - 0

Ⅰ.①公…　Ⅱ.①郭…　Ⅲ.①养老金 - 个人账户 - 资

金管理 - 研究 - 中国　Ⅳ.①F842.67

中国版本图书馆 CIP 数据核字（2016）第 086611 号

华中科技大学社会学文库·青年学者系列

公共养老金个人账户制度嬗变研究

著　　者／郭　林

出 版 人／谢寿光
项目统筹／谢蕊芬　任晓霞
责任编辑／王　宁　任晓霞

出　　版／社会科学文献出版社·社会学编辑部（010）59367159
　　　　　地址：北京市北三环中路甲29号院华龙大厦　邮编：100029
　　　　　网址：www. ssap. com. cn
发　　行／市场营销中心（010）59367081　59367018
印　　装／三河市尚艺印装有限公司

规　　格／开　本：787mm×1092mm　1/16
　　　　　印　张：15　字　数：215 千字
版　　次／2016 年 7 月第 1 版　2016 年 7 月第 1 次印刷
书　　号／ISBN 978 - 7 - 5097 - 9041 - 0
定　　价／69.00 元

本书如有印装质量问题，请与读者服务中心（010 - 59367028）联系

版权所有 翻印必究